Direito tributário no STF

Blucher

Direito tributário no STF

Organizadores
Vinicius Jucá Alves
Luiz Roberto Peroba
Rafael Gregorin

Direito tributário no STF
© 2022 Vinicius Jucá Alves, Luiz Roberto Peroba, Rafael Gregorin (organizadores)
Editora Edgard Blücher Ltda.

Coordenação editorial Jonatas Eliakim
Produção editorial Bárbara Waida
Preparação de texto Carolina do Vale
Diagramação Negrito Produção Editorial
Revisão de texto Maurício Katayama
Capa Leandro Cunha
Imagem da capa iStockphotos

Blucher

Rua Pedroso Alvarenga, 1245, 4° andar
04531-934 – São Paulo – SP – Brasil
Tel.: 55 11 3078-5366
contato@blucher.com.br
www.blucher.com.br

Segundo o Novo Acordo Ortográfico, conforme 5. ed. do Vocabulário Ortográfico da Língua Portuguesa, Academia Brasileira de Letras, março de 2009.

É proibida a reprodução total ou parcial por quaisquer meios sem autorização escrita da editora.

Todos os direitos reservados pela Editora Edgard Blücher Ltda.

DADOS INTERNACIONAIS DE CATALOGAÇÃO NA PUBLICAÇÃO (CIP)
ANGÉLICA ILACQUA CRB-8/7057

Direito tributário no STF / organizado por Vinicius Jucá Alves, Luiz Roberto Peroba, Rafael Gregorin. - São Paulo: Blucher, 2022.

230 p.

Bibliografia
ISBN 978-65-5506-499-5 (impresso)
ISBN 978-65-5506-500-8 (eletrônico)

1. Direito tributário – Brasil. 2. Brasil. Supremo Tribunal Federal. I. Alves, Vinicius Jucá. II. Peroba, Luiz Roberto. III. Gregorin, Rafael.

22-1949   CDD 343.8104

Índice para catálogo sistemático:
1. Direito tributário – Brasil

Sumário

A abrangência da lista de serviços do ISS 7

A fixação do Tema 689 pelo STF e a preservação da segurança jurídica dos contribuintes 17

A imunidade às contribuições sociais 27

Ação rescisória e a coisa julgada inconstitucional: prazo para a ação 41

A tese do século: ICMS na base de cálculo do PIS e da Cofins 53

ADC n. 49: ICMS na transferência entre estabelecimentos do mesmo contribuinte 67

Contribuições de terceiros: análise da constitucionalidade 79

Os porquês de o ICMS não compor a base de cálculo da CPRB: a incoerência da orientação fixada pelo STF no Tema 1.048 de Repercussão Geral 91

Impactos do julgamento do RE n. 627.709 na competência jurisdicional para mandado de segurança em matéria tributária 101

Multa por atraso na entrega de DCTF e seus efeitos nos demais casos de multas à luz do princípio da proporcionalidade/razoabilidade 111

O ICMS devido na importação após o julgamento do Tema 520 pelo STF 121

Orientação jurisprudencial do STF e a interpretação pelos tribunais: discussão sobre imunidade do IPTU 129

Caso Volvo e a aplicação dos tratados internacionais 143

A modulação de efeitos no julgamento do Difal: novo marco introduzido pelo STF 159

A elisão e a evasão fiscal sob o crivo do STF 165

A modulação nos casos de guerra fiscal 177

O julgamento do RE n. 628.075 e as cobranças do passado contra contribuintes 187

Restituição de PIS/Cofins na substituição tributária: reflexos do julgamento do STF na apropriação de créditos na monofasia 197

Natureza jurídica do terço constitucional de férias para fins de incidência da contribuição previdenciária patronal 209

O conceito de serviço para fins de incidência do ISS à luz dos últimos julgados do STF 219

A abrangência da lista de serviços do ISS

Andréa Mascitto[1]

Introdução

A arrecadação tributária é uma das principais fontes de financiamento dos entes públicos. Visando aumentar sua capacidade financeira, não é raro observarmos uma tentativa desses entes de ampliar a abrangência da incidência tributária. Um dos exemplos mais notórios disso é a interpretação extensiva que os municípios passaram a fazer da lista de serviços sujeitos à incidência do Imposto sobre Serviços (ISS).

É certo, porém, que toda e qualquer ampliação de incidência tributária deve respeitar os limites constitucionais do poder de tributar. Daí a importância da apreciação e do controle de constitucionalidade feitos pelo Supremo Tribunal Federal (STF).

Neste artigo, trataremos do julgamento do Recurso Extraordinário (RE) n. 784.439 (Tema 296), sob a sistemática de repercussão geral, no qual o STF buscou definir os parâmetros para definição da abrangência da referida lista de serviços. Para tanto, partiremos de um breve histórico do surgimento do ISS e passaremos pelo seu arquétipo atual até alcançar o debate específico sobre a abrangência da lista de serviços tributáveis e a posição dos tribunais, para, enfim, demonstrar as dificuldades práticas na aplicação do precedente do STF.

---

1 Sócia do Pinheiro Neto Advogados, mestre em Direito Tributário, professora de pós-graduação e coordenadora executiva do grupo de estudos dedicados aos métodos alternativos de solução de controvérsias em matéria tributária da FGV Direito SP.

Breve histórico do surgimento do ISS

Um dos temas mais sensíveis para a humanidade é a necessidade de financiamento estatal por meio da instituição e da arrecadação de tributos. Ao longo dos séculos, os governantes têm instituído novos tributos ou majorado os já existentes em nome da manutenção da saúde financeira do Estado.

Inicialmente, a cobrança dos tributos servia, basicamente, para financiar a paz (ou a guerra) e suprir os impulsos consumistas da nobreza regente. Com o passar do tempo, a elevação exponencial dos tributos resultou em uma mobilização da sociedade levando à criação de um conceito de Estado-provedor, em que o Estado deveria prover um mínimo de serviços públicos para seus cidadãos, resultando na suposta promoção de um bem-estar social. Assim, com o crescimento da sociedade, o Estado (enquanto estrutura governamental nos mais diferentes níveis e esferas) se viu obrigado a criar impostos sobre os novos ramos da economia que estavam em ascensão e, diante do processo de urbanização ocorrido no final do século XIX, o setor de serviços despontou como uma considerável nova base econômica a ser explorada.

Diante disso, no início do século XX, a França institui um novo tributo com a intenção de taxar bens e serviços, surgindo assim o conceito embrionário do Imposto sobre Serviços. O Brasil não tardou a seguir o modelo francês e, já em 1934, instituiu uma taxa sobre serviços municipais, porém foi somente com as reformas tributárias ocorridas na década de 1960 que o ISS, nos moldes que conhecemos atualmente, foi efetivamente criado.

Mas, infelizmente, desde sua instituição pairam dúvidas acerca da sua incidência e abrangência. As dúvidas jurídicas relativas ao ISS se iniciaram com o art. 15 da Emenda Constitucional n. 18, de 1º de dezembro de 1965, que determinou que caberia à lei complementar estabelecer os critérios para distinguir os campos de incidência entre o ISS e o até então ICM (Imposto sobre Circulação de Mercadorias).

Com a promulgação do Código Tributário Nacional (CTN) em 1966, optou-se por definir apenas critérios gerais para caracterização dos serviços tributáveis pelo ISS. Apesar de terem sido estabelecidas algumas regras, a incidência tributária do ISS tinha potencial de abranger todas as atividades que não fossem tributadas pela União e pelos estados e fossem enquadradas, na ocasião, no conceito econômico de serviço.

No entanto, já em 1967, houve a promulgação de uma nova Constituição Federal alterando novamente o cenário jurídico, determinando que, além de não estarem compreendidos na competência tributária da União ou dos estados, os serviços tributáveis pelo ISS deveriam ser definidos em lei.

A primeira norma específica relativa ao ISS foi o Decreto-Lei (DL) n. 406, de 31 de dezembro de 1968, recepcionado como lei complementar pela Constituição Federal de 1988, que inauguraria em nosso ordenamento jurídico a discussão a respeito da taxatividade da lista de serviços.

O ISS nos dias de hoje

Atualmente, o ISS é um tributo de competência municipal previsto no art. 156, inciso III, da Constituição, a saber:

> Art. 156. Compete aos Municípios instituir impostos sobre:
> I - propriedade predial e territorial urbana;
> II – transmissão "inter vivos", a qualquer título, por ato oneroso, de bens imóveis, por natureza ou acessão física, e de direitos reais sobre imóveis, exceto os de garantia, bem como cessão de direitos a sua aquisição;
> *III – serviços de qualquer natureza, não compreendidos no art. 155, II, definidos em lei complementar.* (grifos nossos)

A Constituição Federal, em linhas gerais, definiu o fato gerador do ISS, qual seja, a prestação de serviços não enquadrados na esfera de competência estatal do Imposto sobre Circulação de Mercadorias e Serviços (ICMS) e previstos em lei complementar (cabe aqui lembrar que o DL n. 406/1968 foi recepcionado pela Constituição de 1988 como lei complementar).

Então, sobreveio a Lei Complementar (LC) n. 116, de 31 de julho de 2003, que trouxe, em seu art. 1º, uma definição mais precisa do fato gerador do ISS:

> Art. 1º. O Imposto Sobre Serviços de Qualquer Natureza, de competência dos Municípios e do Distrito Federal, tem como fato gerador a prestação de serviços constantes da lista anexa, ainda que esses não se constituam como atividade preponderante do prestador.
> § 1º O imposto incide também sobre o serviço proveniente do exterior do País ou cuja prestação se tenha iniciado no exterior do País.

É importante destacar que o STF, no julgamento do RE n. 651.703/PR, definiu que prestação de serviço é "o oferecimento de uma utilidade para outrem, a partir de um conjunto de atividades imateriais, prestado com habitualidade e intuito de lucro, podendo estar conjugado ou não à entrega de bens ao tomador".

Mais recentemente, a LC n. 116/2003 foi atualizada pela LC n. 157/2016 e pela LC n. 175/2020, que buscaram ampliar e atualizar os conceitos e a lista de serviços que se caracterizam como fatos geradores para incidência do ISS.

A taxatividade da lista de serviços sujeitos ao ISS

A LC n. 116/2003, em seu art. 1º, dá conta da existência de uma lista de serviços os quais, se prestados, resultariam na caracterização do fato gerador do ISS. Pela dicção legal, a referida lista seria taxativa, não permitindo, portanto, o emprego de analogias para a inclusão de serviços que não constam de seu rol.

A própria ementa do julgamento do RE n. 784.439 do STF traz afirmação clara da taxatividade da lista de serviços:

> EMENTA RECURSO EXTRAORDINÁRIO COM REPERCUSSÃO GERAL. TRIBUTÁRIO. IMPOSTO SOBRE SERVIÇOS DE QUALQUER NATUREZA – ISS. ART. 156, III, DA CARTA POLÍTICA. OPÇÃO CONSTITUCIONAL PELA LIMITAÇÃO DA CAPACIDADE TRIBUTÁRIA DOS MUNICÍPIOS POR MEIO DA ATRIBUIÇÃO À LEI COMPLEMENTAR DA FUNÇÃO DE DEFINIR OS SERVIÇOS TRIBUTÁVEIS PELO ISS. LISTAS DE SERVIÇOS ANEXAS AO DECRETO-LEI 406/1968 E LEI COMPLEMENTAR 116/2003. CARÁTER TAXATIVO COMPATÍVEL COM A CONSTITUIÇÃO DA REPÚBLICA. [...]
> 6. Os precedentes judiciais formados por este Supremo Tribunal definiram interpretação jurídica no sentido do caráter taxativo das listas de serviços. Nesse sentido: RE 361.829, Rel. Ministro Carlos Velloso, Segunda Turma, DJ de 24.2.2006; RE 464.844 AgR, Rel. Ministro Eros Grau, Segunda Turma, DJe de 09.5.2008; RE 450.342 AgR, Rel. Ministro Celso de Mello, Segunda Turma, DJ 03.8.2007. (RE n. 784.439/DF, rel. Rosa Weber, julgado em: 29 jun. 2020, grifos nossos)

O entendimento acerca da taxatividade da lista anexa à LC n. 116/2003 vem sendo construído ao longo dos anos pelas decisões proferidas pelo STF, conforme referência na ementa supratranscrita.

Porém, o assunto não é assim tão simples. Poucos anos após a instituição do ISS, em 1973, percebeu-se a dificuldade que o próprio STF demonstrava em enquadrar precisamente determinadas atividades na lista de serviços tributaveis, tanto que no acórdão proferido no RE n. 75.952, referenciando-se à doutrina dominante à época, pela qual a lista deveria ser taxativa, afirmou-a, dizendo contudo que cada item dessa lista comportaria uma interpretação ampla e analógica, o que esteve sujeito a duras críticas, visto que a analogia não era nem nunca foi permitida para fins de tributação.[2]

Alguns anos depois, o STF retomou a análise da lista de serviços do ISS, quando do julgamento do RE n. 87.931, desta vez dando enfoque à opção feita pelo legislador por enumerar os serviços e não, simplesmente, definir critérios gerais para determinar a incidência do tributo. Na ocasião ressaltou que o esforço para formulação de uma lista efetivamente delimitando serviços teria sido inútil se a tivéssemos por meramente exemplificativa, e não taxativa.

O STF voltou a tratar do tema no RE n. 105.477, em 1985, momento em que reiterou que a lista é taxativa, não exemplificativa, comportando interpretação ampla em cada um de seus tópicos, mas não em relação às atividades que não tenham qualquer relação com os serviços predefinidos pelo legislador complementar. Nota-se que essa decisão muito se aproxima da que foi proferida 35 anos depois.

Em todas essas decisões, percebe-se que o intuito do STF e dos tribunais infraconstitucionais nunca foi ampliar sobremaneira a competência dos municípios ou modificar o conceito de serviço para fins de tributação. Sempre se teve a lista como o balizador eleito constitucionalmente para dar limites ao poder de tributar no que se refere ao ISS. O que a jurisprudência tentou definir é que o fato de um serviço ser prestado sob outra denominação que não aquela exatamente trazida pelo legislador na norma não o isentaria de ser tributado, sendo necessária a investigação da real natureza da atividade e sua previsão (ou não) na referida lista, ainda que, para tanto, seja preciso sobrepor o *nome juris* adotado pelo legislador.[3]

Lembrando que o art. 1º da LC n. 116/03 determina que o fato gerador do ISS é a prestação de um serviço constante da lista anexa àquela lei, a sua incidência não depende da denominação dada, mas da natureza do serviço efetivamente prestado, e é esse que deve ser o objeto de investigação nas disputas concretas. O conceito está posto. Assim, os itens da lista de serviços sujeitos ao ISS

---

2 Em 1974, no julgamento do RE n. 78.927, o STF afastou a interpretação analógica para o estabelecimento da obrigação tributária e a definição do fato gerador.

3 Conforme voto do min. Gilmar Mendes no RE n. 784.439, "se o contribuinte alterar a denominação de determinado serviço com a finalidade de praticar evasão fiscal, indubitavelmente, será possível afastar aquela nomenclatura e obstar o fim pretendido, com a tributação daquela atividade, independentemente do *nome juris*".

são passíveis de limitada interpretação pelo administrador público municipal, sendo certo que a discricionariedade na interpretação é limitada pela própria Constituição, que determina o campo de incidência do ISS, a vedação à tributação por analogia e o princípio da reserva legal.

Para permitir a obtenção de interpretação mais ampla, a lista já recorre a expressões como "de qualquer natureza", "de qualquer espécie" e "entre outros". Por outro lado, para evitar eventuais interpretações reducionistas, por vezes configuram "inclusive" (como no item 1.04 da lista de serviços vigente, que regista a "elaboração de programas de computadores, inclusive de jogos eletrônicos").

Finalmente, em 2020, passados mais de 50 anos desde a instituição da primeira famigerada lista de serviços do ISS, trazida pelo DL n. 406/1968, o STF voltou a analisar o tema, submetendo-o, desta vez, à sistemática da Repercussão Geral,[4] o que é a grande novidade.

Nesta decisão, em linhas gerais, estabeleceu-se que a lei complementar não definiria o que se entende por serviços, mas deveria estabelecer, dentre a totalidade de serviços, quais poderão ser tributados pelo ISS, sob a competência tributária municipal, já prevendo que determinadas atividades partilhavam de pontos de conexão com as competências tributárias dos estados (operações mercantis) e da União (operações financeiras).

Como descrito na decisão do RE n. 784.439,

> ao determinar que compete à lei complementar definir os serviços tributáveis pelo ISS, a Constituição fez escolha pragmática para evitar que, a todo momento, houvesse dúvida se determinada operação econômica seria tributada como prestação de serviços ou de circulação de mercadorias, especialmente tendo em conta o caráter economicamente misto de muitas operações.

É certo que tal fragmentação entre serviços e bens está sendo hoje fortemente desafiada num mundo em que a economia digital emergiu rapidamente; porém, esse é um tema que caberia a um artigo inteiramente novo e não será objeto deste aqui.

O STF reafirmou a taxatividade da lista de serviços neste julgamento de 2020, mas também ressaltou que caberia interpretação acerca de cada item

---

4   RE n. 784.439.

constante da lista anexa à LC n. 116/2003, como se depreende dos itens 7 e 11 da ementa do acórdão do RE n. 784.439:

> 7. As listas de serviços preveem ser irrelevante a nomenclatura dada ao serviço e trazem expressões para permitir a interpretação extensiva de alguns de seus itens, notadamente se socorrendo da fórmula "e congêneres". Não existe obstáculo constitucional contra esta sistemática legislativa. Excessos interpretativos que venham a ocorrer serão dirimíveis pelo Poder Judiciário. [...]
> 11. Tese de repercussão geral: "É taxativa a lista de serviços sujeitos ao ISS a que se refere o art. 156, III, da Constituição Federal, admitindo-se, contudo, a incidência do tributo sobre as atividades inerentes aos serviços elencados em lei em razão da interpretação extensiva."

Num primeiro momento, a decisão pode causar estranheza, porque de um lado diz ser a lista de serviços taxativa, mas ressalva a possibilidade de intepretação extensiva "horizontal". Para uma melhor compreensão da abrangência da decisão descrita, é necessário analisarmos os votos proferidos no julgamento, dos quais se obtém alguma clareza de que a interpretação extensiva acolhida pelo STF se aplicaria somente às atividades que possuem as mesmas características daquelas listadas em lei e que constituam mera variação do aspecto material da hipótese de incidência a cada um dos itens listados, e não um cheque "em branco" para adição de novos serviços passíveis de tributação.

Neste ponto, é importante destacar a manifestação do procurador-geral da República, transcrita no voto da ministra relatora Rosa Weber, na qual consta que só poderá haver tributação quando

> as características da atividade que se pretende tributar não são estranhas às características das atividades próprias dos serviços listados em lei, mas inerentes à natureza desses serviços, ou seja, constituam mera variação do aspecto material da hipótese de incidência. [...]
> há de se reconhecer que a lista de serviços sujeitos ao ISS é taxativa; todavia, quando as características da atividade que se pretende tributar não são estranhas às características das atividades próprias dos serviços listados em lei, mas inerentes à natureza desses serviços, ou seja, constituam mera variação do aspecto material da hipótese de incidência. [...]

> Constatando-se que a atividade que se pretende tributar é da essência necessária do serviço incluído na lista anexa à lei complementar, a incidência do imposto decorrerá não de analogia ou de interpretação extensiva, mas de uma relação de inerência, sendo, portanto, constitucional.

A interpretação extensiva que se permite, portanto, é aquela que determina apenas o alcance de cada item da lista anexa de serviços, passando a abranger atividades que sejam congêneres ou correlatas aos serviços listados. Não é possível entender que os serviços inerentes mencionados seriam aqueles decorrentes de atividades que se apresentem como meio ou pressuposto da consecução de uma efetiva prestação de serviço. Essa decisão não autoriza a prática recorrente de outorgar, artificialmente, a natureza de fato gerador do ISS às atividades-meio.

Portanto, a Repercussão Geral analisada não deveria constituir, de forma alguma, uma autorização para tributar quaisquer atividades que guardem qualquer relação com os serviços descritos em lei complementar, sendo que o ISS poderia somente ser exigido com relação aos serviços listados, ainda que sejam apresentados com outra nomenclatura.

No entanto, essa decisão, infelizmente, deixa para a administração pública municipal a decisão acerca da amplitude da "interpretação extensiva" dos serviços listados.

Como exemplo, a Confederação Nacional de Municípios (CNM) disponibilizou um informativo em seu site[5] analisando a decisão proferida pelo STF que é objeto deste artigo, concluindo que ela representou uma ampliação da capacidade tributária dos municípios, em claro descompasso com o quanto efetivamente decidido. Vejamos:

> A Confederação Nacional de Municípios (CNM) comemora a decisão da Repercussão Geral (RE) 784439 e reforça ser um importante avanço de entendimento do Supremo. A entidade reitera que sempre houve essa discussão se a lista de serviços do ISS é taxativa ou apenas exemplificativa e que isso já foi enfrentado algumas vezes. A CNM complementa que limitar o campo de incidência do imposto não é o caminho e que a lista merece interpretação extensiva de modo a permitir a incidência do ISS sobre serviços correlatos a aqueles previstos.

---

5   Fonte: https://www.cnm.org.br/comunicacao/noticias/decisao-do-stf-permite-que-prefeituras-cobrem-iss-de-servicos-nao-listados.

A decisão coloca fim a um embate entre Municípios e contribuintes, já que estes defendiam que apenas as atividades expressamente listadas deveriam ser taxadas.

Declarações como esta, contudo, denotam que, ao contrário do que prega o CNM, o embate entre Municípios e contribuintes não foi finalizado, sendo possível que ainda experimentemos novos capítulos de discussão na implementação prática da decisão.

Conclusões

A despeito de o Tema 296 ter sido julgado pelo STF na sistemática da Repercussão Geral, o que deveria trazer uma notável evolução na compreensão da impossibilidade de extensão da lista de serviços sujeitos ao ISS, não nos parece que essa mensagem tenha sido capaz de dirimir todas as dúvidas acerca dessa celeuma, dando margem, ainda, a interpretações díspares acerca da possibilidade de se ampliar o conteúdo desta lista de forma arbitrária, abusiva e unilateral pela administração pública municipal, sem respeitar o processo legislativo adequado à inclusão de novos itens na lista anexa à LC n. 116/2003.

É importante destacar que a pressão por um aumento na arrecadação, em conjunto com a morosidade do judiciário e a maior abertura para a modulação de efeitos das decisões em matéria tributária, tendem a continuar levando a administração pública a elastecer os limites da lista de serviços do ISS, mesmo após decisão do STF que reiterou a sua taxatividade, esclarecendo que a interpretação extensiva se daria apenas em relação às atividades que tivessem a mesma natureza e estivessem dentro do mesmo gênero daquelas expressamente previstas em cada item da lista de serviços, evitando que se deixasse tributar atividades idênticas por mero excesso de formalismo quanto às nomenclaturas distintas.

A nosso ver, o modelo do ISS, bem como sua segregação do ICMS e discussões como a presente (ocorridas desde a década de 1970, ou seja, há mais de 50 anos), já deveriam estar superados, mas somente o serão de fato quando o sistema tributário brasileiro for reformado e um imposto único e mais simplificado, que deixe de fomentar embates quanto a natureza jurídica das operações, formalidades, local de prestação ou ente tributante, for criado. Sem a simplificação do nosso sistema tributário, essa discussão dificilmente encontrará um fim, especialmente diante da complexidade agregada pelo momento de transformação econômica que vivemos com a emergência da economia digital, o que por si só desafia a previsibilidade da lista de serviços, além dos outros temas aqui pontuados.

A fixação do Tema 689 pelo STF e a preservação da segurança jurídica dos contribuintes

Leonardo Alfradique Martins[1]

O propósito deste artigo não é o de apresentar críticas quanto ao decidido pelo Supremo Tribunal Federal (STF) na fixação do Tema 689:

> Possibilidade de o estado de origem cobrar ICMS sobre a operação interestadual de fornecimento de energia elétrica a consumidor final, para emprego em processo de industrialização.

Contudo, não podemos deixar de manifestar que, a nosso ver, o entendimento firmado pelo Plenário do STF não se amolda à situação fática do caso, pois, dentre outros aspectos, parte da premissa de que o caso envolveria venda para consumidor final. Com efeito, a doutrina e os tribunais superiores já se posicionaram sobre a relevante distinção entre consumidores finais e os chamados insumidores de produtos utilizados em seus processos industriais.

Marco Aurélio Greco bem demonstra o desacerto de se pretender equiparar as vendas para consumidores finais das vendas destinadas a industrializadores:

> Só haverá consumo final – e, portanto, não industrialização – para os fins aqui examinados, se o industrial não vier a empregar a mercadoria num processo que leve ao surgimento de uma nova mercadoria abrangida pelo âmbito de incidência do ICMS.

---

[1] Sócio do Machado Meyer, membro da Comissão Especial de Assuntos Tributários da Ordem dos Advogados do Brasil do Rio de Janeiro (OAB/RJ) e presidente do Comitê Legal, Regulatório e Tributário da Câmara Britânica de Comércio no Rio de Janeiro.

O que o industrial faz não encerra o pressuposto de fato do imposto; é mera etapa do ciclo econômico de circulação de mercadorias em direção ao verdadeiro consumo, este sim, final.[2]

No mesmo passo é a jurisprudência do Superior Tribunal de Justiça (STJ) que distingue as figuras dos insumidores dos consumidores finais. Embora a predominância das decisões do STJ em que se faz a distinção desses conceitos se refira a temas consumeristas, o racional adotado se aplica à exatidão na seara tributária, conforme o art. 110 do Código Tributário Nacional (CTN):

> [...] a empresa apelada não pode ser qualificada como consumidora final, já que utilizava a energia elétrica reservada para fabricação de artefatos trefilados. Em outras palavras, a apelada utilizava a energia elétrica como insumo, aplicando-a em seu processo de fabricação de fios, cabos e vergalhões metálicos. A energia elétrica era um insumo de produção da apelada, que, após o processo industrial a que era submetida, constituía produto final, então destinado a consumidores finais. (REsp n. 1542544, rel. Sérgio Kukina, julgado em: 1 set. 2020)

Não obstante, diante da assentada firmada pelo Plenário do STF no Tema 689, entendemos ser necessária, ao menos, a observância do disposto no art. 100, inciso I, parágrafo único, do CTN, pois inegavelmente houve grave quebra da confiança legítima dos contribuintes no repentino decreto, *ex officio*, de inconstitucionalidade da não incidência prevista no art. 2º, § 1º, inciso III, e no art. 3º, inciso III, ambos da Lei Complementar (LC) n. 87/1996.

Desde a Constituição Federal de 1988, a tributação das operações com energia elétrica e derivados de petróleo vem sendo objeto de incontáveis debates nos tribunais, uma vez que o constituinte originário estabeleceu que o Imposto sobre Circulação de Mercadorias e Serviços (ICMS) não incidirá "sobre operações que destinem a outros Estados petróleo, inclusive lubrificantes, combustíveis líquidos e gasosos dele derivados, e energia elétrica" (art. 155, inciso II, § 2º, item X, alínea "b").

Com base no comando constitucional em questão, sustentou-se que haveria ampla imunidade ao ICMS sobre as operações interestaduais com derivados de petróleo e energia elétrica.

---

2 Greco, Marco Aurélio. ICMS – combustíveis e energia elétrica destinados à industrialização – sentido do art. 3º, III da LC 87/96. *Revista Dialética de Direito Tributário*, n. 128, p. 109-110, 2006.

Quando provocado a decidir a respeito da interpretação autêntica do dispositivo constitucional mencionado, o Plenário do STF decidiu que a regra teria o propósito de prestigiar a tributação no estado de destino, não se tratando, a bem da verdade, da norma imunizante (RE n. 198088, rel. Ilmar Galvão, julgado em: 5 set. 2003).

Não obstante, ainda que esse julgamento tenha representado um paradigma inegável na tributação das operações interestaduais com derivados de petróleo e energia elétrica, não é menos fato que com a edição da LC n. 87/1996 se inaugurou uma nova discussão sobre a tributação dessas operações, uma vez que trouxe hipóteses de não incidência do ICMS quando os derivados de petróleo ou a energia elétrica forem destinados à industrialização ou à comercialização:

> Art. 2°. O imposto incide sobre: [...]
> § 1° O imposto incide também: [...]
> III – sobre a entrada, no território do Estado destinatário, de petróleo, inclusive lubrificantes e combustíveis líquidos e gasosos dele derivados, e de energia elétrica, quando não destinados à comercialização ou à industrialização, decorrentes de operações interestaduais, cabendo o imposto ao Estado onde estiver localizado o adquirente. [...]
> Art. 3° O imposto não incide sobre: [...]
> III – operações interestaduais relativas a energia elétrica e petróleo, inclusive lubrificantes e combustíveis líquidos e gasosos dele derivados, quando destinados à industrialização ou à comercialização [...].

Entendemos que o legislador complementar nacional, ao editar a LC n. 87/1996, o fez amparado na previsão constitucional do art. 146, incisos II e III, da Constituição Federal, que confere à lei complementar a competência para "regular as limitações constitucionais ao poder de tributar; estabelecer normas gerais em matéria de legislação tributária, especialmente sobre: a) definição de tributos e de suas espécies, bem como, em relação aos impostos discriminados nesta Constituição, a dos respectivos fatos geradores, bases de cálculo e contribuintes".

No entanto, alguns estados logo começaram a sustentar – e a legislar, embora de maneira assimétrica e conflitante com a legislação complementar nacional – que a não incidência trazida pela LC n. 87/1996 apenas se aplicaria se e quando o próprio derivado de petróleo e a energia elétrica fossem destinados à sua própria industrialização ou comercialização.

Foi tamanha a pressão dos estados para limitar a não incidência trazida pela LC n. 87/1996 que foi editado, pelo Conselho Nacional de Política Fazendária (Confaz), o Convênio n. 110/2007, trazendo então textualmente a condicionante de que os próprios derivados de petróleo e a energia elétrica fossem submetidos à sua própria industrialização ou comercialização para fruição da não incidência.

Para o propósito deste artigo, é importante fixar que, em âmbito nacional, a condicionante normativa para que a não incidência do ICMS nas operações interestaduais com derivados de petróleo e energia elétrica apenas se aplicasse quando tais produtos fossem, eles próprios, submetidos à industrialização ou à comercialização foi introduzida pelo Convênio n. 110/2007.

O contencioso instaurado em torno da correta interpretação da não incidência disposta na LC n. 87/1996 vinha sendo enfrentado pelas Turmas de Direito Público do STJ de maneira bastante oscilante e discrepante entre si.

No âmbito infraconstitucional, o primeiro registro que se tem do enfrentamento da não incidência disposta na LC n. 87/1996 refere-se ao acórdão proferido pela 2ª Turma, em sede de Recurso Ordinário em Mandado de Segurança (RMS) n. 9.704, da lavra do ministro Francisco Peçanha Martins:

> RECURSO ORDINÁRIO. MANDADO DE SEGURANÇA. TRIBUTÁRIO. ICMS. ENERGIA ELÉTRICA. OPERAÇÃO INTERESTADUAL. INCIDÊNCIA DO TRIBUTO. IVA/FPM. INEXISTÊNCIA DO DIREITO.
>
> 1. A teor do art. 3º, III, da LC 87/96, o imposto não incide "nas operações interestaduais relativas à energia elétrica (...), quando destinadas à industrialização ou à comercialização". Sendo assim, é indevido o ICMS na transferência da energia gerada em São Simão/GO para a CEMIG, integrante da mesma empresa no Estado de Minas Gerais, onde é comercializada, não havendo como pretender-se o valor Adicionado do Fundo de Participação dos Municípios.
>
> 2. Recurso ordinário conhecido, mas, improvido. (RMS n. 9.704, 2ª Turma, rel. Francisco Peçanha Martins, julgado em: 11 set. 2000)

Posteriormente, o tema voltou a ser enfrentado pelo STJ, que assim ementou a discussão, em acórdão da lavra do ministro Napoleão Nunes Maia:

> EMBARGOS DE DECLARAÇÃO NO RECURSO ESPECIAL. PRETENSÃO DE EFEITOS INFRINGENTES. INCIDÊNCIA DO PRINCÍPIO DA FUNGIBILIDADE RECURSAL. RECEBIMENTO COMO AGRAVO REGIMENTAL. PRECEDENTES

DO STJ. TRIBUTÁRIO. ICMS. ENERGIA ELÉTRICA. OPERAÇÃO INTERESTADUAL DE FORNECIMENTO. NÃO INCIDÊNCIA DO IMPOSTO QUANDO A ENERGIA É DESTINADA AO PROCESSO DE INDUSTRIALIZAÇÃO (LC 87/96, ARTS. 2o., § 1o., III E 3o., III). CIRCUNSTÂNCIA EVIDENCIADA NOS AUTOS POR MEIO DE PROVA PERICIAL. DECISÃO RECORRIDA FUNDADA NA ANÁLISE DE DISPOSITIVOS INFRACONSTITUCIONAIS. AGRAVO REGIMENTAL DESPROVIDO. [...]

2. A jurisprudência desta Corte fixou a tese de que é possível a apuração de crédito presumido de ICMS quando a energia elétrica for utilizada em atividade primordialmente industrial, considerando-a, assim, insumo. Precedentes: AgRg no Ag 1.156.362/RJ, Rel. Min. MAURO CAMPBELL MARQUES, DJe 24.08.2010; AgRg no Ag 1.182.149/RJ, Rel. Min. HERMAN BENJAMIN, DJe 26.03.2010; EREsp. 899.485/RS, Rel. Ministro HUMBERTO MARTINS, DJe 15.09.2008.

3. No caso, trata-se de operação interestadual de fornecimento de energia elétrica a sociedade empresária que desenvolve atividade de indústria petroquímica. Não se discute, portanto, a possibilidade de creditamento do ICMS, mas, sim, a não incidência do referido tributo, em atenção à regra originalmente insculpida no art. 155, § 2o., X, b da CRFB. A idéia subjacente à possibilidade de creditamento, todavia, pode ser estendida aos casos de não incidência, tanto que o próprio legislador infraconstitucional previu no art. 2o., III da LC 87/96 que referido imposto não incidirá sobre a entrada de energia elétrica no território do Estado destinatário quando esta for destinada à comercialização ou à industrialização e seja decorrente de operação interestadual, circunstância reforçada pelo art. 3o., III do mesmo diploma legal.

4. Portanto, na esteira dos precedentes desta Corte e considerando, sobretudo, a disciplina legal insculpida nos arts. 2o., § 1o., III e 3o., III da LC 87/96, tem-se que não haverá a incidência do ICMS no fornecimento interestadual de energia elétrica a adquirente que a emprega em processo de industrialização, tal como no caso dos autos, conforme demonstrado por meio de prova pericial.

5. Agravo Regimental do ESTADO DO RIO GRANDE DO SUL desprovido. (EDcl no REsp n. 1322072, 1ª Turma, rel. Napoleão Nunes Maia Filho, julgado em: 14 set. 2012)

Mais adiante, a mesma 1ª Turma do STJ tornou a decidir sobre a questão, e reformulou – por maioria de votos – seu entendimento:

TRIBUTÁRIO. ICMS. ENERGIA ELÉTRICA. OPERAÇÃO INTERESTADUAL. VENDA A CONSUMIDOR FINAL.
O Imposto Sobre Circulação de Mercadorias e Prestação de Serviços não incide na saída de energia elétrica do território de uma unidade federada para incidir na entrada no território de outra; implementação, pelo art. 155, inciso II, § 2º, item X, alínea 'b', da Constituição Federal, de um lado, e pelo art. 2º, § 1º, inciso III, da Lei Complementar nº 87, de 1996, de outro, da política fiscal de atribuir ao Estado do destino a arrecadação do tributo quando se tratar de energia elétrica. Se a energia elétrica integrar um ciclo posterior de industrialização ou comercialização sem ser consumida, o tributo não incide; incidirá se a energia elétrica for consumida no processo de industrialização ou de comercialização de outros produtos.
Precedente do Supremo Tribunal Federal. (RE nº 198.088, SP, relator o Ministro Ilmar Galvão). Recurso especial conhecido, mas desprovido.
(REsp n. 1340323, 1ª Turma, rel. Ari Pargendler, julgado em: 31 mar. 2014)

Em outubro de 2013, o STF avocou o tema para si e o submeteu ao rito da repercussão geral, ocasião em que deu provimento ao recurso extraordinário do estado do Rio Grande do Sul, para julgar improcedente o pedido do contribuinte. Foram então opostos Embargos de Declaração, os quais foram de plano rejeitados.

Ocorre que, embora o Plenário do STF tenha decidido em definitivo a questão, em sede de repercussão geral, será fundamental que os magistrados e os tribunais do país não se olvidem de aplicar, nos casos concretos já em curso sobre o Tema 689, o comando do art. 100, inciso I, parágrafo único, do CTN. Dado que a então vigente – há cerca de 24 anos – LC n. 87/1996 expressamente estabelecia a não incidência nas operações interestaduais com derivados de petróleo e energia elétrica quando estes fossem destinados à comercialização ou à industrialização.

Com efeito, antes de firmado o Tema 689, os contribuintes vinham pautando sua atuação de acordo com o comando inserto em lei complementar de abrangência nacional, como previsto no art. 69 da Constituição Federal, que exige para sua aprovação o quórum qualificado de maioria absoluta dos integrantes do Parlamento.

Portanto, pela ótica da segurança jurídica (art. 5º, caput, da Constituição) e da moralidade (art. 37, caput, da Constituição), como a conduta dos contribuintes foi induzida por norma expressa contida em lei complementar de envergadura nacional, tem-se que o decreto superveniente de sua inconstitucionalidade, após 24 anos de vigência, representa repentina e abrupta mudança de cenário normativo sobre o tema, trazendo uma turbulência indesejada e máxima insegurança para os contribuintes que observavam a regra da não incidência prevista na LC n. 87/1996.

Como bem pontua Cassiano Menke, a ideia subjacente da segurança jurídica é justamente conferir cognoscibilidade, confiabilidade e calculabilidade aos indivíduos:

> Ao instituir a segurança jurídica como valor supremo da sociedade (preâmbulo) e como direito fundamental (artigo 5º, caput), a CF visou a assegurar um estado de coisas de proteção da confiança naquele indivíduo que acreditou no ordenamento jurídico. [...] Por isso é que é correto afirmar que há um princípio geral da irretroatividade. Ele visa à promoção de um estado de coisas em que esses valores sejam realizados o mais intensamente possível. A ênfase que a CF/1988 deu à proteção da confiança e à liberdade, em matéria de leis retroativas, ficou ainda mais clara no âmbito tributário. Isso em razão de que, no Sistema Constitucional Tributário, a CF estabeleceu uma regra de proteção adicional ao contribuinte. É que, nesse âmbito normativo, a liberdade e a propriedade são restringidas por força da eficácia interventiva das obrigações tributárias. E a disposição desses direitos é planejada em razão da confiança na manutenção dos efeitos tributários prometidos. Ficou evidente, pois, a preocupação da CF/1988 em (hiper) proteger os direitos individuais.[3]

A propósito, o art. 24 da Lei de Introdução às Normas do Direito Brasileiro (LINDB) corrobora o que se propõe, ao determinar que toda análise acerca da validade de ato, cuja produção já tenha se completado, deverá levar em consideração as orientações gerais da época.

Assim, como os contribuintes vinham se comportando com base no disposto na LC n. 87/1996, tem-se que o grau de atração da segurança jurídica é dos mais elevados possível em nosso sistema constitucional, visto que acima da lei complementar somente há a própria Constituição Federal. Desta forma, é possível perceber a pertinência e a necessidade de se aplicar à espécie o disposto no parágrafo único do art. 100 do CTN.

De acordo com o referido comando normativo, quando o contribuinte observa texto legal sobre determinada matéria, caso a referida norma venha a

---
[3] *Irretroatividade Tributária Material*. São Paulo: Malheiros, 2015. p. 24, 90.

ser posteriormente extirpada do mundo jurídico, não se poderia exigir dele os acréscimos moratórios.

Nesse sentido, é válido conferir o seguinte precedente da 2ª Turma do STJ sobre a aplicação do art. 100 do CTN:

> TRIBUTÁRIO. PRÁTICAS ADMINISTRATIVAS. SE O CONTRIBUINTE RECOLHEU O TRIBUTO À BASE DE PRÁTICA ADMINISTRATIVA ADOTADA PELO FISCO, EVENTUAIS DIFERENÇAS DEVIDAS SÓ PODEM SER EXIGIDAS SEM JUROS DE MORA E SEM ATUALIZAÇÃO DO VALOR MONETÁRIO DA RESPECTIVA BASE DE CÁLCULO (CTN, ART. 100, III C/C PAR. ÚNICO). RECURSO ESPECIAL CONHECIDO E PROVIDO, EM PARTE. (REsp n. 98.703/SP, 2ª Turma, rel. Ari Pargendler, julgado em: 18 jun. 1998)

Destaca-se que tal entendimento é também corroborado pela própria administração fazendária através de seu órgão paritário, como se destaca da ementa abaixo:

> JUROS E MULTA – ART. 100 DO CTN – ATOS NORMATIVOS DA ADMINISTRAÇÃO – Os Atos Normativos indicados no inciso I do art. 100 do CTN são expedidos para orientação geral dos contribuintes, incluindo a referida IN SRF nº 31, de 1996, cuja observância pelo sujeito passivo implica exclusão de penalidades e da incidência de juros moratórios, nos termos do parágrafo único do referido artigo 100. Os juros são devidos a partir da ciência do Auto de Infração, quando, em face do lançamento, e somente a partir de então, estará em mora o Contribuinte. Quanto à multa de ofício, esta somente é exigível após a intimação do Contribuinte e sua mora do respectivo pagamento do tributo, ao término da ação administrativa, após o julgamento do recurso voluntário, em face do art. 44, I, da Lei n. 9430/97, que determina a cobrança da multa de ofício de 75% nos casos de falta de pagamento ou recolhimento após o vencimento. Preliminar acolhida. Recurso parcialmente provido. (CARF, Processo Administrativo n. 10850.002612/2001-79, Acordão n. 102-48711, julgado em: 9 ago. 2007)

Em adição, muito nos anima o recente acórdão da lavra do Desembargador Marcus Abraham, proferido à unanimidade de votos, no qual a 3ª Turma Especializada do Tribunal Regional Federal (TRF) da 2ª Região bem aplicou o parágrafo único do art. 100 do CTN para afastar os acréscimos moratórios em situação na qual o contribuinte pautou seu comportamento em Instrução Normativa exarada pelo próprio Secretário da Receita Federal:

> TRIBUTÁRIO. PROCESSUAL CIVIL. AÇÃO ANULATÓRIA DE DÉBITO FISCAL. OMISSÃO NA ANÁLISE DE PEDIDO SUBSIDIÁRIO. SENTENÇA CITRA PETITA. CONHECIMENTO DO PEDIDO DIRETAMENTE PELO TRIBUNAL. IPI. PRINCÍPIO DA NÃO CUMULATIVIDADE. ARTIGO 11 DA LEI N. 9.779/99. PRODUTOS CONTEMPLADOS COM IMUNIDADE TRIBUTÁRIA NA SAÍDA DO ESTABELECIMENTO INDUSTRIAL. IMPOSSIBILIDADE DE CREDITAMENTO. ATUAÇÃO DO CONTRIBUINTE PAUTADA EM NORMAS COMPLEMENTARES EXPEDIDAS PELA ADMINISTRAÇÃO TRIBUTÁRIA. AFASTAMENTO DAS PENALIDADES, JUROS DE MORA E CORREÇÃO MONETÁRIA, NA FORMA DO PARÁGRAFO ÚNICO DO ART. 100 DO CTN. HONORÁRIOS. SENTENÇA PROFERIDA SOB A VIGÊNCIA DO CPC/2015. APLICAÇÃO DAS NORMAS DO NOVO CÓDIGO. [...]
>
> Conforme já tive a oportunidade de consignar em trabalho doutrinário, "A segurança jurídica é responsável por garantir a certeza dos direitos e obrigações de todos que fazem parte desta coletividade, sendo elemento fundamental da tributação contemporânea. Sem ela, o cidadão-contribuinte não poderá cumprir regularmente os seus deveres fiscais e nem exercer satisfatoriamente os seus direitos" (*Curso de Direito Tributário Brasileiro*, 2020, p. 104).
>
> *Nessa ordem de ideias, após enumerar as espécies de normas complementares, o Código Tributário Nacional instituiu, no parágrafo único do seu artigo 100, importante norma de tutela da segurança jurídica e da confiança legítima do contribuinte. De acordo com o dispositivo legal, o contribuinte que atua em observância às normas complementares expedidas pela Administração Tributária não está sujeito à imposição de penalidades, à cobrança de juros de mora e à atualização monetária, mas tão somente ao pagamento do valor principal do crédito tributário. Precedentes do STJ.*
>
> *Tendo a parte autora pautado a sua atuação e seu planejamento fiscal em conformidade com as normas complementares expedidas pela Administração Tributária Federal, notadamente com o disposto no art. 4º da Instrução Normativa SRF nº 33/1999, vigente à época da apresentação do pedido de aproveitamento dos créditos de IPI, ao caso deve ser aplicado o disposto no parágrafo único do artigo 100 do CTN, de modo a afastar do débito em exigência a cobrança de quaisquer penalidades, dos juros de mora e da correção monetária, subsistindo*

> *apenas a cobrança do valor do principal.* (TRF2, Processo n. 0001321--13.2014.4.02.5101/RJ)

Não se olvide que os eminentes ministros do STF poderiam modular os efeitos da decisão proferida no citado Recurso Extraordinário (RE) n. 748543, de forma que o entendimento firmado apenas viesse a ser aplicado, nos demais casos sobre o assunto, do julgamento em diante; o que decerto preservaria, em alguma extensão, a segurança jurídica daqueles contribuintes que agiam com base na LC n. 87/1996.

Contudo, a nosso ver, o CTN confere melhor e mais segura solução, pois, diferentemente da modulação dos efeitos da decisão, que é matéria de ordem subjetiva dos tribunais, a observância do art. 100, parágrafo único, não confere qualquer margem de discricionariedade aos aplicadores do direito, já que se trata de norma cogente e de observância impositiva.

Assim, diante do repentino decreto de inconstitucionalidade dos comandos contidos na LC n. 87/1996, após cerca de 24 anos de sua vigência, para que restem prestigiados os princípios da segurança jurídica, da cognoscibilidade, da confiabilidade e da calculabilidade pelos contribuintes que vinham observando o disposto na mencionada LC, será fundamental que os magistrados e tribunais do país, quando enfrentarem a matéria objeto do Tema 689, apliquem o disposto no parágrafo único do art. 100 do CTN, para que se excluam os acréscimos moratórios das disputas iniciadas anteriormente à fixação do citado Tema.

A imunidade às contribuições sociais

Gabriela Silva de Lemos[1]

Introdução

Há muitos anos as instituições beneficentes que se dedicam a atividades de assistência social, saúde e educação vêm discutindo no Judiciário as regras que devem seguir para que possam fruir da imunidade às contribuições destinadas à seguridade social, conforme assegurado pela Constituição Federal.

As maiores discussões tiveram início em 1999, com o advento da Lei n. 9.732/1998, que trouxe relevantes alterações ao art. 55 da Lei n. 8.212/1991, veículo normativo que, aos olhos das autoridades fiscais, seria competente para regular os requisitos para fruição da imunidade prevista no art. 195, § 7º, da Constituição Federal. Esses debates perduram até os dias atuais, em razão de incertezas quanto à extensão das decisões do Plenário do Supremo Tribunal Federal (STF) no julgamento da matéria em Ações Diretas de Inconstitucionalidade (ADI) e Recurso Extraordinário (RE) submetido ao rito da repercussão geral em meados de 2017.

O propósito deste estudo é, a partir das referidas decisões, analisar os impactos e o potencial desfecho dos casos individuais que tratam dessa matéria.

A origem da discussão

As ações judiciais que tratam da matéria estão, de forma geral, ligadas à natureza da desoneração das entidades beneficentes de assistência social, às

---

[1] Advogada, especialista em Direito Tributário pela Pontifícia Universidade Católica de São Paulo (PUC-SP) e em Direito da Economia e da Empresa pela Fundação Getulio Vargas (FGV).

contribuições para custeio da seguridade social e ao instrumento normativo hábil para regulamentar os requisitos para sua fruição.

Por estar expressamente prevista no art. 195, § 7º, da Constituição Federal, trata-se de limitação constitucional ao poder de tributar e, portanto, deve ser classificada como imunidade, e não mera isenção. Sendo uma limitação constitucional ao poder de tributar, seus requisitos apenas poderiam estar previstos em lei complementar, conforme preceitua o art. 146, inciso II, da Constituição Federal.[2]

Assim, as entidades beneficentes entendem que as regras previstas em lei ordinária – seja a Lei n. 8.212/1991, seja a Lei n. 12.101/2009, que serão a seguir analisadas – não são competentes para regulamentar os requisitos para a fruição da imunidade às contribuições sociais. E, na ausência de lei complementar com esse propósito específico,[3] deveriam ser aplicados os requisitos previstos nos artigos 9º e 14º do Código Tributário Nacional (CTN), que regulamentam a imunidade aos impostos.

Por outro lado, entendem as autoridades fiscais que o art. 195, § 7º, da Constituição Federal,[4] ao prever a desoneração às contribuições sociais aplicável às entidades beneficentes, além de consignar que tal desoneração seria uma isenção, indicou que sua regulamentação estaria prevista em lei, e não em lei complementar.

Feitos esses esclarecimentos iniciais, é importante elucidar o contexto legislativo em que a discussão está inserida.

Evolução legislativa

Como já exposto, a imunidade às contribuições sociais está assegurada pelo art. 195, § 7º, da Constituição Federal. A legislação infraconstitucional que pretendia regulamentar a fruição à imunidade originalmente era a Lei n. 8.212/1991, que em sua redação original estabelecia o seguinte:

---

2 "Art. 146. Cabe à lei complementar: [...] II – regular as limitações constitucionais ao poder de tributar [...]."

3 Vale mencionar que em 17 de dezembro de 2021 foi publicada a Lei Complementar (LC) n. 187 trazendo novos requisitos para a fruição da imunidade às contribuições sociais.

4 "Art. 195. A seguridade social será financiada por toda a sociedade, de forma direta e indireta, nos termos da lei, mediante recursos provenientes dos orçamentos da União, dos Estados, do Distrito Federal e dos Municípios, e das seguintes contribuições sociais: [...] § 7º São isentas de contribuição para a seguridade social as entidades beneficentes de assistência social que atendam às exigências estabelecidas em lei."

Art. 55. Fica isenta das contribuições de que tratam os arts. 22 e 23 desta Lei a entidade beneficente de assistência social que atenda aos seguintes requisitos cumulativamente:
I – seja reconhecida como de utilidade pública federal e estadual ou do Distrito Federal ou municipal;
II – seja portadora do Certificado ou do Registro de Entidade de Fins Filantrópicos, fornecido pelo Conselho Nacional de Serviço Social, renovado a cada três anos;
III – promova a assistência social beneficente, inclusive educacional ou de saúde, a menores, idosos, excepcionais ou pessoas carentes;
IV – não percebam seus diretores, conselheiros, sócios, instituidores ou benfeitores remuneração e não usufruam vantagens ou benefícios a qualquer título;
V – aplique integralmente o eventual resultado operacional na manutenção e desenvolvimento de seus objetivos institucionais, apresentando anualmente ao Conselho Nacional da Seguridade Social relatório circunstanciado de suas atividades.
§ 1º Ressalvados os direitos adquiridos, a isenção de que trata este artigo será requerida ao Instituto Nacional do Seguro Social (INSS), que terá o prazo de 30 (trinta) dias para despachar o pedido.
§ 2º A isenção de que trata este artigo não abrange empresa ou entidade que, tendo personalidade jurídica própria, seja mantida por outra que esteja no exercício da isenção.

Com o advento da Lei n. 9.732/1998, o referido art. 55 sofreu as seguintes alterações:

III – promova, gratuitamente e em caráter exclusivo, a assistência social beneficente a pessoas carentes, em especial a crianças, adolescentes, idosos e portadores de deficiência;
[...]
§ 3º Para os fins deste artigo, entende-se por assistência social beneficente a prestação gratuita de benefícios e serviços a quem dela necessitar.
§ 4º O Instituto Nacional do Seguro Social – INSS cancelará a isenção se verificado o descumprimento do disposto neste artigo.
§ 5º Considera-se também de assistência social beneficente, para os fins deste artigo, a oferta e a efetiva prestação de serviços de pelo menos sessenta por cento ao Sistema Único de Saúde, nos termos do regulamento.

Com a alteração legislativa, os requisitos se tornaram ainda mais restritos. Para fruir da imunidade, as entidades dedicadas à assistência social deveriam atuar de forma gratuita, e aquelas dedicadas à saúde deveriam obrigatoriamente oferecer ao Sistema Único de Saúde (SUS) ao menos 60% de seus serviços.

Podemos observar que tanto na redação original do art. 55 da Lei nº 8.212/1991 quanto na redação alterada sempre foi exigido que as entidades portassem o Certificado de Entidade Beneficente de Assistência Social (CEBAS) renovado a cada triênio. Ocorre que, para obtenção desse documento, além de todos os requisitos exigidos por lei ordinária, as entidades deveriam ainda cumprir regras previstas em Decreto.

O Decreto n. 752/1993 trouxe requisitos que são, nitidamente, contrapartidas exigidas das entidades para que pudessem fruir da imunidade constitucional:

> Art. 1°. Considera-se entidade beneficente de assistência social, para fins de concessão do Certificado de Entidade de Fins Filantrópicos, de que trata o art. 55, inciso II, da Lei n° 8.212, de 24 de julho de 1991, a instituição beneficente de assistência social, educacional ou de saúde, sem fins lucrativos, que atue, precipuamente, no sentido de:
> I – proteger a família, a maternidade, a infância, a adolescência e a velhice;
> II – amparar crianças e adolescentes carentes;
> III – promover ações de prevenção, habilitação e reabilitação de pessoas portadoras de deficiência;
> IV – promover, gratuitamente, assistência educacional ou de saúde.
>
> Art. 2°. Faz jus ao Certificado de Entidade de Fins Filantrópicos a entidade beneficente de assistência social que demonstre, cumulativamente:
> I – estar legalmente constituída no país e em efetivo funcionamento nos três anos anteriores à solicitação do Certificado de Entidade de Fins Filantrópicos;
> II – estar previamente registrada no Conselho Nacional de Serviço Social, de conformidade com o previsto na Lei n° 1.493, de 13 de dezembro de 1951;
> III – aplicar integralmente, no território nacional, suas rendas, recursos e eventual resultado operacional na manutenção e desenvolvimento dos objetivos institucionais;
> IV – aplicar anualmente pelo menos vinte por cento da receita bruta proveniente da venda de serviços e de bens não integrantes do ativo imobilizado,

bem como das contribuições operacionais, em gratuidade, cujo montante nunca será inferior à isenção de contribuições previdenciárias usufruída;

V – aplicar as subvenções recebidas nas finalidades a que estejam vinculadas;

VI – não remunerar e nem conceder vantagens ou benefícios, por qualquer forma ou título, a seus diretores, conselheiros, sócios, instituidores, benfeitores ou equivalentes;

VII – não distribuir resultados, dividendos, bonificações, participações ou parcela do seu patrimônio, sob nenhuma forma ou pretexto;

VIII – destinar, em caso de dissolução ou extinção da entidade, o eventual patrimônio remanescente a outra congênere, registrada no Conselho Nacional de Serviço Social, ou a uma entidade pública;

IX – não constituir patrimônio de indivíduo(s) ou de sociedade sem caráter beneficente.

1º O Certificado de Entidade de Fins Filantrópicos somente será fornecido à entidade cuja prestação de serviços gratuitos seja atividade permanente e sem discriminação de qualquer natureza.

2º O Certificado de Entidade de Fins Filantrópicos terá validade de três anos, permitida sua renovação, sempre por igual período, exceto quando cancelado em virtude de transgressão de norma que originou a concessão.

3º A entidade da área de saúde cujo percentual de atendimentos decorrentes de convênio firmado com o Sistema Único de Saúde (SUS) seja, em média, igual ou superior a sessenta por cento do total realizado nos três últimos exercícios, fica dispensada na observância a que se refere o inciso IV deste artigo.

4º Estão dispensadas da observância a que se refere o inciso IV deste artigo as Santas Casas e Hospitais Filantrópicos, bem como as Associações de Pais e Amigos dos Excepcionais (APAEs) e demais entidades que prestem atendimento a pessoas portadoras de deficiência, desde que observem o seguinte: (Redação dada pelo Decreto nº 1.038, de 1994)

a) as entidades da área de saúde ofereçam, ao menos, sessenta por cento da totalidade de sua capacidade instalada ao Sistema Único de Saúde: internações hospitalares, atendimentos ambulatoriais e exames ou sessões de SADT – Serviços Auxiliares de Diagnósticos e Tratamento, mediante ofício protocolado anualmente nos Conselhos Municipal ou Estadual de Saúde (CMS/CES);

b) as entidades que atendam pessoas portadoras de deficiência assegurem livre ingresso aos que solicitarem sua filiação como assistidos.

Posteriormente, o Decreto n. 2.532/1998 revogou o Decreto n. 752/1993, mas manteve previsões muito semelhantes no que concerne às regras para renovação do CEBAS.

Em 2009, foi promulgada a Lei 12.101, que revogou o art. 55 da Lei n. 8.212/1991, instituindo novo regramento para a fruição da imunidade das entidades beneficentes de assistência social, o qual pouco difere do regime anterior, pois manteve a exigência do CEBAS.

Em suma, o que se vê é que a legislação ordinária e os atos normativos infralegais, sob a justificativa de regulamentarem o procedimento para certificação, fiscalização e controle administrativo, trouxeram verdadeiras contrapartidas para a fruição da imunidade que não foram previstas pela Constituição Federal ou por lei complementar. Vale mencionar que a exigência de lei complementar para fruição da imunidade se dá não por mero preciosismo, mas porque o regime legislativo diferenciado, além de exigir quórum qualificado, não se coaduna com a edição de medidas provisórias (art. 62, inciso III, da Constituição Federal), sendo o mais coerente para calibrar a função desempenhada pela imunidade de contribuições sociais.

Com efeito, é em razão da relevância da imunidade às contribuições sociais para a concretização de uma política de Estado voltada à promoção do mínimo existencial e da necessidade de evitar que as entidades sejam surpreendidas com bruscas alterações legislativas que deve ser aplicada a regra prevista no art. 146, inciso II, da Constituição Federal, que exige lei complementar para regulamentar a fruição à imunidade.

A análise do Supremo Tribunal Federal

A controvérsia acerca dos requisitos para a fruição da imunidade, sob a vigência das regras previstas na Lei n. 8.212/1991, é objeto das ADIs n. 2.028, n. 2.036, n. 2.228 e n. 2.621 e do RE n. 566.622.

As ações diretas impugnavam os seguintes dispositivos de leis ordinárias, que dispunham sobre a fruição da imunidade tributária:

(i)   art. 55, inciso II, da Lei n. 8.212/1991, na redação original;

(ii) art. 55, inciso II, da Lei n. 8.212/1991, na redação que lhe foi dada pelo art. 5º da Lei n. 9.429/1996;

(iii) art. 55, inciso II, da Lei n. 8.212/1991, na redação que lhe foi dada pelo art. 3º da Medida Provisória (MP) n. 2.187-13/2001;

(iv)   art. 18, incisos III e IV, da Lei n. 8.742/1993, na redação original;

(v)   art. 9º, § 3º, e 18, incisos III e IV, da Lei n. 8.742/1993, na redação dada pelo art. 5º da MP n. 2.187-13/2001;

(vi)   art. 1º da Lei n. 9.732/1998, na parte em que alterou a redação do art. 55, inciso III, da Lei n. 8.212/1991 e lhe acresceu os §§ 3º, 4º e 5º;

(vii) art. 4º, 5º e 7º da Lei n. 9.732/1998;

(viii) art. 2º, inciso IV, 3º, inciso VI e §§ 1º e 4º, e 4º, *caput* e parágrafo único, do Decreto n. 2.536/1998 e, subsidiariamente, os art. 1º, inciso IV, 2º, inciso IV, §§ 1º e 3º, e 7º, § 4º, do Decreto n. 752/1993.

Em novembro de 1999, no bojo da ADI n. 2.028, foi proferida uma medida cautelar reconhecendo uma possível inconstitucionalidade material dos dispositivos impugnados, para afastar (i) o art. 1º da Lei n. 9.732/1998, na parte em que alterou a redação do art. 55, inciso III, da Lei n. 8.212/1991 e lhe acresceu os §§ 3º, 4º e 5º; e (ii) os art. 4º, 5º e 7º da Lei n. 9.732/1998.

No RE, discute-se um caso concreto no qual a entidade busca ver assegurado seu direito à imunidade, previsto no art. 195, § 7º, da Constituição Federal, cumprindo apenas requisitos previstos em lei complementar. O caso teve sua repercussão geral reconhecida em fevereiro de 2008 (Tema 32).

Conforme já demonstrado, ocorreram diversas alterações na legislação, no período compreendido entre a promulgação da Lei n. 8.212/1991 e o reconhecimento da repercussão geral. A relação das entidades beneficentes com o Instituto Nacional do Seguro Social (INSS), a Receita Federal do Brasil e os órgãos certificadores foi intensa e litigiosa.

Por sua vez, a controvérsia acerca dos requisitos para a fruição da imunidade, sob a vigência das regras previstas na Lei n. 12.101/2009, é objeto de duas ADIs com fundamentos jurídicos semelhantes àqueles apresentados nas ADIs n. 2.028, n. 2.036, n. 2.228 e n. 2.621. As ADIs relativas a esse período foram autuadas sob o n. 4.480 e o n. 4.891.

Em 2014, o STF iniciou o julgamento do RE n. 566.622 em conjunto com as ADIs n. 2.028, n. 2.036, n. 2.228 e n. 2.621. Quando concluído o julgamento, a Corte decidiu, por maioria, que é vedado à lei ordinária criar obstáculos adicionais aos já previstos em lei complementar para a fruição da imunidade tributária, nos termos do art. 146, inciso II, da Constituição Federal. Esta foi a ementa do acórdão do RE:

IMUNIDADE – DISCIPLINA – LEI COMPLEMENTAR. Ante a Constituição Federal, que a todos indistintamente submete, a regência de imunidade faz-se mediante lei complementar. (RE n. 566.622, rel. Marco Aurélio, Tribunal Pleno, julgado em: 23 fev. 2017)

Na oportunidade, foi fixada a seguinte tese: "Os requisitos para o gozo de imunidade hão de estar previstos em lei complementar".

No julgamento das referidas ADIs, contudo, apesar de ter ocorrido em conjunto com o RE, a "tese" que constou nas ementas dos julgados foi singelamente distinta, como se pode constatar da ementa do acórdão da ADI n. 2.028:

> EMENTA AÇÃO DIRETA DE INCONSTITUCIONALIDADE. CONVERSÃO EM ARGUIÇÃO DE DESCUMPRIMENTO DE PRECEITO FUNDAMENTAL. CONHECIMENTO. IMUNIDADE. CONTRIBUIÇÕES SOCIAIS. ARTS. 146, II, e 195, § 7º, DA CONSTITUIÇÃO FEDERAL. REGULAMENTAÇÃO. LEI 8.212/91 (ART. 55). DECRETO 2.536/98 (ARTS. 2º, IV, 3º, VI, §§ 1º e 4º E PARÁGRAFO ÚNICO). DECRETO 752/93 (ARTS. 1º, IV, 2º, IV e §§ 1º e 3º, e 7º, § 4º). ENTIDADES BENEFICENTES DE ASSISTÊNCIA SOCIAL. DISTINÇÃO. MODO DE ATUAÇÃO DAS ENTIDADES DE ASSISTÊNCIA SOCIAL. TRATAMENTO POR LEI COMPLEMENTAR. ASPECTOS MERAMENTE PROCEDIMENTAIS. REGRAMENTO POR LEI ORDINÁRIA.

Tendo em vista que constou expressamente nos acórdãos das ADIs que a lei ordinária poderia tratar de aspectos procedimentais de certificação, formalização e controle administrativo, a União opôs Embargos de Declaração (ED) nos autos do RE, para instar a Corte a esclarecer suposta obscuridade "decorrente da excessiva abrangência da tese" firmada em repercussão geral.

Ao apreciar os EDs, o ministro relator Marco Aurélio votou pelo desprovimento do recurso, reiterando seu entendimento já exposto quando do julgamento de mérito de que o regramento das imunidades tributárias, como um todo, deve se dar por meio de lei complementar. Segundo o ministro:

> De acordo com a norma discutida, entidades sem fins lucrativos que atuem no campo da assistência social deixam de possuir direito à imunidade prevista na Carta da República enquanto não obtiverem título de utilidade pública federal e estadual ou do Distrito Federal ou municipal, bem como o Certificado ou o Registro de Entidades de Fins Filantrópicos fornecido, exclusivamente, pelo Conselho Nacional de Serviço Social. Ora, não se

trata de regras procedimentais acerca dessas instituições, e sim de formalidades que consubstanciam "exigências estabelecidas em lei" ordinária para o exercício da imunidade. Tem-se regulação do próprio exercício da imunidade tributária em afronta ao disposto no artigo 146, inciso II, do Diploma Maior.

Sob o pretexto de disciplinar aspectos das entidades pretendentes à imunidade, o legislador ordinário restringiu o alcance subjetivo da regra constitucional, impondo condições formais reveladoras de autênticos limites à imunidade. De maneira disfarçada ou não, promoveu regulação do direito sem que estivesse autorizado pelo artigo 146, inciso II, da Carta.

A ministra Rosa Weber pediu vista do processo para que pudessem ser apreciados, em conjunto, os EDs opostos nas ADIs conexas, das quais era relatora. Ao apresentar seu voto-vista, a ministra decidiu acolher os EDs parcialmente, sem atribuir expressamente efeito modificativo, para esclarecer que a lei complementar é o único instrumento normativo adequado para dispor sobre contrapartidas a serem exigidas para a fruição da imunidade. Por outro lado, afirmou que o regramento de aspectos procedimentais de certificação, fiscalização e controle podem vir pela via da lei ordinária.

O voto da ministra Rosa Weber sagrou-se vencedor, restando vencido o relator. Foi determinada a alteração da redação da tese firmada em sede de repercussão geral. O texto passou a ser: "A lei complementar é forma exigível para a definição do modo beneficente de atuação das entidades de assistência social contempladas pelo art. 195, § 7º, da CF, especialmente no que se refere à instituição de contrapartidas a serem por elas observadas".

Vale mencionar que o voto condutor do acórdão analisou a constitucionalidade do CEBAS e, ao esclarecer a divergência existente entre os julgamentos das ADIs e do RE, concluiu o seguinte:

> E a contradição entre as teses não se limita ao campo teórico, mas antes se traduz em incerteza que se espraia para o campo normativo. É que, a prevalecer a tese consignada no voto condutor do julgamento do RE 566.622, deve ser reconhecida a declaração incidental da inconstitucionalidade de todo o art. 55 da Lei nº 8.212/1991, inclusive em sua redação originária, cabendo ao art. 14 do CTN a regência da espécie. [...]
>
> Há que ora definir, pelo menos, qual é a norma incidente à espécie, à luz do enquadramento constitucional: se o art. 14 do CTN ou o art. 55 da Lei nº 8.212/1991 (à exceção do seu inciso III e dos §§ 3º, 4º e 5º, acrescidos pela

Lei nº 9.732/1998, declarados inconstitucionais nas ações objetivas). Num caso, o CEBAS (Certificado de Entidade Beneficente de Assistência Social) foi declarado constitucional e no outro foi declarado inconstitucional.

Em suma, nessa ocasião foi definido que o CEBAS é constitucional, tendo sido declarada expressamente a constitucionalidade do art. 55, inciso II, da Lei n. 8.212/1991.

Não ficou claro, contudo, o potencial desfecho das ações individuais que tratam do tema, especialmente em relação (i) à natureza meramente declaratória do CEBAS, e não constitutiva do direito à imunidade; e (ii) à situação jurídica das entidades que cumprem e cumpriam as condições trazidas por lei complementar, mas que não possuíam o CEBAS justamente pelo fato de que, antes de o STF decidir o tema, não podiam ser certificadas por não cumprirem contrapartidas trazidas por lei ordinária.

Para sanar tais incertezas, apesar de as decisões proferidas nas ADIs já terem transitado em julgado, foram opostos novos EDs no RE relativo ao Tema 32.

Em paralelo ao julgamento das ações relativas ao período sob a vigência da Lei n. 8.212/1991, evoluiu também o julgamento da ADI n. 4.480, que trata dos requisitos para fruição da imunidade aplicável às entidades dedicadas à educação e à assistência social previstos pela Lei n. 12.101/2009. Essa ADI foi julgada em março de 2020, tendo sido declarada "a inconstitucionalidade formal do art. 13, III, § 1º, I e II, §§ 3º e 4º, I e II, §§ 5º, 6º e 7º; do art. 14, §§ 1º e 2º; do art. 18, caput; e do art. 31 da Lei 12.101/2009, com a redação dada pela Lei 12.868/2013, e [...] material do art. 32, § 1º, da Lei 12.101/2009".

Em outras palavras, diversos dispositivos que preveem contrapartidas para a fruição da imunidade quanto às contribuições sociais foram reputados inconstitucionais, ratificando assim a posição da jurisprudência firmada no julgamento das ADIs n. 2.028, n. 2.036, n. 2.228 e n. 2.621.

Em face do acórdão proferido, foram opostos EDs pela Fazenda Nacional com o propósito de que fossem modulados os efeitos dessa decisão. Contudo, em julgamento virtual concluído em 5 de fevereiro de 2021, os EDs foram rejeitados, formalizando a impossibilidade de exigência, de imediato, do cumprimento das contrapartidas exigidas pela Lei n. 12.101/2009 às entidades atuantes nas áreas da educação e da assistência social. A referida ADI já transitou em julgado.

Portanto, os Ministérios da Educação e da Cidadania não poderão exigir o cumprimento das contrapartidas previstas na Lei n. 12.101/2009 para a obtenção do CEBAS, o que permitirá a fruição do seu direito constitucional à imunidade para as contribuições de seguridade social, mediante o cumprimento das exigências hoje estabelecidas no CTN, art. 9° e 14.

Destaque-se, porém, que a controvérsia em torno das contrapartidas aplicáveis às entidades de saúde, objeto da ADI n. 4.891, ainda não foi julgada pelo STF. O entendimento, dessa forma, ainda não é extensível a elas.

Parece-nos evidente que o Plenário do STF reitera o entendimento de que as contrapartidas para fruição da imunidade só podem estar previstas em lei complementar e que apenas o procedimento para conferência da presença dos requisitos (previstos em lei complementar) podem ser previstos em lei ordinária. Com isso, entendemos que o CEBAS, na forma regida pela Lei n. 8.212/1991 e pela Lei n. 12.101/2009, não pode ser visto como mero "aspecto procedimental".

A aplicação dos precedentes

O desfecho atribuído às ADIs relativas ao período sob vigência da Lei n. 8.212/1991 e à decisão em vigor[5] no RE n. 566.622 (Tema 32) traz alguma preocupação às entidades quanto à sua aplicação aos casos individuais em andamento, porque uma leitura rasa dessas decisões pode conduzir à conclusão de que apenas as entidades portadoras do CEBAS fariam jus à imunidade às contribuições sociais. Contudo, conforme já exposto, não foi essa a conclusão do STF.

Com isso, as entidades que tiveram seus pedidos de renovação de CEBAS indeferidos por não preencherem requisitos declarados inconstitucionais, em sua maioria, ingressaram em Juízo com o propósito de verem reconhecido seu direito à fruição da imunidade apenas mediante o cumprimento dos requisitos previstos em lei complementar.

Há, dessa forma, uma percepção (que reputamos equivocada) de que as entidades com ações em curso nesses moldes podem ter sua pretensão denegada mediante o argumento de que o CEBAS seria requisito essencial para fruição da imunidade. Contudo, a certificação não pode ser considerada como ponto de partida da imunidade das entidades beneficentes e, caso seu deferimento seja reputado constitutivo do direito à imunidade tributária, prevista no art. 195, § 7°, da Constituição Federal, os dispositivos constitucionais que asseguram que a imunidade só pode ser restringida por lei complementar serão mais uma vez violados.

---

5   Ainda pendente de revisão por ocasião do julgamento de EDs.

Nesse sentido já decidiu o STF no julgamento da ADI n. 4.480, quando declarou a inconstitucionalidade do art. 31 da Lei n. 12.101/2009, que indicava que o deferimento do CEBAS seria o termo inicial do gozo da imunidade.[6] Portanto, o julgamento dos casos individuais que tratam da matéria, para que estejam alinhados com o posicionamento do STF, devem partir da premissa de que a eficácia do CEBAS é declaratória. Ou seja, a entidade deve ser considerada imune a partir do momento que, de fato, cumpra os requisitos (contrapartidas) previstos em lei complementar, independentemente da expedição do referido certificado (previsto em lei ordinária).

Dessa forma, é de rigor que nas ações individuais em curso seja permitido que as entidades comprovem o cumprimento dos requisitos previstos no art. 14 do CTN (contrapartidas constitucionalmente aceitas), de modo a demonstrar que, materialmente, faziam jus à certificação – independentemente de terem formulado requerimentos administrativos, principalmente levando em consideração a eficácia declaratória do CEBAS. Essa é a única forma de compatibilizar o conteúdo das decisões proferidas nas ADIs e no acórdão do Tema 32 com os princípios da segurança jurídica, razoabilidade e confiança, já que não se pode prejudicar o contribuinte que após mais de 20 anos de discussão judicial tem sua tese reconhecida, mas corre o risco de não ter seu próprio direito preservado.

Conclusão

Após mais de 20 anos de intenso litígio entre as instituições beneficentes que se dedicam a atividades de assistência social, saúde e educação e as autoridades fiscais, quanto aos requisitos para fruição da imunidade às contribuições sociais, o STF definiu que as contrapartidas para fruição da imunidade devem estar previstas em lei complementar. Contudo, definiu também que o procedimento para assegurar a fruição de tal imunidade, especialmente quanto à verificação dos requisitos estabelecidos em lei complementar, pode ser previsto em lei ordinária. Com isso, consignou que a exigência de que as entidades portem

---

6 "Entretanto, entendimento diverso deve ser aplicado ao artigo 31, segundo o qual 'O direito à isenção das contribuições sociais poderá ser exercido pela entidade a contar da data da publicação da concessão de sua certificação, desde que atendido o disposto na Seção I deste Capítulo'. Com relação a esse dispositivo, parece-me que há, de fato, invasão, por parte da lei ordinária, em esfera de competência própria reservada à lei complementar, uma vez que trata de tema relativo ao limite da imunidade. [...] Nesse contexto, *entendo que o exercício da imunidade deve ter início assim que os requisitos exigidos pela lei complementar forem atendidos*" (grifos nossos).

o CEBAS para a fruição da imunidade é constitucional. Esse entendimento se aplica tanto ao período sob vigência da Lei n. 8.212/1991 quanto ao período sob vigência da Lei n. 12.101/2009.

A despeito disso, é importante consignar que o CEBAS não tem natureza constitutiva de direito, mas meramente declaratória. Com isso, entendemos que, ainda que a entidade não possua o CEBAS deferido pelo Conselho Nacional de Assistência Social (CNAS) ou pelo Ministério de sua área de autuação, ela poderá fruir de sua imunidade às contribuições sociais.

Para tanto, as entidades que têm ações judiciais ou processos administrativos em curso, a nosso ver, devem buscar demonstrar que cumprem as contrapartidas previstas em lei complementar ou que o indeferimento do CEBAS requerido se deu por descumprimento de contrapartida prevista em lei complementar e, portanto, é inconstitucional.

Ação rescisória e a coisa julgada inconstitucional: prazo para a ação

Daniella Zagari[1]

Introdução

Este artigo tem por objetivo examinar brevemente a (in)constitucionalidade do § 8º do art. 535 do Código de Processo Civil (CPC), que previu, como termo inicial, o prazo de dois anos para a propositura de ação rescisória fundada em contrariedade a entendimento do Supremo Tribunal Federal (STF) firmado posteriormente à data do trânsito em julgado da decisão inicial.[2]

Pela literalidade da norma, se uma decisão transitar em julgado reconhecendo a inconstitucionalidade de determinada exigência tributária, e se após dez anos o STF vier a declarar a constitucionalidade da mesma exigência, o termo inicial do prazo de dois anos para a propositura de ação rescisória contra esta coisa julgada tem início após esses dez anos.

A questão ainda não foi apreciada pelo STF, que, no entanto, em ao menos duas oportunidades, já manifestou preocupação com o tema, o que, aliado aos contornos constitucionais que o envolvem, certamente levará a Suprema Corte a se pronunciar a respeito.

O que se quer examinar é a legitimidade desse prazo incerto e desconhecido na estrutura do sistema de garantias e direitos fundamentais protegidos pela Constituição Federal, e que tem na proteção à coisa julgada um dos maiores pilares de segurança jurídica. Nesse sentido, a indagação que se coloca é em que medida a garantia de estabilidade das relações jurídicas proporcionada pela coisa julgada poderá ser preservada se contra ela houver, indefinidamente, um

---

1 Sócia da área tributária do Machado Meyer e mestre em Direito Processual Civil pela Universidade de São Paulo (USP).
2 Possui texto idêntico o § 15 do art. 525, inserido no capítulo atinente ao cumprimento definitivo de sentença envolvendo particulares.

elemento de incerteza, catalisador do efeito contrário – insegurança e instabilidade.

A coisa julgada e a ação rescisória

A coisa julgada tem fundamento na garantia maior de segurança jurídica, na medida em que promove a perenidade das decisões proferidas pelo poder judiciário, que não poderão ser alteradas, promovendo também, por consequência, a estabilidade nas relações entre as pessoas.

A coisa julgada material, na clássica definição de Liebman,[3] amplamente acolhida pela doutrina e pela jurisprudência, é a autoridade que torna imutável e indiscutível a decisão de mérito não mais sujeita a recurso. Essa definição foi acolhida pelo art. 502 do CPC.

Em nosso ordenamento, isso constitui garantia fundamental e cláusula pétrea, isto é, insuscetível de modificação até mesmo por Emenda Constitucional, nos termos dos art. 5º, inciso XXXVI, e 60, § 4º, inciso IV, da Constituição Federal. Por essa razão, afirma-se com propriedade que a coisa julgada "não é um instituto de direito processual nem de direito material, mas constitucional".[4]

O STF, historicamente, tem destacado a proteção especial que a coisa julgada representa para o Estado de Direito. O recurso julgado recentemente pela 2ª Turma reproduz vasto entendimento doutrinário a respeito desse assunto.[5]

Diante dessa garantia fundamental à segurança jurídica, poderia causar certa perplexidade a existência de um instrumento processual destinado justamente

---

3   Liebman, Enrico Tullio. *Eficácia e autoridade da sentença*. 4. ed. São Paulo: Forense, 2006.
4   Dinamarco, Cândido Rangel. *Instituições de Direito Processual Civil* (Vol. III). São Paulo: Malheiros, 2017. p. 356.
5   "E M E N T A: RECURSO EXTRAORDINÁRIO – COISA JULGADA EM SENTIDO MATERIAL – INDISCUTIBILIDADE, IMUTABILIDADE E COERCIBILIDADE: ATRIBUTOS ESPECIAIS QUE QUALIFICAM OS EFEITOS RESULTANTES DO COMANDO SENTENCIAL – PROTEÇÃO CONSTITUCIONAL QUE AMPARA E PRESERVA A AUTORIDADE DA COISA JULGADA – EXIGÊNCIA DE CERTEZA E DE SEGURANÇA JURÍDICAS – VALORES FUNDAMENTAIS INERENTES AO ESTADO DEMOCRÁTICO DE DIREITO – EFICÁCIA PRECLUSIVA DA "RES JUDICATA" – "TANTUM JUDICATUM QUANTUM DISPUTATUM VEL DISPUTARI DEBEBAT" – CONSEQUENTE IMPOSSIBILIDADE DE REDISCUSSÃO DE CONTROVÉRSIA JÁ APRECIADA EM DECISÃO TRANSITADA EM JULGADO, AINDA QUE PROFERIDA EM CONFRONTO COM A JURISPRUDÊNCIA PREDOMINANTE NO SUPREMO TRIBUNAL FEDERAL – SUCUMBÊNCIA RECURSAL – (CPC, ART. 85, § 11) – NÃO DECRETAÇÃO, NO CASO, ANTE A AUSÊNCIA DE CONDENAÇÃO EM VERBA HONORÁRIA NA ORIGEM EM FAVOR DA PARTE ORA RECORRIDA – AGRAVO INTERNO IMPROVIDO" (AgRg no RE n. 1.126.631-RS, rel. Celso de Mello, julgado em: 31 maio 2019).

à desconstituição da coisa julgada: a ação rescisória, cujas hipóteses de cabimento vêm previstas no art. 966 do CPC.[6] Ao longo do tempo, a doutrina muitas vezes buscou justificar axiologicamente a ação rescisória na prevalência, em situações excepcionais, do valor *justiça* sobre o valor *segurança*.[7]

Contudo, não parece que se esteja diante de valores excludentes ou opostos, como bem esclareceu Moacyr Lobo da Costa:[8] "O respeito à autoridade da coisa julgada, fundamento da estabilidade da ordem jurídica, não se compadece com a existência de sentenças que tenham atentado contra esta mesma ordem, que aos juízes incumbe tutelar e não violar". Em sentido similar, Pontes de Miranda afirma que não é a injustiça da sentença que a ação rescisória visa tutelar, porque a própria finalidade da justiça está atrelada a tornar a incidência e a aplicação do direito o mais coincidentes possível.[9]

Na busca pela harmonização de valores, a ação rescisória não deixa de ter também por escopo preservar a estabilidade e segurança das relações jurídicas, na medida em que se destina à correção de certos desvios excepcionais, causados pela decisão transitada em julgado na aplicação do direito objetivo.

Não se pode perder de vista, contudo, que a proteção especial outorgada pela Constituição Federal, como direito fundamental, é à coisa julgada, e a ação rescisória vem prevista no texto constitucional apenas como referência, no capítulo atinente ao poder judiciário, não se tratando de remédio destinado à tutela de liberdades individuais ou de garantias e direitos sociais (como se dá, por exemplo, com o mandado de segurança e o *habeas corpus*).

Portanto, não constituindo garantia fundamental e não se destinando à tutela de valores fundamentais da sociedade, do Estado ou do cidadão em

---

6 "Art. 966. A decisão de mérito, transitada em julgado, pode ser rescindida quando: I – se verificar que foi proferida por força de prevaricação, concussão ou corrupção do juiz; II – for proferida por juiz impedido ou por juízo absolutamente incompetente; III – resultar de dolo ou coação da parte vencedora em detrimento da parte vencida ou, ainda, de simulação ou colusão entre as partes, a fim de fraudar a lei; IV – ofender a coisa julgada; V – violar manifestamente norma jurídica; VI – for fundada em prova cuja falsidade tenha sido apurada em processo criminal ou venha a ser demonstrada na própria ação rescisória; VII – obtiver o autor, posteriormente ao trânsito em julgado, prova nova cuja existência ignorava ou de que não pôde fazer uso, capaz, por si só, de lhe assegurar pronunciamento favorável; VIII – for fundada em erro de fato verificável do exame dos autos."

7 Neste sentido: Vidigal, Luis Eulálio de Bueno. *Da ação rescisória dos julgados*. São Paulo: Saraiva, 1948; Americano, Jorge. *Estudo Theorico e Pratico da Acção Rescisoria dos julgados no direito brasileiro*. São Paulo: Editora Saraiva, 1936; Theodoro Jr., Humberto. Nulidade, inexistência e rescindibilidade da sentença. *Revista de Processo*, São Paulo, v.5, n. 19, p. 23-37, 1976; Tucci, Rogerio Lauria. *Da ação e do processo civil na teoria e na prática*. Rio de Janeiro: Forense, 1985.

8 Lobo da Costa, Moacyr. Cumulação de juízos na ação rescisória. *Revista de Processo*, São Paulo, v. 43, n. 43, p. 31-51, 1986.

9 Pontes de Miranda, Francisco. *Tratado da Ação Rescisória*. Campinas: Bookseller, 1998.

particular, a ação rescisória é um instrumento excepcional porque, tratando-se de mecanismo de desconstituição da coisa julgada, constitui uma exceção no sistema. E, assim considerada, suas hipóteses de cabimento devem ser interpretadas restritivamente.[10]

Não afasta essa constatação uma outra: o fato de ser havida como exceção no sistema não impede que a própria ação rescisória esteja incluída no mecanismo geral de estabilização das relações jurídicas, encontrando sua legitimidade na previsibilidade que deve apresentar.

Ação Rescisória: art. 535, § 8º, do CPC

Anteriormente, afirmou-se que as hipóteses de ação rescisória vêm previstas no art. 966 do CPC. Contudo, o Código não foi linear no tratamento do tema, pois previu, especificamente no capítulo atinente ao cumprimento de sentença que reconhece a exigibilidade de obrigação de pagar quantia certa pela Fazenda Pública – e, também, entre particulares (art. 525, § 15) –, uma outra hipótese:

> Art. 535. A Fazenda Pública será intimada na pessoa de seu representante judicial, por carga, remessa ou meio eletrônico, para, querendo, no prazo de 30 (trinta) dias e nos próprios autos, impugnar a execução, podendo arguir:
> I – falta ou nulidade da citação se, na fase de conhecimento, o processo correu à revelia;
> II – ilegitimidade de parte;
> III – inexequibilidade do título ou inexigibilidade da obrigação;
> IV – excesso de execução ou cumulação indevida de execuções;
> V – incompetência absoluta ou relativa do juízo da execução;
> VI – qualquer causa modificativa ou extintiva da obrigação, como pagamento, novação, compensação, transação ou prescrição, desde que supervenientes ao trânsito em julgado da sentença.
> § 1º A alegação de impedimento ou suspeição observará o disposto nos arts. 146 e 148.
> § 2º Quando se alegar que o exequente, em excesso de execução, pleiteia quantia superior à resultante do título, cumprirá à executada declarar de

---

10 Neste sentido: Silva, José Afonso da. *Curso de Direito Constitucional Positivo*. São Paulo: Malheiros, 2018.

imediato o valor que entende correto, sob pena de não conhecimento da arguição.

§ 3º Não impugnada a execução ou rejeitadas as arguições da executada:

I – expedir-se-á, por intermédio do presidente do tribunal competente, precatório em favor do exequente, observando-se o disposto na Constituição Federal;

II – por ordem do juiz, dirigida à autoridade na pessoa de quem o ente público foi citado para o processo, o pagamento de obrigação de pequeno valor será realizado no prazo de 2 (dois) meses contado da entrega da requisição, mediante depósito na agência de banco oficial mais próxima da residência do exequente. (Vide ADI 5534)

§ 4º Tratando-se de impugnação parcial, a parte não questionada pela executada será, desde logo, objeto de cumprimento. (Vide ADI 5534)

§ 5º Para efeito do disposto no inciso III do caput deste artigo, considera-se também inexigível a obrigação reconhecida em título executivo judicial fundado em lei ou ato normativo considerado inconstitucional pelo Supremo Tribunal Federal, ou fundado em aplicação ou interpretação da lei ou do ato normativo tido pelo Supremo Tribunal Federal como incompatível com a Constituição Federal, em controle de constitucionalidade concentrado ou difuso.

§ 6º No caso do § 5º, os efeitos da decisão do Supremo Tribunal Federal poderão ser modulados no tempo, de modo a favorecer a segurança jurídica.

§ 7º A decisão do Supremo Tribunal Federal referida no § 5º deve ter sido proferida antes do trânsito em julgado da decisão exequenda.

§ 8º Se a decisão referida no § 5º for proferida após o trânsito em julgado da decisão exequenda, caberá ação rescisória, cujo prazo será contado do trânsito em julgado da decisão proferida pelo Supremo Tribunal Federal.

O dispositivo em referência trata das matérias que podem ser deduzidas pela Fazenda Pública em impugnação à decisão judicial transitada em julgado que lhe foi desfavorável, objeto de cumprimento de sentença/execução. Mas o texto vai bem além: ao disciplinar a alegação de inexigibilidade da obrigação, relaciona a hipótese em que a coisa julgada (ou a obrigação reconhecida em título judicial) esteja fundada em lei ou ato normativo considerado inconstitucional pelo STF, ou fundado em interpretação ou aplicação da lei ou do ato normativo tido pelo STF como incompatível com a Constituição Federal, em controle de constitucionalidade concentrado ou difuso. E completa: se essa incompatibilidade ocorreu por decisão do STF ulterior à formação da coisa julgada, cabe ação rescisória no prazo de dois anos, a contar do trânsito em julgado da decisão proferida pela Suprema Corte.

Dito de forma simplificada, se a coisa julgada contrária à decisão do STF for posterior a esta, cabe à Fazenda Pública arguir inexigibilidade do título em impugnação à execução; se for anterior, é necessária ação rescisória, com termo inicial fluido, porquanto incerto.

A constitucionalidade do chamado efeito rescisório dos embargos à execução ou da impugnação ao cumprimento de sentença, em face da *coisa julgada inconstitucional*, foi objeto de intensa controvérsia doutrinária e jurisprudencial,[11] ainda sob a égide do CPC de 1973. A questão chegou ao STF sob o regime da repercussão geral, sendo decidida no Tema 360 – Recurso Extraordinário (RE) n. 611.503 – com a fixação da seguinte tese:

> São constitucionais as disposições normativas do parágrafo único do art. 741 do CPC, do § 1º do art. 475-L, ambos do CPC/73, bem como os correspondentes dispositivos do CPC/15, o art. 525, § 1º, III e §§ 12 e 14, o art. 535, § 5º. São dispositivos que, buscando harmonizar a garantia da coisa julgada com o primado da Constituição, vieram agregar ao sistema processual brasileiro um mecanismo com eficácia rescisória de sentenças revestidas de vício de inconstitucionalidade qualificado, assim caracterizado nas hipóteses em que (a) a sentença exequenda esteja fundada em norma reconhecidamente inconstitucional – seja por aplicar norma inconstitucional, seja por aplicar norma em situação ou com um sentido inconstitucionais; ou (b) a sentença exequenda tenha deixado de aplicar norma reconhecidamente constitucional; e (c) desde que, em qualquer dos casos, o reconhecimento dessa constitucionalidade ou a inconstitucionalidade tenha decorrido de julgamento do STF realizado em data anterior ao trânsito em julgado da sentença exequenda.

Embora os dispositivos originalmente questionados fossem do CPC de 1973, diante da superveniência do CPC de 2015 com disposições semelhantes, sua constitucionalidade foi também analisada e afirmada. Portanto, o STF não identificou inconstitucionalidade nas normas que permitem que o juízo, em cumprimento de sentença ou embargos à execução, desconstitua a decisão

---

11 Nesse sentido: Neves, Daniel Amorim Assumpção. *Novo Código de Processo Civil comentado artigo por artigo*. São Paulo: JusPODIVM, 2016.

judicial transitada em julgado que tenha violado prévio entendimento fixado pelo Tribunal.

Não estava em discussão – e, portanto, não foi examinada – a constitucionalidade do § 15 do art. 525 e do § 8º do art. 535, ambos do CPC de 2015, que são disposições sem correspondência no CPC de 1973. Essas normas, de redação idêntica, estabeleceram o cabimento da ação rescisória fundada precisamente na contrariedade da decisão transitada em julgado ao entendimento do STF, quando este entendimento vier a ser manifestado em momento posterior à formação da coisa julgada.

Não se pretende aqui discutir se realmente se trata de uma nova e autônoma hipótese de cabimento, ou se inserida no contexto do inciso V do art. 966. A questão objeto de análise é o prazo previsto para a propositura da rescisória, em relação às específicas hipóteses previstas na legislação.

Precisamente por se tratar de mecanismo excepcional, a legislação foi, de modo geral, parcimoniosa em relação ao prazo no qual se pode buscar a rescisão da coisa julgada: como regra, de acordo com o art. 975 do CPC, dois anos a contar do trânsito em julgado da última decisão proferida no processo. Há, todavia, três exceções.

Na hipótese de rescisória pela descoberta de prova nova, o termo inicial é a data da sua descoberta, mas resguardado o prazo máximo de cinco anos a contar do trânsito em julgado. Na hipótese de simulação ou colusão entre partes, o prazo é de dois anos para que o terceiro prejudicado ou o Ministério Público ingressem com a ação, a partir do momento do conhecimento da simulação ou colusão. Já em caso de decisão transitada em julgado que venha a contrariar o entendimento superveniente do STF, o prazo de dois anos também se conta da decisão que vier a ser proferida pelo Tribunal posteriormente à formação da coisa julgada.

Nessas duas últimas exceções, não há um termo final que pudesse evitar a excessiva incerteza qualificada pela fluidez do *termo* inicial, dependente que está de um evento futuro e incerto. Embora ambas as exceções que não preveem o momento de início do prazo de dois anos sejam de constitucionalidade duvidosa, pela patente situação de insegurança jurídica que compromete a coisa julgada, a primeira situação ainda parece ter alguma justificativa no sistema, porque envolve a utilização do processo como instrumento de fraude ou dolo.

Nesse contexto, o próprio objetivo do sistema processual se desvirtua, comprometendo os desígnios da coisa julgada. O mesmo não se pode dizer da coisa julgada que pretensamente se torna inconstitucional por decisão posterior do STF que interpretou a norma jurídica em sentido diverso.

Termo inicial fluido ou incerto

Termo é "o momento que se determina no tempo em que os efeitos do negócio jurídico devem começar ou devem cessar de produzir-se".[12]

No caso da ação rescisória cujo prazo se há de contar a partir do trânsito em julgado de decisão do STF, desconhecida, futura e incerta, não se pode falar em termo inicial, justamente porque desconhecido esse momento. E se este momento é futuro, incerto e desconhecido, está-se diante de condição (art. 121, Código Civil). Portanto, tem-se prevista no ordenamento uma hipótese de ação rescisória – instrumento excepcional destinado a desconstituir a garantia fundamental representada pela coisa julgada – que é *condicionada*, justamente porque não há termo inicial.

A ideia da existência de prazos no processo está ligada à continuidade da *marcha avante* e à fixação de preclusões, quando se trata de prazos próprios conferidos à parte,[13] como aquele para a propositura da ação rescisória. Na hipótese tratada não há prazo, pois não há prazo quando se desconhecem os termos inicial ou final.

A inconstitucionalidade se afigura manifesta. Não se trata de coisa julgada malformada, com abuso de direito, fraude ou dolo. Trata-se do exercício legítimo do poder estatal, na atividade de interpretação e aplicação do direito, que, embora teoricamente coberta pelo manto da imunidade, está sujeita à revisão indefinida no tempo.

Se o objetivo da coisa julgada é justamente conferir estabilidade às relações jurídicas, admitir que sua perenidade esteja submetida a evento futuro e incerto – a uma condição, portanto – é suprimir a garantia que ela representa. Ou seja, a coisa julgada, nos termos da legislação, tem estabilidade provisória, subordinando-se a uma eterna possibilidade de alteração ou fixação de entendimento pelo STF quando decidida questão constitucional em sentido contrário ao que fora definido pela decisão transitada em julgado, o que é incompatível com a garantia de segurança jurídica. Nesse sentido, é o entendimento de Luiz Guilherme Marinoni.[14]

---

12 San Tiago Dantas *apud* Lotufo, Renan. *Código Civil Comentado* (Vol. 2). 2. ed. São Paulo: Saraiva, 2004. p. 366.

13 Neste sentido: Dinamarco, Cândido Rangel. *Vocabulário de Direito Processual*. 2. ed. São Paulo: Malheiros, 2014. p. 201-202.

14 "A intangibilidade da coisa julgada material é essencial para a tutela da segurança jurídica, sem a qual não há Estado de Direito, ou melhor, sem a qual nenhuma pessoa pode se desenvolver e a economia não pode frutificar. Nem se diga, nessa altura, que a alegação da decisão de inconstitucionalidade constituiria uma exceção constitucionalmente legítima à intangibilidade da coisa julgada,

Não impressiona o argumento de que o sistema de precedentes mais desenvolvido a partir do CPC de 2015 estimularia a desconstituição da coisa julgada em situações de sua incompatibilidade posterior com o entendimento firmado pelo STF. Como bem esclarece Daniel Mitidiero, se é correto afirmar que os precedentes do STF e do Superior Tribunal de Justiça (STJ) devem ser seguidos pelas cortes de justiça, não é menos certo que *nenhuma corte pode violar uma orientação que ainda não existe.* Justamente por isso, sem nem entrar no mérito do *prazo fluido*, entende-se como flagrantemente inconstitucionais os art. 525, inciso III, § 15, e 535, inciso III, § 8º, do CPC, *por ofenderem o núcleo duro do direito fundamental à segurança e à igualdade.*[15]

Na questão de ordem suscitada no RE n. 638.115-Ed, em que o STF discutiu o quórum para modulação de efeitos de decisões proferidas em controle difuso sob o regime da repercussão geral, ainda que *obter dictum*, alguns ministros manifestaram desconforto com a norma do § 8º do art. 535 do CPC. À vista disso, a manifestação do ministro Gilmar Mendes, no sentido de que "a fórmula de *dies a quo* trazida no dispositivo afigura-se capaz de restabelecer a pretensão rescisória das partes, mesmo após exaurido o prazo de dois anos subsequente à prolação da sentença fundada em lei declarada inconstitucional pelo STF". Essa mesma preocupação já havia sido exposta pelo ministro Celso de Mello nos autos da Ação Direta de Inconstitucionalidade (ADI) n. 2.418.

A Súmula n. 343

O enunciado sumular n. 343 do STF dispõe que: "Não cabe ação rescisória por ofensa a literal dispositivo de lei, quando a decisão rescindenda se tiver baseado em texto legal de interpretação controvertida nos tribunais".

Basicamente, o que essa Súmula retrata é a excepcionalidade da ação rescisória, que não pode ser admitida como modalidade de recurso para corrigir uma pretensa injustiça da decisão. Por isso mesmo, o entendimento que se

---

argumentando-se que a rescisão da coisa julgada fundada em lei posteriormente declarada inconstitucional seria uma afirmação da constitucionalidade sobre a inconstitucionalidade. É sempre importante advertir que a garantia da coisa julgada não resguarda os efeitos de uma lei inconstitucional, porém ressalva os efeitos de um juízo constitucional, que aplicou uma lei posteriormente declarada inconstitucional pelo Supremo Tribunal Federal" (Marinoni, L. G. *A intangibilidade da coisa julgada da decisão de inconstitucionalidade.* São Paulo: Revista dos Tribunais, 2016. p 108).

15 "Como é evidente, somente a partir do exato instante em que formado o precedente é que se pode exigir o seu respeito – só é possível orientar uma conduta futura, não é possível orientar o passado" (Mitidiero, Daniel. *Precedentes da persuasão à vinculação.* 3. ed. São Paulo: Revista dos Tribunais, 2018. p. 129).

cristalizou nesse enunciado tem por premissa o não cabimento da ação rescisória quando a jurisprudência era controvertida sobre o tema ao tempo do trânsito em julgado da decisão que se pretende rescindir, ainda que depois tenha se firmado em sentido contrário ao da decisão.

É bem verdade que, com o passar dos anos, a jurisprudência, tanto do STJ quanto do STF, foi se orientando no sentido de que essa Súmula seria inaplicável às questões constitucionais. Isso porque, no entendimento das cortes superiores, não seria toda e qualquer violação à lei que poderia comprometer a coisa julgada, dando ensejo à ação rescisória, mas apenas aquela especialmente qualificada, representada pela violação ao texto constitucional. Com base nesse entendimento, a jurisprudência empregou tratamento diferenciado à violação da norma infraconstitucional em relação à norma constitucional, deixando de aplicar, em linhas gerais, relativamente a esta última, o enunciado de sua Súmula n. 343.

Contudo, no julgamento do RE n. 590.809/RS,[16] o STF se pronunciou no sentido de aplicar o entendimento sumular em matéria constitucional para julgar improcedente a ação rescisória proposta pela União para desconstituir coisa julgada em função de alteração posterior de entendimento do próprio STF sobre o tema. Na situação examinada, ao tempo em que prolatada a decisão rescindenda, o próprio Supremo tinha o mesmo entendimento, que veio a ser alterado posteriormente.

Mais recentemente, ao julgar a Ação Rescisória (AR) n. 2.297, o STF não conheceu da ação rescisória ajuizada pela União, aplicando a Súmula n. 343. Embora a tese em discussão fosse a mesma, os fundamentos determinantes dessa decisão pareceram mais contundentes no sentido de privilegiar a coisa julgada em detrimento de alterações posteriores de entendimento pelo próprio STF.

O voto condutor do acórdão destacou que o entendimento do STF vem se modificando para aplicar a Súmula n. 343 às demandas que veiculam matéria

---

16 "AÇÃO RESCISÓRIA VERSUS UNIFORMIZAÇÃO DA JURISPRUDÊNCIA. O Direito possui princípios, institutos, expressões e vocábulos com sentido próprio, não cabendo colar a sinonímia às expressões 'ação rescisória' e 'uniformização da jurisprudência'. AÇÃO RESCISÓRIA – VERBETE Nº 343 DA SÚMULA DO SUPREMO. O Verbete nº 343 da Súmula do Supremo deve de ser observado em situação jurídica na qual, inexistente controle concentrado de constitucionalidade, haja entendimentos diversos sobre o alcance da norma, mormente quando o Supremo tenha sinalizado, num primeiro passo, óptica coincidente com a revelada na decisão rescindenda" (RE n. 590.809, rel. Marco Aurélio, Tribunal Pleno, julgado em: 22 out. 2014).

de índole constitucional, à luz do princípio da segurança jurídica e da coisa julgada.[17]

Notas conclusivas

O cabimento de ação rescisória com base em entendimento ulterior do STF contrário à coisa julgada então formada é de constitucionalidade bastante duvidosa. Não obstante, para além desse questionamento, a inexistência de termo inicial – ou termo inicial condicional, incerto e não sabido – para o prazo de dois anos para a propositura de ação rescisória revela gritante inconstitucionalidade.

A ação rescisória, ainda que aceita pelo sistema, não perdeu sua feição de medida excepcional em face da garantia fundamental à proteção da segurança jurídica. Não se há de admitir a coisa julgada condicional, sujeita a evento futuro, incerto e sem qualquer limitação temporal.

Espera-se que o STF, na sua missão constitucional de garantir maior efetividade aos processos, venha a decidir esse tema com brevidade.

---

17 Trecho do voto: "De plano, constata-se que a compreensão iterativa do STF se modificou em prol da aplicabilidade da Súmula 343 do STF também em demandas que veiculassem matéria de índole constitucional, à luz do princípio da segurança jurídica". A decisão cita, ainda, algumas decisões que admitem a aplicação da Súmula n. 343 em matéria constitucional, a saber: (i) AR n. 2.341 AgR, rel. Ricardo Lewandowski, Tribunal Pleno, julgado em: 18 maio 2018; (ii) AR n. 2.370 AgR, rel. Teori Zavascki, Tribunal Pleno, julgado em: 22 out. 2015; (iii) AR n. 1.415 AgR-segundo, rel. Luiz Fux, Tribunal Pleno, julgado em: 9 abr. 2015.

A tese do século: ICMS na base de cálculo do PIS e da Cofins

Rafael Gregorin[1]

Introdução

Em 15 de março de 2017, ao apreciar o Tema n. 69 da repercussão geral, relativo ao Recurso Extraordinário (RE) n. 574.706/PR, o Plenário do Supremo Tribunal Federal (STF) fixou a seguinte tese: "O ICMS não compõe a base de cálculo para a incidência do PIS e da Cofins".

A despeito de décadas de espera por grande parte dos contribuintes brasileiros, do amplo debate sobre a matéria e dos categóricos posicionamentos firmados pelos ministros naquela oportunidade, a desejada segurança jurídica que aparentou defluir do julgamento não se concretizou naquele momento.

No dia 19 de outubro de 2017, após a publicação do acórdão do julgamento, a Fazenda Nacional opôs embargos de declaração apontando a presença de supostas contradições e obscuridades no conteúdo do voto vencedor, proferido pela ministra Cármen Lúcia. Os principais questionamentos giraram em torno do pedido de modulação dos efeitos da decisão tomada pelo Plenário e do pedido de esclarecimentos sobre qual parcela do Imposto sobre Circulação de Mercadorias e Serviços (ICMS) deveria sofrer a exclusão da base de cálculo da contribuição ao Programa de Integração Social (PIS) e da Contribuição para o Financiamento da Seguridade Social (Cofins): o valor do ICMS destacado na nota fiscal (bruto) ou o valor efetivamente desembolsado pelo sujeito passivo (líquido), posição defendida pela União.

A estratégia implementada pela Fazenda Nacional revelou uma nítida tentativa de minimizar o impacto financeiro aos cofres públicos derivado dos

---

[1] Mestre em direito pela Kings College London e especialista em direto tributário pelo Insper/SP. Sócio no escritório Trench, Rossi e Watanabe Advogados. Trabalhou no escritório de Baker & McKenzie, em Chicago.

efeitos jurídicos produzidos pela tese firmada no âmbito do STF. Além disso, a apresentação dos embargos de declaração pela Fazenda Nacional serviu de pretexto para a Receita Federal do Brasil (RFB) embarcar na tese infundada de que o STF teria autorizado a exclusão somente do ICMS efetivamente pago – e não do destacado em nota fiscal – para implementar uma série de medidas destinadas a inibir o pleno aproveitamento do resultado do julgamento pelos contribuintes.

No contexto dessas ações fiscais, convém assinalar que, em 30 de maio de 2018, o inciso VII do § 1º do art. 74 da Lei n. 9.430/1996 ganhou nova redação, passando, a partir de então, a vedar a compensação de créditos cujas confirmação e liquidez estejam sob procedimento fiscal. A referida regra foi incorporada no art. 76, inciso XIV, da Instrução Normativa (IN) RFB n. 1.717/2017.[2] Na prática, uma vez que os contribuintes comecem a utilizar os créditos de PIS e Cofins que lhes são de direito, a Receita Federal instaura um procedimento de fiscalização para impedir, automaticamente, o uso dos referidos créditos.

Adicionalmente, outro ato da RFB dedicado a reduzir o alcance da decisão do Pleno do STF se consumou com a publicação da Solução de Consulta Interna da Coordenação-Geral da Tributação (Cosit) n. 13, de 18 de outubro de 2018. Trata-se de uma consulta formulada pela Coordenação-Geral de Contencioso Administrativo de Judicial, ou seja, um órgão interno da própria instituição, a respeito do âmbito de aplicação da tese fixada.

Com base em uma interpretação fundada em excertos esparsos e isolados extraídos dos votos proferidos no julgamento, comprometendo o correto contexto das manifestações dos ministros apresentadas até então, a Cosit concluiu que o montante a ser excluído das bases de cálculo do PIS e da Cofins seria o valor de ICMS pago ou a recolher.

No ano seguinte, o órgão tributário editou a Instrução Normativa RFB n. 1.911, de 11 de outubro de 2019. Visando unificar as normas infralegais de apuração, cobrança, fiscalização, arrecadação e administração do PIS e da Cofins, o referido ato normativo determinou expressamente, em linha com a manifestação da Cosit do ano anterior, que o montante a ser excluído da base de cálculo mensal do PIS e da Cofins equivaleria à quantia do ICMS a recolher, nos termos do seu inciso I do parágrafo único do art. 27.

O ato normativo pretendeu também reduzir a base de cálculo dos créditos escriturais de entrada sobre a aquisição de bens e serviços para a apuração pelo contribuinte, suprimindo a parcela do ICMS recolhida pelo vendedor

---

2   Revogada pela atual Instrução Normativa n. 2.055/2021.

e integrante do preço de venda como valor a compor o cálculo dos créditos de entrada.

Em relação aos efeitos da decisão do *leading case* pelo STF, a Cosit teve a oportunidade de reafirmar, por meio da Solução de Consulta n. 112, de 28 de setembro de 2020, o seu posicionamento no sentido de que o resultado do julgamento atingiria apenas contribuintes que tinham movido ação judicial de mesmo objeto com trânsito em julgado, uma vez que os embargos de declaração da Fazenda Nacional continuavam, até então, pendentes de julgamento.

Essas medidas fiscais institucionalizaram as ferramentas necessárias para que a RFB promovesse atos destinados a restringir o pleno aproveitamento dos valores a que os contribuintes tinham direito em face da decisão do STF, pois se os contribuintes passassem a compensar os valores recolhidos indevidamente no passado, certamente teriam suas compensações rejeitadas. Como se não bastasse, uma vez excluídos os valores do ICMS destacados em nota fiscal das operações futuras, estariam expostos à lavratura de autos de infração.

Tratou-se, como se nota, de práticas de intimidação e coação contra o sujeito passivo, que se encontrou impedido de exercer o seu direito de forma integral, apesar de possuir o respaldo do STF para excluir da base de cálculo do PIS e da Cofins, o valor do ICMS destacado na nota fiscal, bem como o uso de créditos do passado.

As medidas restritivas executadas pela autoridade fiscal, contudo, provaram-se equivocadas, prevalecendo, dentre outros, para alívio e esperança dos brasileiros, o princípio da segurança jurídica.

A definição do tema pelo STF

Em sessões realizadas nos dias 12 e 13 de maio de 2021 – portanto mais de três anos após o protocolo dos embargos de declaração –, o Plenário do STF finalmente definiu a matéria.

A ministra Cármen Lúcia, relatora do recurso, foi a primeira a se manifestar, tendo proferido um voto equilibrado, objetivo e, salvo exceções, convergente com a expectativa dos contribuintes. No que se refere ao valor do ICMS passível de exclusão da base de cálculo, elucidou aquilo que, em suas próprias palavras, já estava claro no voto proferido em 2017, isto é, o montante a ser excluído corresponde ao ICMS destacado na nota fiscal.

Além dos exemplos gráficos apresentados em seu voto, a ministra acentuou que diversas manifestações ali expressas consignaram a parcela do ICMS destacado como parâmetro de exclusão da base de cálculo do PIS e da Cofins. O excerto abaixo reproduzido representa um desses pronunciamentos:

> Embora se tenha a escrituração da parcela a se compensar do ICMS, *todo ele*, não se inclui na definição de faturamento aproveitado por este Supremo Tribunal Federal, pelo que não pode ele compor a base de cálculo para fins de incidência do PIS e da COFINS. (grifo nosso)

Vencidos os ministros Nunes Marques, Luis Roberto Barroso e Gilmar Mendes, os demais julgadores acompanharam o voto da ministra relatora, de tal forma que prevaleceu a tese de que o valor passível de exclusão da base de cálculo do PIS e da Cofins é o montante bruto do ICMS destacado na nota fiscal, por 8 votos a 3.

A ratificação desse entendimento não causou surpresa, já que os votos do julgamento de mérito, especialmente os vencedores, são claros no sentido de excluir da base de cálculo do PIS e da Cofins o ICMS bruto, de forma que a reafirmação desse posicionamento era esperada pela comunidade jurídica.

No tocante ao pedido de modulação dos efeitos da decisão, a ministra relatora pautou seu voto no contexto jurisprudencial formado até a análise do RE n. 574.706/PR, envolvendo a matéria para atribuir efeitos à decisão a partir do dia 15 de março de 2017, data em que foi julgado o recurso extraordinário, ressalvando as ações propostas até aquela data.

Segundo a ministra, o entendimento firmado pelo STF no julgamento do RE n. 240.785/MG no ano de 2014, pela exclusão do ICMS da base de cálculo do PIS e da Cofins, teve efeitos apenas entre as partes. Além disso, o posicionamento do Superior Tribunal de Justiça (STJ) manifestado no Recurso Especial (REsp) n. 1.144.469/PR, submetido ao regime dos recursos repetitivos, denota-se contrário à tese consignada pela Suprema Corte no Tema 69 da repercussão geral.

Nesse contexto, ainda de acordo com a ministra, se revelaria uma jurisprudência predominante no sentido de que o valor do ICMS deveria compor a base de cálculo do PIS e da Cofins, de tal forma que a tese firmada em 15 de março de 2017 teria implicado um rompimento com o entendimento jurisprudencial dominante até então, o que justificaria a modulação dos efeitos da decisão, sob pena de quebra da confiabilidade no ordenamento jurídico e frustração de previsões anteriores.

Vencidos os ministros Edson Fachin, Rosa Weber e Marco Aurélio, os demais julgadores seguiram o voto da ministra relatora, de modo que prevaleceu a modulação proposta por 8 votos a 3.

A despeito de tal entendimento, contudo, a tese firmada pelo Pleno do STF no dia 15 de março de 2017 converge com o entendimento consagrado na Corte desde o ano de 2006, quando o Plenário formou maioria no julgamento do RE n. 240.785, posteriormente confirmada em 2014, pela exclusão do ICMS da base de cálculo do PIS e da Cofins. Tanto é assim que a própria União reconheceu a procedência da tese, mediante contingenciamento de valores correspondentes na Lei n. 11.514/2007, Anexo V, bem como reclassificando o prognóstico de perda dos valores de possível para provável, conforme indicado no Balanço Geral da União de 2019.

Contudo, sem prejuízo das diferentes interpretações, a respeito do contexto jurisprudencial formado até o julgamento do RE n. 574/706/PR e de seu impacto jurídico perante a sociedade, fato é que diversos ministros acentuaram a improcedência do argumento associado ao impacto orçamentário como fundamento capaz de justificar a modulação de efeitos de uma decisão.

Votos como o do ministro Edson Fachin e da ministra Rosa Weber enfatizaram a distinção entre interesse orçamentário e interesse social, bem como a segurança orçamentária e jurídica, assinalando que elementos orçamentários ou financeiros não retratam a escolha do legislador como critério para definir a limitação temporal dos efeitos da decisão, rechaçando o consequencialismo como razão capaz de justificar a modulação de efeitos. De qualquer maneira, é preciso exaltar a ressalva quanto à inaplicabilidade da modulação dos efeitos da decisão, no que diz respeito às ações judiciais e aos procedimentos administrativos movidos até o dia 15 de março de 2017.

Trata-se de posição ponderada e em linha com o princípio da segurança jurídica, embora assegure proteção aos contribuintes que acreditaram na inconstitucionalidade da inclusão do valor do ICMS na base de cálculo do PIS e da Cofins e, principalmente, nos efeitos das decisões judiciais que foram ou serão proferidas naquelas ações individuais.

Portanto, em síntese, de acordo com o julgamento dos embargos de declaração, os contribuintes possuem direito a excluir da base de cálculo do PIS e da Cofins o ICMS bruto destacado na nota fiscal.

No que tange à limitação temporal da decisão, os efeitos práticos são os seguintes:

- Ações propostas até 15 de março de 2017: o contribuinte pode restituir os valores até 5 anos antes do ajuizamento da ação após o trânsito em julgado e não precisa incluir o ICMS destacado para o futuro.

- Ações propostas a partir de 16 de março de 2017: o contribuinte não pode recuperar o valor relativo ao período anterior a 15 de março de 2017. Para o período após essa data, ele pode deixar de incluir o montante do ICMS destacado e compensar após o trânsito em julgado.
- Sem ação judicial proposta: o contribuinte pode passar a excluir o ICMS destacado após 15 de março de 2017.

Com o julgamento dos embargos de declaração pelo Plenário da Corte, o entendimento fiscal exposto nas referidas Soluções de Consulta e Instrução Normativa, a respeito do montante do ICMS passível de exclusão da base de cálculo do PIS e da Cofins, afigurou-se improcedente, na medida em que o Tribunal confirmou corresponder ao valor destacado na nota fiscal.

Ademais, a tão aguardada definição do tema motivou a Procuradoria-Geral da Fazenda Nacional a publicar tempestivamente o Parecer SEI n. 7.698/2021/ME, no qual o órgão reconhece a pacificação jurisprudencial no sentido da exclusão do ICMS destacado na nota fiscal da base de cálculo do PIS e da Cofins, bem como a produção de efeitos do julgado a partir do dia 15 de março de 2017, ressalvadas as ações judiciais e os requerimentos administrativos protocolados até (inclusive) esta data.

Por meio do aludido parecer, ainda, a Fazenda Nacional orienta que todos os procedimentos, rotinas e normativos referentes à cobrança do PIS e da Cofins a partir do dia 16 de março de 2017 sejam ajustados, em relação a todos os contribuintes, considerando a inconstitucionalidade da inclusão do ICMS destacado em notas fiscais na base de cálculo dos referidos tributos.

A referida orientação implica a inviabilidade de constituição de créditos tributários em contrariedade com tal determinação, de forma que, independentemente de ajuizamento de medidas judiciais, a todo e qualquer contribuinte seja garantido o direito de reaver, na esfera administrativa, valores que foram recolhidos indevidamente.

Com efeito, todos os contribuintes que recolheram indevidamente o PIS e a Cofins, em face da inclusão do ICMS destacado em nota fiscal na base de cálculo de tais contribuições, têm o direito assegurado de recuperar os valores relativos às operações realizadas após 15/03/2017, bem como de excluir os correspondentes montantes para o futuro, sendo dispensada a propositura de medida judicial para tanto.

A celeridade na disponibilização do ato administrativo em apreço e as orientações nele contidas representam providência louvável e deveras pertinente por parte da Fazenda Nacional, na medida em que assegura a imediata efetividade da decisão judicial, tanto no âmbito público quanto no privado, além de conter o aumento do já saturado contencioso fiscal devido às milhares de ações judiciais que certamente seriam propostas na ausência do ato administrativo.

Sem prejuízo dos eventos acima, todavia, no rescaldo do julgamento dos embargos de declaração, se, de um lado, questões relevantes e urgentes foram finalmente definidas pela Suprema Corte, de outro, uma série de repercussões jurídicas passaram a fazer parte do dia a dia de companhias e dos demais agentes impactados pela decisão como reflexo da tese firmada.

Sem a pretensão de exaurir a matéria, abordamos a seguir algumas das principais implicações envolvendo o tema em análise.

Os possíveis reflexos da tese do século

Tributação dos créditos

No que tange à tributação do valor dos créditos originados do pagamento a maior do PIS e da Cofins, três questões saltam à evidência: (i) a tributação da parcela equivalente ao principal, (ii) a tributação da parcela equivalente aos juros (Selic) e (iii) o momento da tributação.

A RFB pauta sua compreensão sobre a matéria no conteúdo do Ato Declaratório Interpretativo do Secretário da Receita Federal (SRF) n. 25/2003 e em atos interpretativos e normativos esparsos.

(i) Tributação do principal

Existe certo consenso, atualmente, no sentido de que a parcela do indébito relativa ao principal sofre a tributação pelo Imposto de Renda das Pessoas Jurídicas (IRPJ) e pela Contribuição Social sobre o Lucro Líquido (CSLL), salvo se, em períodos anteriores, não tiver sido computado como despesa dedutível do lucro real e da base de cálculo da CSLL.

Por se tratar de recuperação de tributo pago indevidamente, o valor principal não se sujeita à tributação pela contribuição ao PIS e pela Cofins.

(ii) Juros (Selic)

As autoridades fiscais atribuem aos valores relativos à Selic a natureza jurídica de receita financeira. Nessa circunstância, entendem que a parcela do indébito associada à Selic está sujeita à tributação pelo IRPJ, pela CSLL, pelo PIS e pela Cofins, submetidos ao regime de apuração não cumulativa.

Vale recordar que o Decreto n. 8.426/2015 revogou o Decreto n. 5.442/2005, restabelecendo as alíquotas de 0,65% e 4% para o PIS e para a Cofins, respectivamente, sobre receitas financeiras.

A discussão acerca da incidência do PIS e da Cofins sobre o valor a ser recuperado a título de juros, apesar de possível, encontra maior resistência. No tocante ao IRPJ e à CSLL, contudo, a tributação da correção monetária é questionável.

Nos termos do art. 43 do Código Tributário Nacional (CTN) e da legislação de regência de tais tributos, o seu fato gerador corresponde ao acréscimo patrimonial. Partindo-se da premissa que a correção monetária representa mecanismo de recomposição do efeito corrosivo da perda do valor da moeda causado pela inflação, ela não equivaleria a efetivo acréscimo patrimonial, mas apenas a um ajuste financeiro destinado a preservar o valor da moeda no tempo. Nessa circunstância, os valores recebidos pelo sujeito passivo a título de correção monetária teriam natureza distinta de acréscimo patrimonial, escapando à hipótese de incidência do IRPJ e da CSLL.

Tramitam no STF ações judiciais envolvendo a tributação de correção monetária pelo imposto de renda. No que diz respeito à incidência do tributo sobre os valores relativos à Selic na repetição de indébito tributário, destaca-se o RE n. 1.063.187/SC, com repercussão geral reconhecida e com mérito julgado favoravelmente aos contribuintes, tendo sido fixada a seguinte tese: "é inconstitucional a incidência do IRPJ e da CSLL sobre os valores atinentes à taxa Selic recebidos em razão de repetição de indébito tributário". Atualmente, o caso aguarda o julgamento de Embargos de Declaração opostos pela Fazenda Nacional.

(iii) Momento da tributação

Até muito recentemente, a Receita Federal reputava tributável pelo IRPJ e pela CSLL o valor do indébito no momento do trânsito em julgado da decisão judicial que define o valor a ser restituído, ocasião na qual, em tese, haveria a disponibilidade jurídica e/ou econômica da renda. Então, em 7 de dezembro de 2021, a Receita Federal alterou seu entendimento por meio da Solução de Consulta Cosit n.183/2021, a qual definiu a transmissão da primeira declaração de compensação como marco temporal para fins de oferecimento dos valores à tributação.

Apesar de a referida Solução de Consulta ser um avanço no entendimento que era adotado pelas autoridades fiscais, ele permanece questionável. Nesse aspecto, para se tornar definitivamente líquido, o direito do indébito assegurado ao sujeito passivo pelo poder judiciário, nos casos de sua utilização para compensar débitos tributários federais, submete-se às seguintes etapas: (i) pedido de habilitação do crédito perante a Receita Federal; (ii) despacho administrativo deferindo a habilitação do crédito; (iii) transmissão da declaração de compensação com utilização do crédito; e (iv) homologação da declaração de compensação pela autoridade fiscal.

Com efeito, existem bons argumentos para defender como critério temporal adequado para levar à tributação o indébito tributário o momento em que a compensação é homologada ou, pelo menos, o momento em que cada uma das compensações é apresentada, pois apenas nessas situações é que se verifica um crédito líquido e certo e, ainda, a ocorrência da disponibilidade jurídica (qual seja, a existência de um efetivo débito a ser compensado).

Embora a jurisprudência sobre o tema ainda não esteja consolidada, os repositórios dos tribunais federais regionais contêm decisões endossando o entendimento pela tributação do indébito no momento da homologação da declaração de compensação ou, ao menos, na transmissão gradativa das compensações.

Prazo para utilização dos créditos

Segundo o art. 106 da Instrução Normativa RFB n. 2.055/2021, o indébito tributário pode ser utilizado via declaração de compensação no prazo de cinco anos contados da data do trânsito em julgado da decisão, suspendendo-se aludido prazo no período compreendido entre o protocolo do pedido de habilitação do crédito e a ciência do seu deferimento.

Ou seja, na prática, de acordo com a interpretação da Receita Federal, na hipótese de o contribuinte não lograr compensar o montante total do crédito dentro do prazo de cinco anos contados do trânsito em julgado da decisão, o saldo do crédito remanescente seria extinto, arcando o sujeito passivo com o prejuízo dali decorrente.

Vale consignar que, em virtude do expressivo valor dos créditos de PIS e de Cofins advindos do pagamento, sendo esta a maior das contribuições em face da indevida inclusão do ICMS nas suas bases de cálculo, é certo que muitos contribuintes não lograrão consumir o montante a que têm direito dentro do prazo de cinco anos contados do trânsito em julgado das respectivas decisões judiciais.

O entendimento manifestado pela Receita Federal, contudo, não tem amparo em lei. Não há no ordenamento regra alguma fixando prazo para o consumo de crédito reconhecido por decisão judicial. Essa eventual limitação de prazo, estabelecida via ato normativo, esbarra na regra do art. 146, inciso III, alínea "b", da Constituição Federal, que atribui à lei complementar a função de estabelecer normas sobre prescrição e decadência.

O repertório jurisprudencial do STJ, do Tribunal Regional Federal (TRF) da 3ª Região e do próprio Conselho Administrativo de Recursos Fiscais (CARF) revela uma série de precedentes reconhecendo a ausência de limitação temporal para o exaurimento do saldo de créditos detidos pelo contribuinte, desde que a compensação tenha início dentro do prazo de cinco anos contados do trânsito em julgado.[3]

Portanto, diante da ausência de suporte legal capaz de fundamentar a interpretação laborada pela autoridade fiscal no sentido de restringir o direito de compensação do contribuinte, bem como do respaldo jurisprudencial afastando tal restrição, existem ótimos argumentos para que o sujeito passivo utilize o valor integral do crédito sem limitação temporal, desde que a primeira compensação ocorra dentro do prazo de cinco anos a partir do trânsito em julgado.

Possibilidade de exclusão do ICMS-ST

Como é de conhecimento, o julgamento do RE n. 574.706/PR se debruçou sobre o ICMS sujeito ao regime próprio de recolhimento. Dessa forma, o Plenário do STF não analisou a repercussão jurídica da tese sob a perspectiva do ICMS submetido ao regime de substituição tributária progressiva, permanecendo o ponto de interrogação a respeito dessa questão.

O principal ponto envolvendo a discussão repousa na possibilidade de o contribuinte substituído, isto é, aquele que efetivamente suportou o ônus da tributação sobre a operação própria, excluir das bases de cálculo do PIS e da Cofins por ele devidos o valor do ICMS recolhido pelo substituto tributário.

Em manifestações apresentadas mediante a publicação de soluções de consulta, a Receita Federal restringe a possibilidade de exclusão somente ao

---

3 A exemplo dos seguintes julgados: Recurso Especial n. 1.469.954/PR (STJ); Agravo de Instrumento n. 5000799-06.2018.4.03.0000 (TRF-3); e Acórdão n. 3302-006.585 (CARF).

substituto tributário, negando tal direito ao substituído, consoante Soluções de Consulta Cosit n. 99.041/2017 e n. 99.082/2017.

A referida posição, todavia, é questionável, conquanto o real contribuinte do ICMS-ST (regime de substituição tributária) é de fato o sujeito passivo substituído, sendo ele quem efetivamente suporta a carga fiscal do imposto, cuja atividade de recolhimento é deslocada para sujeito de outro elo da cadeia produtiva apenas por conta de um mecanismo de apuração destinado a facilitar a fiscalização do pagamento do tributo pelas autoridades tributárias.

Além disso, a extensão do entendimento firmado pelo STF ao ICMS-ST assegura a isonomia de tratamento entre contribuintes submetidos à substituição tributária e contribuintes submetidos ao regime regular de recolhimento que ocupem posição similar na cadeia produtiva.

A jurisprudência sobre a matéria tem formado um cenário difuso. Regra geral, as turmas de direito público dos tribunais regionais federais, bem como a 1ª Turma do STJ, tendem a se posicionar pela possibilidade de exclusão do ICMS-ST das bases de cálculo do PIS e da Cofins.[4]

A 2ª Turma do STJ, por sua vez, manifestou recentemente entendimento pela inviabilidade da exclusão do ICMS-ST das bases de cálculo do PIS e da Cofins, ao julgar o Agravo Interno (AgInt) no Recurso Especial (REsp) n. 1.885.048/RS.

A despeito da indefinição do tema em termos de jurisprudência, existem argumentos capazes de sustentar a exclusão do ICMS-ST das bases de cálculo do PIS e da Cofins.

Impactos sobre os créditos de entrada: IN n. 1.911/2019

Como verificado durante o período pós julgamento do mérito do RE n. 574.706/PR em 15 de março de 2017, uma das providências instituídas pela Receita Federal visando mitigar os efeitos da tese foi revogar a IN SRF n. 404/2004, cujo art. 8º, § 3º, inciso II, dispunha que o ICMS integrava o custo de aquisição de bens e serviços para o fim de apropriação de créditos de entrada das contribuições no regime não cumulativo. A aludida revogação ocorreu por meio da publicação da IN RFB n. 1.911/2019, especialmente do teor do seu art. 167, que suprimiu o montante do ICMS como parcela componente do custo do bem ou do serviço.

---

4 Como a 4ª Turma do TRF da 3ª Região, no julgamento do AgInt n. 5000372-64.2017.4.03.6104.

No entanto, o exame do § 1º do art. 2º das Leis n. 10.637/2002 e n. 10.833/2003, que constituem a base legal para fundamentar a apropriação de créditos escriturais de PIS e de Cofins, respectivamente, conduz à conclusão de que a alteração normativa promovida pela autoridade tributária não produz os efeitos desejados.

De acordo com referidos dispositivos legais, os créditos de entrada (escriturais) de PIS e de Cofins devem ser calculados sobre o valor dos bens ou dos serviços adquiridos no mês pelo contribuinte. Assim, o montante do crédito de entrada está vinculado ao preço de aquisição do bem ou do serviço, sem qualquer tipo de condicionante. Se o ICMS pago pelo vendedor compõe o preço de venda do bem ou do serviço – o que é a regra, eis que se trata de imposto calculado "por dentro" –, ele deve entrar na apuração do crédito de entrada, integrando a base de cálculo dos créditos escriturais de PIS e de Cofins.

Nesse contexto, vale mencionar que a Procuradoria da Fazenda Nacional, no Parecer SEI n. 14.483, de 28 de setembro de 2021, afirmou que não é possível, com base apenas no conteúdo do acórdão do Supremo, proceder ao recálculo dos créditos apurados nas operações de entrada, "uma vez que a questão não foi e nem poderia ter sido discutida nos autos". Pelo texto, a Procuradoria indica que, para reduzir os créditos, excluindo o ICMS, seria necessário um ato normativo sobre esse tema.

Portanto, embora a autoridade fiscal tenha pretendido reduzir a base de cálculo dos créditos escriturais do PIS e da Cofins mediante alteração de âmbito normativo, extrai-se das disposições de lei que o seu método de apuração permanece inalterado, havendo bons argumentos, por conseguinte, para manter o valor do ICMS recolhido pelo alienante na base de cálculo dos créditos escriturais de entrada apropriados pelo contribuinte.

Outras possíveis implicações

As situações elencadas são apenas alguns exemplos dos possíveis desdobramentos da tese do século. Outros pontos de atenção e que podem gerar dúvidas e litígios são: (i) procedimentos a serem adotados pelas empresas que assumiram uma posição conservadora e vinham excluindo o ICMS recolhido (Cosit n. 13/2018); (ii) ajustes em notas fiscais e obrigações acessórias, de modo a refletir a exclusão do ICMS destacado; (iii) eventual repasse dos benefícios de redução em relação a períodos passados e futuros; (iv) documentação suporte em caso de questionamento; e (v) alternativas para monetizar ou acelerar o aproveitamento dos créditos decorrentes da decisão, dentre outros.

Conclusão

Após longa espera, por meio do julgamento dos embargos de declaração opostos pela Fazenda Nacional, o STF, de forma elogiável, definiu que o ICMS passível de exclusão da base de cálculo do PIS e da Cofins é aquele destacado na nota fiscal de valor bruto. Estabeleceu, ainda, que a referida decisão produz efeitos a partir de 15 de março de 2017, ressalvadas as medidas judiciais e procedimentos administrativos propostos antes dessa data.

Tal decisão frustra os atos interpretativos e normativos publicados pela Receita Federal visando reduzir o alcance do entendimento de mérito manifestado pelo Plenário em 2017, como a Solução de Consulta Interna Cosit n. 13/2018 e o inciso I do parágrafo único do art. 27 da IN RFB n. 1.911/2019, os quais perderam efeito tão logo a Corte Suprema confirmou a posição firmada quatro anos atrás.

De forma absolutamente prudente e ponderada, por sua vez, a Fazenda Nacional, mediante a edição do Parecer SEI n. 7.698/2021/ME, oficializou de imediato o reconhecimento dos parâmetros da tese consolidada no âmbito do STF, dispensando a propositura de medida judicial para a recuperação dos valores de PIS e de Cofins recolhidos a maior a partir de 15 de março de 2017, e também para a exclusão prospectiva do ICMS da base de cálculo de tais contribuições.

A despeito da definição do mérito da discussão travada no RE n. 574.706/PR e da produção de efeitos da decisão, uma série de discussões jurídicas acessórias nascidas como reflexo do entendimento passarão a orbitar o universo de ações, medidas e providências cabíveis à autoridade fiscal e aos contribuintes destinadas a dar efetividade à tese firmada.

Ainda que cada discussão jurídica subordinada à questão central esteja em um estágio próprio de desenvolvimento sob o ponto de vista legal, doutrinário e jurisprudencial, nota-se que para grande parte delas existem argumentos sólidos e consistentes para defender os interesses dos contribuintes, sendo que sua aplicabilidade deve ser explorada caso a caso, de acordo com as particularidades de cada empresa.

Apesar das possíveis discussões acessórias que venham a surgir, é fato que a decisão é motivo de comemoração, uma vez que colocou um fim em toda a insegurança até então criada, impedindo arbitrariedades por parte das autoridades fiscais, especialmente neste triste cenário de pandemia que vivemos, em que o que mais precisamos é o desenvolvimento e avanço das empresas e do país como um todo.

ADC n. 49: ICMS na transferência entre estabelecimentos do mesmo contribuinte

Vinicius Jucá Alves[1]

Introdução

O estado do Rio Grande do Norte ajuizou a Ação Declaratória de Constitucionalidade (ADC) n. 49 buscando o reconhecimento de que são constitucionais os dispositivos da Lei Complementar (LC) n. 87/1996 que determinam a incidência do Imposto sobre Circulação de Mercadorias e Serviços (ICMS) nas transferências de mercadorias realizadas entre estabelecimentos do mesmo contribuinte.

Em abril de 2021, o Supremo Tribunal Federal (STF) julgou improcedente a ADC n. 49, por entender que já há jurisprudência consolidada nos Tribunais Superiores no sentido de que o deslocamento de mercadorias entre estabelecimentos do mesmo titular não configura fato gerador da incidência de ICMS, ainda que se trate de circulação interestadual.

Nesse julgamento, o ministro Fachin votou (e foi acompanhado pelos demais ministros) para julgar inconstitucionais os seguintes dispositivos da LC n. 87/1996: (i) art. 11, § 3º, inciso II, que estabelece a autonomia dos estabelecimentos de um mesmo contribuinte; (ii) art. 12, inciso I, que trata da incidência do ICMS na circulação de mercadorias (no trecho "ainda que para outro estabelecimento do mesmo titular"); e (iii) art. 13, § 4º, que estipula a base de cálculo do ICMS na saída de mercadoria para estabelecimento localizado em outro Estado, pertencente ao mesmo titular.

O Rio Grande do Norte opôs Embargos de Declaração (ED) que, quando da elaboração deste artigo, em março de 2022, se encontravam pendentes de julgamento. Já haviam pedido para ingressar como *amicus curiae* a Federação das Indústrias do Estado do Espírito Santo (Findes), e os seguintes estados: Acre,

---
[1] Sócio de TozziniFreire Advogados e professor da FGV Direito SP.

Alagoas, Amapá, Amazonas, Ceará, Espírito Santo, Goiás, Maranhão, Mato Grosso, Mato Grosso do Sul, Minas Gerais, Pará, Paraíba, Paraná, Pernambuco, Piauí, Rio de Janeiro, Rio Grande do Sul, Rondônia, Santa Catarina, Sergipe, Tocantins, Distrito Federal (nenhum desses pedidos foi analisado pelo ministro Fachin).

Após o julgamento, até a data de elaboração deste artigo, pediram para ingressar como *amicus curiae* a Federação das Indústrias do Estado de Minas Gerais (FIEMG), a Associação Brasileira das Redes de Farmácias e Drogarias (Abrafarma), o Sindicato Nacional das Empresas Distribuidoras de Combustíveis e de Lubrificantes (Sindicom), a Viva Lácteos, a União Nacional de Entidades do Comércio e Serviços (Unecs), esta que representa os maiores atacadistas e varejistas do país, a Associação Brasileira de Laticínios (Viva Lácteos), a Federação das Indústrias do Estado do Rio de Janeiro (Firjan), Colégio Nacional de Procuradores-Gerais dos Estados e do Distrito Federal (Conpeg), o Comitê de Fomento Industrial de Camaçari (Cofic), a Associação Brasileira da Indústria de Alimentos (ABIA), o Instituto para Desenvolvimento do Varejo (IDV) e a Associação Brasileira da Indústria Química (Abiquim).

O julgamento da ADC n. 49 gerou intenso debate no meio jurídico, com posições antagônicas de estados e contribuintes e grande expectativa de litígio. De um lado, os estados defendem que tal decisão implicará no estorno do crédito de ICMS decorrente da aquisição de insumos ou mercadorias na operação anterior à transferência entre estabelecimentos, sob o fundamento de que a não incidência na transferência gera o estorno dos créditos anteriores. Do outro lado, os contribuintes alegam não só que devem manter o crédito, pois a transferência entre estabelecimentos não é fato jurídico relevante para o ICMS e não pode gerar estorno de crédito, mas também que poderão usar o crédito apurado em um estado para quitar saídas de mercadorias de estabelecimentos seus em outros estados (apuração centralizada do ICMS em âmbito nacional), sem as limitações que existem hoje.

Neste artigo, pretendemos expor como entendemos que o STF pode acabar com todo esse debate e insegurança, esclarecendo na decisão dos embargos de declaração o que efetivamente julgou. Ademais, apontaremos nossa opinião sobre a questão dos créditos de ICMS caso o STF mantenha a declaração de inconstitucionalidade com redução de texto.

Como veremos, todo esse debate está sendo gerado em cima de algo sobre o qual contribuintes e Fisco sempre concordaram e que nenhum tribunal, nem mesmo o STF na ADC n. 49, jamais julgou inconstitucional: a LC n. 87/1996 permite o destaque de crédito de ICMS nas transferências entre estabelecimentos do mesmo contribuinte localizados em estados diferentes. Como detalharemos a seguir, esse é um mecanismo de transferência de créditos de ICMS de um estado para outro que sempre foi tido como constitucional, regulado pelos estados e usado pela esmagadora maioria dos contribuintes, fato ressaltado pelo estado do Rio Grande do Norte em seus ED e contra o qual não existe um só argumento no acórdão da ADC n. 49.

Portanto, a nosso ver, o STF tem a oportunidade de acabar com todo esse debate e potencial para litígio por ocasião do julgamento dos embargos de declaração opostos pelo estado do Rio Grande do Norte na ADC n. 49, mantendo hígido no sistema jurídico esse mecanismo distributivo, que serve ao mesmo tempo para operacionalizar a não cumulatividade e dividir o ICMS entre os estados.

Os EDs do estado do RN

Em resumo, o estado expõe os graves efeitos que a decisão do STF pode causar à administração do ICMS, especialmente no que diz respeito à possibilidade de transferência de créditos entre estabelecimentos de contribuintes localizados em estados diferentes. Após detalhada exposição, pede que o STF: (i) analise o pedido de modulação de efeitos da decisão; e (ii) esclareça a amplitude da declaração de inconstitucionalidade da autonomia dos estabelecimentos, requerendo que o art. 11, § 3º, inciso II (que trata dessa autonomia) seja declarado parcialmente inconstitucional sem redução de texto.

O julgamento no plenário virtual iniciou em 3 de setembro de 2021 com o voto do ministro Fachin, que foi acompanhado pelos ministros Alexandre de Moraes e Cármen Lúcia. Posteriormente houve votos dos ministros Barroso e Toffoli. Tendo em vista que foram propostas diferentes fórmulas de modulação, bem como que nenhuma delas tinha quórum para aprovação, o ministro Gilmar Mendes pediu destaque do plenário virtual, de maneira que o julgamento será reiniciado de forma presencial no futuro.

Apesar de o julgamento recomeçar, com novos votos de todos os ministros, é importante analisar os votos que foram proferidos no plenário virtual, para que se possa refletir sobre o melhor caminho para a ADC n. 49. Inicialmente, vale notar que todos os cinco ministros que votaram reconheceram o direito de os contribuintes manterem os créditos de ICMS, o que mostra uma tendência clara no sentido que defenderemos a seguir.

Mas vamos às divergências dos votos. Em seu voto, o ministro Fachin sugeriu modular a decisão para que tenha validade a partir do próximo exercício financeiro, mas negou o recurso nos demais pedidos.

O ministro Barroso proferiu uma decisão mais abrangente para:

> (a) modular os efeitos do acórdão de mérito proferido nesta ação para que tenha eficácia a partir do início do exercício financeiro de 2022, estando ressalvados os processos administrativos e judiciais pendentes de conclusão até a data de publicação da respectiva ata de julgamento. Exaurido o prazo sem que os Estados disciplinem a transferência de créditos de ICMS entre estabelecimentos de mesmo titular, *fica reconhecido o direito dos sujeitos passivos de transferirem tais créditos*; e (b) esclarecer pontualmente o acordão de mérito para afirmar a declaração de inconstitucionalidade parcial, sem redução de texto, do art. 11, § 3º, II, da Lei Complementar nº 87/1996, excluindo do seu âmbito de incidência apenas a hipótese de cobrança do ICMS sobre as transferências de mercadorias entre estabelecimentos de mesmo titular. (grifo nosso)

Como fez o ministro Barroso, o ministro Toffoli acatou a "declaração parcial de institucionalidade sem redução de texto do art. 11, § 3º, II, da Lei Complementar nº 87/1996, excluindo do seu âmbito de incidência apenas a hipótese de cobrança do ICMS sobre as transferências de mercadorias entre estabelecimentos de mesmo titular". Contudo, no que tange à transferência de créditos entre estabelecimentos, optou por manter a sistemática atual por 18 meses, tempo que o Congresso teria para editar lei complementar regulando a matéria.

Defenderemos adiante que não é necessária uma nova lei complementar. Basta que o STF reconheça a inconstitucionalidade parcial sem redução de texto de todos os dispositivos legais questionados na ADC para afastar a função arrecadatória da norma, mas manter hígida a função distributiva, que nunca teve a sua constitucionalidade questionada.

A função distributiva da LC n. 87/1996

A decisão proferida pelo STF na ADC n. 49 está alinhada com a jurisprudência histórica do STF, com a Súmula n. 166 do Superior Tribunal de Justiça (STJ) e o Tema 1099 do STF, construída sobre casos em que contribuintes questionavam cobranças em transferências entre seus estabelecimentos, sob o fundamento de que nessas transferências não há saída de mercadoria, transferência de titularidade, operação mercantil que faça surgir o fato gerador do ICMS. A decisão da ADC n. 49 adota exatamente esse raciocínio.

Sem dúvida, a LC n. 87/1996, principalmente no seu art. 12, inciso I (que trata da incidência do ICMS na circulação de mercadorias, no trecho "ainda que para outro estabelecimento do mesmo titular"), garantia aos entes tributantes o poder-dever de tributar transferências entre estabelecimentos. Se um contribuinte optasse por não destacar o ICMS nessas transferências, os estados eram obrigados a formular cobranças, pois a Súmula n. 166 do STJ e o Tema 1099 do STF não possuíam força *erga omnes*.[2]

Nesse contexto, o STF desempenhou um papel muito importante na ADC n. 49 ao declarar a função arrecadatória desse dispositivo inconstitucional. Além de consolidar a jurisprudência da Corte, esse precedente vincula a administração pública e desobriga os estados de lavrar autos de infração quando o contribuinte opta por não destacar o ICMS nessas operações. Essas autuações gerariam litígios judiciais desnecessários, pois os respectivos créditos tributários seriam cancelados pelo judiciário.

Mas os dispositivos da LC n. 87/1996 declarados inconstitucionais na ADC n. 49 têm outra função, que é a função distributiva, brevemente mencionada na introdução. Essa função é muito bem descrita nos EDs do Rio Grande do Norte:

> Conforme a demandante alertou, à ocasião do ajuizamento deste feito, tais artigos regiam, diariamente, a prática tributária dos contribuintes que, ao realizarem operações interestaduais entre seus distintos estabelecimentos, *transferiam os créditos referentes ao tributo recolhido em favor do Estado remetente ao estabelecimento de destino*, para fins de abatimento do correspondente valor na futura operação interna a ser realizada no Estado destinatário. Aplicação pura e simples do princípio constitucional da não--cumulatividade (artigo 155, § 2º, I, da CF), *assegurando-se repartição de receitas entre as Unidades Federadas partícipes.* (grifos nossos)

Trata-se de um mecanismo engenhoso criado pela LC n. 87/1996, que promove a um só tempo:

---

2 Utilizando a expressão cunhada pelo saudoso ministro Teori Zavascki, grande processualista, as decisões em repercussão geral em controle difuso de constitucionalidade possuem "força expansiva" (Habeas Corpus n. 4.335/AC).

(i) o princípio da não cumulatividade: permite que o estabelecimento de destino use o crédito de ICMS que o estabelecimento de origem apurou na aquisição ou produção dessa mercadoria transferida;

(ii) a divisão do ICMS entre os estados nas operações interestaduais, obedecendo as alíquotas previstas nas Resoluções do Senado n. 22/1989 e n. 13/2012: nas operações interestaduais, o estabelecimento de origem só pode mandar um "pedaço" do crédito decorrente da aquisição ou produção da mercadoria para o estabelecimento de destino, pois a transferência é feita pelas alíquotas dessas Resoluções (4%, 7% ou 12%, dependendo do caso). Além disso, o art. 13, § 4º, da LC n. 87/1996 prevê que as transferências serão feitas pelo custo da mercadoria, limitando ainda mais a transferência de créditos ao estado de destino. Isso garante que o estado de origem ficará com um pouco do ICMS e o estado de destino vai poder cobrar a outra parte, na proporção definida pelo Congresso Nacional na LC n. 87/1996 e nas Resoluções do Senado.

Tudo isso foi feito por meio de uma opção dada pela LC n. 87/1996 aos contribuintes para destacar o ICMS na nota fiscal nessas transferências. E, como ressaltou o estado do Rio Grande do Norte nos EDs e repetimos aqui, a esmagadora maioria dos contribuintes aceita essa opção, porque quer transferir os créditos para o estabelecimento de destino. Essa transferência é uma garantia ao contribuinte do cumprimento do princípio da não cumulatividade.

Se o art. 12, inciso I, e o art. 11, § 3º, inciso II, sobre a autonomia dos estabelecimentos de um mesmo contribuinte, têm essa dupla função arrecadatória e distributiva, o art. 13, § 4º, da LC n. 87/1996, também julgado inconstitucional na ADC n. 49, atende muito mais a função distributiva que a função arrecadatória. Como mencionado, ele estabelece o preço de transferência entre estabelecimentos do mesmo contribuinte localizados em estados diferentes, prevendo que o estado de origem só pode receber ICMS sobre o custo da mercadoria transferida. O resto do ICMS vai para o estado de destino, ou seja, a margem de lucro é tributada no estado de destino. Por exemplo, se uma fábrica localizada em São Paulo industrializa mercadorias e as envia para o seu centro de distribuição localizado em Pernambuco (outro estabelecimento do mesmo contribuinte), o estado de São Paulo só poderá cobrar ICMS com alíquota de 7% (alíquota interestadual) incidente sobre o custo da mercadoria. O restante do ICMS caberá a Pernambuco.

O mecanismo de transferência de créditos e divisão do ICMS entre os estados com essa característica distributiva dos dispositivos da LC n. 87/1996 ora discutidos nunca foi julgado inconstitucional. Não há uma só linha no acórdão da ADC n. 49 que trate do tema.

Se tem um tema sobre o qual contribuintes e Fisco concordam, aqui está: a função distributiva de tais dispositivos da ADC n. 49 deve ser mantida, ela funciona há décadas dessa forma e não é inconstitucional. E é exatamente o suposto "fim" dessa função distributiva que está gerando toda a discussão teórica entre estados e contribuintes.

Tanto é verdade que uma das soluções que está sendo analisada no Congresso é uma alteração na LC n. 87/1996 que permita a transferência de créditos entre estabelecimentos do mesmo contribuinte localizados em estados diferentes, respeitando os limites das Resoluções do Senado já referidas. Trata-se do Projeto de Lei do Senado (PLS) n. 332/2018.

Vejamos a emenda apresentada pela Senadora Kátia Abreu após a decisão do STF na ADC n. 49:

> Art. 12. [...]
> I – da saída de mercadoria de estabelecimento de contribuinte; [...]
> § 4º Não se considera ocorrido o fato gerador do imposto na saída de mercadoria de estabelecimento de contribuinte para outro estabelecimento de mesmo titular, *mantendo-se integralmente o crédito tributário em favor do contribuinte que decorre desta operação.*
> § 5º Alternativamente ao disposto no § 4º deste artigo, fica o contribuinte *autorizado a fazer a incidência e o destaque do imposto na saída do seu estabelecimento para outro estabelecimento de mesmo titular, hipótese em que o imposto destacado na saída será considerado crédito tributário pelo estabelecimento destinatário.* (grifos nossos)

Basicamente, o Congresso está recriando o mesmo mecanismo que já existe. O próprio ministro Toffoli cita esse projeto em seu voto, indicando que o Congresso deve regular o tema. Mas a reflexão que colocamos aqui é a seguinte: se é possível recriar esse mecanismo por lei complementar, é porque esse mecanismo não é inconstitucional. Repetimos, não existe uma alegação sequer na ADC n. 49 sobre a suposta inconstitucionalidade dessa função distributiva. Então, não há necessidade de declarar inconstitucional a norma que já existe, apenas para que o Congresso recrie uma norma igual.

Portanto, entendemos que é imprescindível que o STF, por ocasião do julgamento dos embargos de declaração do Rio Grande do Norte, esclareça que a declaração de inconstitucionalidade dos dispositivos questionados na ADC n.

49 foi parcial, sem redução de texto, apenas para afastar a obrigação dos estados de lavrar autos de infração quando o contribuinte não utilizar a opção de destacar o ICMS nas transferências entre seus estabelecimentos, poupando o Congresso de reeditar uma norma que já existe e não sofre de qualquer inconstitucionalidade.

Claro, há uma questão processual: pode o STF fazer isso em sede de embargos de declaração? Claro que pode. Um dos pedidos do estado do Rio Grande do Norte é de declaração parcial de inconstitucionalidade, sem redução de texto do art. 11, § 3º, inciso II, que trata da autonomia dos estabelecimentos de um mesmo contribuinte. Para analisar esse ponto, o STF terá que reavaliar a questão como um todo. O acolhimento desse pedido pode resultar da declaração parcial de inconstitucionalidade sem redução de texto dos outros dois dispositivos questionados na ADC n. 49.

Quando o contribuinte optar pelo destaque do ICMS nas transferências, continuará com o direito de transferir o crédito para o estabelecimento de destino, observados os limites da LC n. 87/1996 e das Resoluções do Senado. Diante de todas as discussões, é importante que o STF deixe tudo isso muito claro, mantendo o *status quo* e evitando insegurança jurídica.

Com isso, fica mantida a função distributiva da LC n. 87/1996 e continua sendo permitido que contribuintes optem por destacar o ICMS nas transferências entre seus estabelecimentos, como forma de transferir os créditos de ICMS entre tais estabelecimentos. Ademais, torna-se desnecessária qualquer modulação, pois a decisão da ADC n. 49 continuará fulminando o que a jurisprudência sempre afastou, não tem novidade: cobranças nessas transferências que prejudiquem o contribuinte que opta por não fazer o destaque do ICMS.

Os créditos de ICMS

Caso se mantenha a declaração de inconstitucionalidade integral dos dispositivos da LC n. 87/1996 referidos, surge uma questão já levantada pelo estado do Rio Grande do Norte e pelo Comitê Nacional de Secretários de Fazenda, Finanças, Receita ou Tributação (Comsefaz) sobre a possibilidade de os contribuintes manterem os créditos obtidos com a aquisição ou produção dessas mercadorias que foram transferidas.

Os estados alegam que a saída para estabelecimento do mesmo contribuinte seria acobertada pela não incidência e, nos termos do art. 155, § 2, inciso II, da

Constituição Federal, a não incidência "acarretará a anulação do crédito relativo às operações anteriores".

Contudo, entendemos que esse dispositivo não se aplica ao presente caso, pois o STF determinou que as transferências de mercadorias entre estabelecimento do mesmo contribuinte não são operações mercantis. Assim, não há fato jurídico para efeito de ICMS. Todas as decisões citadas no acórdão da ADC n. 49 são nesse sentido, e a própria conclusão do ministro Fachin em seu voto também vai nessa linha: "o mero deslocamento entre estabelecimentos do mesmo titular, na mesma unidade federada ou em unidades diferentes, não é fato gerador de ICMS". Portanto, o deslocamento de mercadorias entre estabelecimentos do mesmo contribuinte não gera qualquer consequência para o imposto e, obviamente, não gera o estorno dos créditos.

Esse tema já está pacificado no STF. No Tema 1052, a Corte determinou que operadoras de telefonia mantenham crédito de ICMS em caso de empréstimo de aparelhos telefônicos aos seus clientes. O comodato é uma operação irrelevante para efeitos de ICMS e, como tal, não tem qualquer efeito na apuração do imposto, pois não gera estorno de créditos das operações anteriores, uma vez que os aparelhos continuam na propriedade da empresa de telefonia. O mesmo raciocínio se aplica aqui. Tanto é assim que os cinco ministros que votaram no Plenário Virtual da ADC n. 49 entenderam que o crédito deve ser mantido.

Mas a próxima pergunta é: o que fazer com esse crédito? E esse tema gerará grandes litígios entre estados e contribuintes, pois haverá a possibilidade de aumentar o custo de produtos ao consumidor caso esse crédito não possa ser transferido. Hoje, parte desse crédito é transferido para pagar o ICMS devido no estado de destino, e a inviabilização dessa transferência justificaria o aumento desses custos.

Nada muda, de fato, se os dispositivos da LC n. 87/1996 forem julgados inconstitucionais na ADC n. 49 e o PLS n. 332/2018 for aprovado com a redação descrita. Como já dissemos, o PLS só cria com palavras diferentes aquilo que já existe na legislação hoje.

Haveria problemas caso a ADC n. 49 julgasse inconstitucionais os dispositivos da LC n. 87/1996 que permitem a transferência de créditos entre estabelecimentos do mesmo contribuinte localizados em estados diferentes, ou caso deixasse de existir previsão legal para tal transferência.

Os estados continuarão aceitando essas transferências? Pelas manifestações apresentadas até agora, não. Na ausência dos dispositivos da LC n. 87/1996 contestados na ADC n. 49, o art. 25 da LC n. 87/1996 apenas permite que haja compensação de créditos com débitos do contribuinte no mesmo estado.

Contudo, o fundamento do art. 25 da LC n. 87/1996 é a autonomia dos estabelecimentos, que também foi julgada inconstitucional na ADC n. 49. Portanto, é possível defender que essa limitação do art. 25 também não subsiste mais, pois seu fundamento de validade foi julgado inconstitucional pelo STF. É por isso que o ministro Barroso entendeu que, se o Congresso não regular a transferências de créditos, ela poderá ser feita de forma ilimitada pelos contribuintes.

Portanto, como a decisão do STF na ADC n. 49 adota o conceito de que todos os estabelecimentos do contribuinte fazem parte de uma coisa só enquanto pessoa jurídica, é possível o contribuinte defender que o ICMS devido nas vendas realizadas pelo seu estabelecimento de Pernambuco possa ser compensado com os créditos de ICMS apurados pela sua fábrica de São Paulo, afinal, ambos são créditos e débitos da mesma pessoa jurídica.

Contudo, ainda usando esse exemplo, a aceitação desse argumento leva à conclusão de que 100% do débito de ICMS em Pernambuco possa ser compensado com créditos apurados em São Paulo. Hoje existe uma limitação, Pernambuco só precisa respeitar o crédito equivalente a 7% sobre o custo da mercadoria, o restante pode cobrar de ICMS. Se a utilização do crédito for ilimitada, Pernambuco pode vir a receber menos ICMS do que recebe hoje.

Mas se de um lado pode existir um prejuízo a Pernambuco na aceitação do argumento dos contribuintes, por outro também haveria um prejuízo inegável aos contribuintes caso a transferência de créditos não fosse aceita, em violência ao princípio da não cumulatividade e tendo como consequência o aumento de tributação e preços ao consumidor. Hoje, o centro de distribuição de Pernambuco usa o crédito de 7% (vindo de São Paulo) para pagar o ICMS em Pernambuco. Se não houver esse crédito, o centro de distribuição terá de pagar mais ICMS em Pernambuco, o que aumentará o custo da mercadoria ao consumidor.

Assim, está claro que a melhor solução é a que o legislador criou quando da edição da LC n. 87/1996, que é possibilitar o destaque de ICMS na transferência de mercadorias entre estabelecimentos do mesmo contribuinte localizados em estados diferentes, de maneira que é imprescindível manter a função distributiva desses dispositivos. Qualquer outra solução gerará litígios e insegurança jurídica.

Conclusões

Diante do exposto, entendemos que não seria a melhor solução para a ADC n. 49 a manutenção da inconstitucionalidade total dos dispositivos nela questionados, pois isso causaria grande impacto no sistema tributário nacional, com aumento de litigiosidade e insegurança jurídica, conforme já anunciado no recurso do estado do Rio Grande do Norte, no ofício do Comsefaz e nas manifestações dos *amici curiae*.

A grande causa do problema seria a suposta declaração de inconstitucionalidade da função distributiva das normas questionadas, quando tal função nunca foi julgada inconstitucional pelo STF. Entendemos que o STF, por ocasião do julgamento dos EDs do estado do Rio Grande do Norte, deve esclarecer que a declaração de inconstitucionalidade de todos os dispositivos questionados na ADC n. 49 foi parcial, sem redução de texto, apenas para afastar a obrigação dos estados de lavrar autos de infração quando o contribuinte não utilizar a opção de destacar o ICMS nas transferências entre seus estabelecimentos.

Com isso, permanece intacta a função distributiva desses dispositivos, que não foi declarada inconstitucional pelo acórdão da ADC n. 49 (ou qualquer precedente por ele citado), permitindo-se que o contribuinte continue fazendo o destaque para transferir o crédito de ICMS, e usando esse crédito, como se faz há décadas, no estabelecimento de destino. Esse é um mecanismo essencial para o funcionamento do princípio da não cumulatividade e divisão do ICMS entre os estados.

Encerramos com uma citação que o estado do Rio Grande do Norte fez em seus embargos de declaração, que não poderia ser mais apropriada: "Os embargos de declaração constituem a última fronteira processual apta a impedir que a decisão de inconstitucionalidade com efeito retroativo rasgue nos horizontes do direito panoramas caóticos, do ângulo dos fatos e relações sociais".

Contribuições de terceiros: análise da constitucionalidade

Mariana Neves de Vito[1]

Introdução

Dentre os diversos tributos pagos pelas empresas brasileiras, destacamos neste artigo as contribuições de terceiros, pagas dentro do arcabouço das contribuições previdenciárias sobre a remuneração, porém com legislação e regramento específicos para cada uma delas.

Assim, classificam-se como contribuições de terceiros – ou contribuições sobre remuneração destinadas a terceiras entidades – as contribuições a seguir:

- Serviço Social do Comércio (Sesc): alíquota de 1,5%;
- Serviço Nacional de Aprendizagem Comercial (Senac): alíquota de 1%;
- Serviço Social da Indústria (Sesi): alíquota de 1,5%;
- Serviço Nacional de Aprendizagem Industrial (Senai): alíquota de 1%;
- Serviço Social do Transporte (Sest): alíquota de 1,5%;
- Serviço Nacional de Aprendizagem do Transporte (Senat): alíquota de 1%;
- Serviço Brasileiro de Apoio às Micro e Pequenas Empresas (Sebrae): alíquota de 0,6% (com alguns segmentos com alíquota de 0,3%);
- Instituto Nacional de Colonização e Reforma Agrária (Incra): alíquota de 0,2% (com alguns segmentos com alíquota de 2,7%);
- Salário-Educação: alíquota de 2,5%.

---

[1] Advogada, mestre em Direito (LL.M.) pela University of Sydney na Austrália e especialista em Direito Tributário pela Pontifícia Universidade Católica de São Paulo (PUC-SP) e em Direito Previdenciário pela Escola Paulista de Direito. Coautora do livro *Stock Options e demais planos de ações: questões tributárias polêmicas* (Revista dos Tribunais, 2015).

Essas contribuições são devidas mensalmente, pelo empregador, sobre o valor total pago ou creditado a título de remuneração a seus empregados e de acordo com a legislação previdenciária, levando em consideração o código do Fundo da Previdência e Assistência Social (FPAS) para a classificação das contribuições devidas pela empresa.

Em suma, juntamente com as contribuições previdenciárias devidas pela empresa – contribuição previdenciária do empregador (20%), Risco Ambiental do Trabalho (RAT) (1%, 2% ou 3%) e retenção da parte devida pelo empregado –, o empregador também está obrigado ao recolhimento das chamadas contribuições de terceiros, as quais também incidirão sobre o total da remuneração, de acordo com o código FPAS aplicável à atividade econômica desenvolvida por cada empresa.

Histórico legislativo e discussão sobre a constitucionalidade

Historicamente, as contribuições devidas aos terceiros foram instituídas por diversos Decretos-Lei, recepcionados pelo art. 240 da Constituição Federal, os quais estipularam sua base de cálculo como a folha de salários e demais remunerações.

Contudo, apesar de o referido art. 240 da Constituição Federal tê-las recepcionado, destaca-se que tais contribuições continuaram sujeitas aos demais regramentos constitucionais previstos. Assim, como os tribunais pátrios reconhecem as contribuições devidas aos terceiros como "contribuições sociais gerais"[2] ou "contribuições de intervenção no domínio econômico – CIDE"[3], conclui-se que tais contribuições estão sujeitas aos termos do art. 149 da Constituição Federal.

A redação do referido artigo, em sua versão original, dispunha sobre as contribuições sociais e as de intervenção no domínio econômico, verificando-se que não havia qualquer tipo de restrição para que as contribuições sociais e as Contribuições de Intervenção no Domínio Econômico (CIDE) pudessem ter como base de cálculo a folha de salários e demais remunerações. Contudo, essa redação foi alterada pela Emenda Constitucional (EC) n. 33, de 11 de dezembro de 2001, passando a vigorar da seguinte forma:

---

2 Como as contribuições ao Sesi, Senai, Sesc e Senac – vide Recursos Extraordinários (RE) n. 603.624 e n. 630.898.
3 Como as contribuições ao Sebrae e ao Incra – vide RE n. 635.682.

Art. 149. [...]
§ 2º As contribuições sociais e de intervenção no domínio econômico de que trata o caput deste artigo:
I – não incidirão sobre as receitas decorrentes de exportação;
II – poderão incidir sobre a importação de petróleo e seus derivados, gás natural e seus derivados e álcool combustível;
II – incidirão também sobre a importação de produtos estrangeiros ou serviços;
III – *poderão ter alíquotas:*
a) ad valorem, tendo por base o faturamento, a receita bruta ou o valor da operação e, no caso de importação, o valor aduaneiro;
b) específica, tendo por base a unidade de medida adotada. (grifos nossos)

Por essa razão, desde a EC n. 33/2001, *as contribuições sociais gerais e as CIDEs não poderiam mais incidir sobre a folha de pagamento e as demais remunerações pagas pelos empregadores.* Esta base de cálculo apenas era possível na vigência da redação originária do art. 149 da Constituição Federal, época em que não havia sido estabelecido qualquer restrição com relação à eleição de bases como veio a fazê-lo posteriormente a EC n. 33/2001.

Nesse sentido, diferentes tribunais já proferiram decisões reconhecendo a inconstitucionalidade das contribuições, a exemplo da decisão abaixo destacada, proferida pelo Tribunal Regional Federal (TRF) da 2ª Região, que reconheceu que (i) o rol do art. 149 é taxativo, conforme inclusive definido pelo Superior Tribunal Federal (STF) no julgamento do RE n. 559.937; (ii) após a EC n. 33/2001, a contribuição para o Incra deixou de atender aos pressupostos estabelecidos pela Constituição:

> TRIBUTÁRIO. CONTRIBUIÇÃO PREVIDENCIÁRIA PATRONAL E CONTRIBUIÇÕES PARA O SAT/RAT E DESTINADAS A TERCEIROS (SISTEMA S). LIMITES À INCIDÊNCIA. CONTRIBUIÇÃO PARA O CIDE. LEI 7.787/89. LEI 8.212/91. MANUTENÇÃO. RECEPÇÃO PELA CRFB/88 COMO CIDE. CONSTITUCIONALIDADE. EC 33/01. NÃO-RECEPÇÃO. ART. 97 DA CRFB/88 – DESNECESSIDADE DE OBSERVÂNCIA. RESTITUIÇÃO. PRESCRIÇÃO. HONORÁRIOS. MANDADO DE SEGURANÇA. PREVENTIVO. EXIGÊNCIA DE TRIBUTO. JUSTO RECEIO. [...] 6. A contribuição atualmente destinada ao INCRA foi instituída pela Lei nº 2.613/55 e expressamente mantida pelo Decreto-lei nº 1.146/70. A Lei nº 7.787/89 extinguiu expressamente apenas o adicional de 2,4% relativo à Contribuição para o PRORURAL; ante o silêncio da

lei, tem-se que o adicional de 0,2% relativo à Contribuição para o INCRA continuou a existir. 7. A Contribuição para o INCRA (i) foi recepcionada pela CRFB/88 como contribuição de intervenção no domínio econômico (mediante fomento do desenvolvimento dos pequenos produtores rurais, a partir da implementação da política de reforma agrária, e de ações de apoio aos assentados) e, portanto, tem como fundamento de validade o art. 149 da CRFB/88 e (ii) continuou a existir após a Lei nº 8.212/91, que disciplinou exaustivamente apenas as contribuições para a Previdência Social previstas no art. 195 da CRFB/88. 8. A referibilidade da CIDE não precisa ser direta. Precedente do STF. 9. *Não há qualquer inconstitucionalidade na exigência da Contribuição para o INCRA dos empregadores urbanos (além dos rurais), os quais tem maior capacidade para financiar as políticas de fixação do homem na terra, que interessam a toda a sociedade.* 10. Todavia, após a EC nº 33/01 introduzir no art. 149 da CRFB/88 § 2º, III, a), deixou de ser possível a exigência de qualquer CIDE sobre a folha de salários. Assim como todas as regras de competência tributárias previstas na CRFB/88, a norma prevê rol taxativo de hipóteses de incidência. *11. Por haver, no caso, não-recepção de normas pré-constitucionais, e não declaração de inconstitucionalidade de normas posteriores à CRFB/88, não há necessidade de observância do art. 97 da CRFB/88. Precedentes do STF.* 12. Não existe conceito legal de salário. Na linha das decisões da Justiça do Trabalho sobre a matéria, a jurisprudência do STJ firmou-se no sentido de que o termo engloba a remuneração paga ao empregado em decorrência do trabalho realizado. 13. Para efeito de incidência das contribuições do empregador, não deve haver qualquer diferenciação entre contribuições previdenciárias ou destinadas a terceiros, posto que não é possível a coexistência de duas interpretações distintas, para fins tributários, em relação aos mesmos termos salários e remuneração, que constituem as bases de cálculos desses tributos. 14. As contribuições previdenciárias e as contribuições destinadas a terceiros incidem sobre o a parcela do 13º salário referente ao aviso prévio indenizado e os valores de salário-educação destinados à FNDE. 15. Apelação da União, remessa necessária e apelação da Impetrante a que se dá parcial provimento. (TRF-2, Processo n. 201051100035325, rel. Leticia Mello, 4ª Turma Especializada, julgado em: 12 jun. 2017, grifos nossos)

Da mesma forma, o TRF da 5ª Região entendeu pelo rol taxativo do referido art. 149 da Constituição:

CONSTITUCIONAL E TRIBUTÁRIO. MANDADO DE SEGURANÇA. CONTRIBUIÇÃO SOCIAL DE 10% INCIDENTE SOBRE O FGTS. ART. 1º DA LEI COMPLEMENTAR Nº 110/2001. INCONSTITUCIONALIDADE SUPERVENIENTE. ART. 149, PARÁGRAFO 2º, III, "a" da CF/88, COM A REDAÇÃO DA EC 33/2001. ROL TAXATIVO DE BASE ECONÔMICA PARA INCIDÊNCIA DA EXAÇÃO. COMPENSAÇÃO DOS VALORES PAGOS INDEVIDAMENTE. POSSIBILIDADE. 1. Apelação interposta pelos impetrantes, em adversidade à sentença proferida pelo Juízo da 21ª VARA FEDERAL PE que denegou a segurança pleiteada no sentido de ter assegurado o direito ao não recolhimento da contribuição social geral destinada ao custeio do Fundo de Garantia por Tempo de Serviço – FGTS, instituída pelo art. 1º da Lei Complementar nº 110/2001, devida pelo empregador em casos de despedida sem justa causa dos seus empregados. 2. Pretensão recursal consubstanciada na inexigibilidade das contribuições em questão, bem assim na compensação ou restituição dos valores recolhidos indevidamente nos 05 (cinco) anos anteriores à propositura da ação. 3. Questão posta nos autos se refere a possível incompatibilidade constitucional superveniente das contribuições já instituídas por lei, como é o caso da Contribuição Adicional ao FGTS, antes das modificações introduzidas pela Emenda Constitucional n. 33/2001. 4. Não há óbice à apreciação da presente apelação. Embora haja recurso com repercussão geral reconhecida (RE nº 603.624 – Tema nº 325) ainda pendente de julgamento, o respectivo relator não determinou o sobrestamento dos processos que tratam da matéria afetada. 5. *Em se tratando de contribuições sociais gerais e de intervenção no domínio econômico instituídas por lei antes da introdução, por intermédio da EC 33/01, do parágrafo 2º e seus incisos ao art. 149 da CRFB, é induvidoso que a superveniência da referida emenda constitucional implicou a não recepção, a partir de então, das legislações pretéritas que tenham fixado bases de cálculo diferentes das novas bases econômicas acrescidas ao referido dispositivo da CF/88 em 11.12.2001, data da entrada em vigor da EC 33.* 6. A recepção e a manutenção na ordem jurídica das leis pretéritas à CF/88 não pressupõem apenas que os seus respectivos textos sejam compatíveis com o conteúdo da Constituição no momento de sua promulgação, mas também que com ele permaneçam conforme, inclusive no que se refere às futuras alterações de conteúdo implementadas pelas subsequentes emendas constitucionais, notadamente em se tratando de constituição de natureza analítica. 7. *Na situação dos autos, em relação a contribuição social geral destinada ao custeio do Fundo de Garantia*

> por Tempo de Serviço – FGTS, vê-se que a legislação que a instituiu (art. 1º da Lei Complementar nº 110, de 11/06/2001 – anterior, portanto, à EC 33, de 11/12/2001) passou a colidir frontalmente, após a EC 33/01, com o rol taxativo do parágrafo 2º, III, "a", do art. 149 da CF/88. 8. Como as alíquotas ad valorem das contribuições para o FGTS incidem sobre o "montante de todos os depósitos devidos, referentes ao Fundo de Garantia do Tempo de Serviço – FGTS, durante a vigência do contrato de trabalho, acrescidos das remunerações aplicáveis às contas vinculadas" e "remuneração devida, no mês anterior, a cada trabalhador, incluídas as parcelas de que trata o art. 15 da Lei nº 8.036, de 11 de maio de 1990", tais exações também passaram a ofender, a partir da EC 33/01, o rol taxativo do parágrafo 2º, III, "a", do art. 149 da CF/88, visto que incidem sobre bases econômicas distintas das ali previstas. 9. Com a superveniência da EC 33, a qual introduziu novas bases econômicas (materialidades) passíveis de tributação a título de contribuição sociais gerais e de intervenção no domínio econômico no parágrafo 2º, inciso III, alínea "a", do art. 149 da CF/88 (faturamento, receita bruta ou o valor da operação), ESTÃO REVOGADAS, porque não foram recepcionadas, as contribuições que incidem sobre outras bases de cálculo distintas daquelas fixadas no mencionado rol taxativo. [...] 1. Apelação parcialmente provida para conceder, em parte, a segurança requestada, a fim de: (I) eximir a impetrante da obrigação de recolher a contribuição social de 10% sobre os depósitos feitos nas contas vinculadas ao FGTS durante a vigência do contrato de trabalho, instituída pelo art. 1º da LC 110/01, tendo em vista a sua não recepção pela CF/88 a partir da EC 33/01; e (II) reconhecer o direito à compensabilidade dos valores recolhidos indevidamente nos últimos 5 anos. (TRF-5, Processo n. 0807214-32.2018.4.05.8300, rel. Rubens de Mendonça Canuto, julgado em: 17 dez. 2018, grifos nossos)

Além disso, o STF reconheceu tal rol como taxativo no julgamento do Recurso Extraordinário (RE) n. 559.937/RS com repercussão geral reconhecida, entendendo que o termo "poderão" não enunciaria uma alternativa, uma vez que "não cabe à Constituição sugerir, mas outorgar competências e traçar seus limites", conforme a seguir:

> Com o advento da EC 33/2001, contudo, a enunciação das bases econômicas a serem tributadas passou a figurar como critério quase que onipresente nas normas de competência relativas a contribuições. Isso porque o § 2º, III, do art. 149 fez com que a possibilidade de instituição de quaisquer contribuições

sociais ou interventivas ficasse circunscrita a determinadas bases ou materialidades, fazendo com que o legislador tenha um campo menor de discricionariedade na eleição do fato gerador e da base de cálculo de tais tributos.

Assim é que, relativamente à importação, trata de estabelecer que a contribuição poderá ter alíquota ad valorem, tendo por base o valor aduaneiro, ou específica, tendo por base a unidade de medida adotada. *A utilização do termo "poderão", no referido artigo constitucional, não enuncia simples alternativa de tributação em rol meramente exemplificativo.*

Note-se que o próprio art. 145 da CF, ao falar em competência dos diversos entes políticos para instituir impostos, taxas e contribuições de melhoria, também se utiliza do mesmo termo, dizendo que "poderão" instituir tais tributos. *Não significa, contudo, que se trate de rol exemplificativo, ou seja, que os entes políticos possam instituir, além daqueles, quaisquer outros tributos que lhes pareçam úteis.* O que podem fazer está expresso no texto constitucional, seja no art. 145, seja nos artigos 148 e 149. Aliás, cabe destacar que mesmo as normas concessivas de competência tributária possuem uma feição negativa ou limitadora. Isso porque, ao autorizarem determinada tributação, vedam o que nelas não se contém.

A redação do art. 149, § 2o, III, a, da Constituição, pois, ao circunscrever a tributação ao faturamento, à receita bruta e ao valor da operação ou, no caso de importação, ao valor aduaneiro, teve o efeito de impedir a pulverização de contribuições sobre bases de cálculo não previstas, evitando, assim, efeitos extrafiscais inesperados e adversos que poderiam advir da eventual sobrecarga da folha de salários, reservada que ficou, esta base, ao custeio da seguridade social (art. 195, I, a), não ensejando, mais, a instituição de outras contribuições sociais e interventivas. Na linha de desoneração da folha de salários, aliás, também sobreveio a EC 42/03, que, ao acrescer o § 13 ao art. 195 da Constituição, passou a dar suporte para que, mesmo quanto ao custeio da seguridade social, a contribuição sobre a folha seja substituída gradativamente pela contribuição sobre a receita ou o faturamento. Não seria razoável, ainda, interpretar a referência às bases econômicas como meras sugestões de tributação, porquanto não cabe à Constituição sugerir, mas outorgar competências e traçar os seus limites.

Por fim, entender que o art. 149, § 2o, III, a, teria sobrevindo para autorizar o bis in idem ou a bitributação também não é correto. Por certo, tal dispositivo afasta, efetivamente, a possível argumentação de que as bases que refere, quando já gravadas anteriormente por outra contribuição ou por imposto, não possam ser objeto de nova contribuição social ou interventiva. Mas é sabido que a orientação desta Corte jamais foi no sentido de condenar todo e qualquer bis in idem ou bitributação, mas de destacar, isto sim, que o Texto Constitucional não permite a instituição de imposto novo sobre fato gerador e base de cálculo relativo aos impostos já outorgados a cada ente político, bem como a instituição de contribuição de seguridade social nova sobre fato gerador e base de cálculo relativo a contribuição de seguridade social já prevista no texto constitucional, vedações estas, aliás, que persistem. (STF, RE n. 559.937/RS, rel. Ellen Gracie, julgado em: 17 out. 2013, grifos nossos)

Por esses motivos, se poderia supor que o STF, ao apreciar o caso das contribuições de terceiros, julgaria pela inconstitucionalidade de tais contribuições. No entanto, recentes decisões do STF proferidas nos casos RE n. 603.624 (Tema 325 da Repercussão Geral), RE n. 660.933 (Tema 518 da Repercussão Geral) e RE n. 630.898 (Tema 495 da Repercussão Geral) surpreenderam ao entender que não haveria inconstitucionalidade na cobrança da contribuição ao Sebrae, ao Salário-Educação e ao Incra, respectivamente, e que o rol taxativo em questão seria meramente exemplificativo.

Discussão sobre a limitação da base de cálculo das contribuições de terceiros

Há ainda uma discussão secundária com relação à base de cálculo das referidas contribuições imposta pela Lei n. 6.950/1981.

No que tange à base de cálculo no caso de contribuições destinadas aos terceiros e outras entidades, a Lei n. 6.950, de 4 de novembro de 1981, ao alterar o limite máximo do salário de contribuição previsto na Lei n. 6.332/1976, impôs uma limitação ao salário de contribuição aplicável às referidas contribuições, conforme transcrito:

Art. 4º. O limite máximo do salário de contribuição, previsto no art. 5º da Lei 6.332, de 18 de maio de 1976, é fixado em valor correspondente a 20 (vinte) vezes o maior salário-mínimo vigente no País.

Parágrafo único. O limite a que se refere o presente artigo aplica-se às contribuições parafiscais arrecadadas por conta de terceiros. (grifos nossos)

Em que pese posteriormente ter sido realizada a alteração da referida Lei pelo art. 3º do Decreto-Lei (DL) n. 2.318/1986, é importante esclarecer que a norma revogou apenas o *caput* do art. 4º da Lei n. 6.950/1981, permanecendo integralmente vigente o disposto no seu parágrafo único. Corroborando tal fato, destaca-se que o próprio art. 4º do DL n. 2.318/1986 diz que "para efeito de cálculo da contribuição da empresa para a previdência social, o salário de contribuição não está sujeito ao limite de 20 (vinte) vezes o salário mínimo".

Assim, ocorreu expressa revogação do limite apenas para as contribuições previdenciárias devidas pelas empresas (cota patronal de 20%), preservando-se o limite para as contribuições aos terceiros (contribuições ao Incra, ao Sebrae etc.). Isso quer dizer que a limitação de vinte vezes o salário mínimo continuaria vigente para as contribuições destinadas aos terceiros.

O Superior Tribunal de Justiça (STJ) e os TRF, em diversas oportunidades, já se manifestaram sobre a limitação da base de cálculo devida para o referido tributo. Nesse sentido, a 1ª Turma do STJ decidiu, por unanimidade, pela limitação da base de cálculo das contribuições, em virtude do parágrafo único do art. 4º da Lei n. 6.950/1981, conforme as ementas a seguir:

> TRIBUTÁRIO. AGRAVO INTERNO NO RECURSO ESPECIAL. CONTRIBUIÇÃO SOCIAL DEVIDA A TERCEIROS. LIMITE DE VINTE SALÁRIOS MÍNIMOS. ART. 40 DA LEI 6.950/1981 NÃO REVOGADO PELO ART. 30 DO DL 2.318/1986. INAPLICABILIDADE DO ÓBICE DA SÚMULA 7/STJ. AGRAVO INTERNO DA FAZENDA NACIONAL A QUE SE NEGA PROVIMENTO. 1. Com a entrada em vigor da Lei 6.950/1981, unificou-se a base contributiva das empresas para a Previdência Social e das contribuições parafiscais por conta de terceiros, estabelecendo, em seu art. 40., o limite de 20 salários-mínimos para base de cálculo. Sobreveio o Decreto 2.318/1986, que, em seu art. 30., alterou esse limite da base contributiva apenas para a Previdência Social, restando mantido em relação às contribuições parafiscais. 2. Ou seja, no que diz respeito às demais contribuições com função parafiscal, fica mantido o limite estabelecido pelo artigo 40., da Lei no 6.950/1981, e seu parágrafo, já que o Decreto-Lei 2.318/1986 dispunha apenas sobre fontes de custeio da Previdência Social, não havendo como estender a supressão daquele limite também para a base a ser utilizada para o cálculo da contribuição ao INCRA e ao salário-educação. 3. Sobre o tema, a Primeira Turma desta Corte Superior já se posicionou no sentido de que a base de cálculo das contribuições parafiscais recolhidas por

conta de terceiros fica restrita ao limite máximo de 20 salários-mínimos, nos termos do parágrafo único do art. 40. da Lei 6.950/1981, o qual não foi revogado pelo art. 30. do DL 2.318/1986, que disciplina as contribuições sociais devidas pelo empregador diretamente à Previdência Social. Precedente: REsp. 953.742/SC, Rel. Min. JOSÉ DELGADO, DJe 10.3.2008. 4. Na hipótese dos autos, não tem aplicação, na fixação da verba honorária, os parâmetros estabelecidos no art. 85 do Superior Tribunal de Justiça Código Fux, pois a legislação aplicável para a estipulação dos honorários advocatícios será definida pela data da sentença ou do acórdão que fixou a condenação, devendo ser observada a norma adjetiva vigente no momento de sua publicação. 5. Agravo Interno da FAZENDA NACIONAL a que se nega provimento. (REsp n. 1570980/SP, rel. Napoleão Nunes Maia, 1ª Turma do STJ, julgado em: 17 fev. 2020)

PROCESSUAL CIVIL. TRIBUTÁRIO. RECURSO ESPECIAL. CONTRIBUIÇÃO PREVIDENCIÁRIA. AUSÊNCIA DE VIOLAÇÃO DO ART. 535 II, DO CPC. AUXÍLIO EDUCAÇÃO. SEGURO DE VIDA EM GRUPO. CONVÊNIO SAÚDE. LIMITE DO SALÁRIO-DE-CONTRIBUIÇÃO. AUSÊNCIA DE PREQUESTIONAMENTO. ART. 515, DO CPC. VALORES PAGOS A TÍTULO DE ALUGUÉIS DE IMÓVEIS PARA USO DE EMPREGADOS E PARTICIPAÇÃO NOS LUCROS. QUESTÕES FÁTICAS APRECIADAS PELA ORIGEM. SÚMULA 7/STJ. VIOLAÇÃO DO § 2º, DO ART. 25, DA LEI N. 8.870/94. ENFOQUE CONSTITUCIONAL. IMPOSSIBILIDADE DE EXAME DO TEMA NA VIA ESPECIAL.
1. Recursos especiais interpostos pelo Instituto Nacional do Seguro Social – INSS e por Seara Alimentos S/A., com fulcro na alínea "a" do art. 105, III, da Constituição Federal de 1988, contra acórdão proferido pelo egrégio Tribunal Regional Federal da 4ª Região:
EXECUÇÃO FISCAL. EMBARGOS. NÃO CONHECIMENTO DE PARTE DO APELO. CONTRIBUIÇÕES PREVIDENCIÁRIAS. AGROINDÚSTRIA. DESPESAS COM ALUGUEL. SEGURO DE VIDA EM GRUPO. PARTICIPAÇÃO NOS LUCROS. LIMITE DO SALÁRIO-DE-CONTRIBUIÇÃO. AUXÍLIO EDUCAÇÃO. CONVÊNIO SAÚDE. DEPÓSITO RECURSAL. SUCUMBÊNCIA. [...]
7. Consoante já decidiu esta Turma, aplica-se o limite de 20 vezes o maior salário mínimo vigente no País para o salário de contribuição ao INCRA e ao salário-educação. [...]
Recurso Especial do INSS: [...]
4. No período do lançamento que se discute nos autos, tem aplicação o art. 4º, parágrafo único, da Lei n. 6.950/81, que limita o recolhimento do

salário-de-contribuição de vinte vezes o valor do salário-mínimo para o cálculo da contribuição de terceiros.[4]

5. Apelo especial do INSS não provido. (REsp n. 953.742/SC, rel. José Delgado, 1ª Turma do STJ, julgado em: 12 fev. 2008)

Entretanto, algumas decisões são proferidas desfavoravelmente ao contribuinte, nas quais os tribunais ainda se manifestam pela revogação do parágrafo único do art. 4º da Lei n. 6.950/1981, conforme exemplo a seguir:

EMENTA. CONSTITUCIONAL E TRIBUTÁRIO. APELAÇÃO. MANDADO DE SEGURANÇA. CONTRIBUIÇÕES DESTINADAS A TERCEIROS. LIMITE PREVISTO NO ART. 4º DA LEI Nº 6.950/81. INAPLICABILIDADE. DISPOSITIVO REVOGADO PELO DECRETO-LEI Nº 2.318/86. TÉCNICA LEGISLATIVA. MANUTENÇÃO DA SENTENÇA.

1. Apelação interposta contra sentença que denegou a ordem, através da qual a parte objetiva o direito ao recolhimento das contribuições parafiscais arrecadadas por conta de terceiros, nos termos do art. 4º da Lei nº 6.950/81, que limita a respectiva base de cálculo a 20 (vinte) salários mínimos.

2. A limitação de 20 salários mínimos, prevista no parágrafo único do art. 4º da Lei nº 6.950/81, foi revogada juntamente com o caput deste artigo não apenas pelo estabelecido no Decreto-Lei nº 2.318/86, mas de modo indubitável pela publicação da Lei nº 7.789/89, de 03/07/1989, que vedou em seu art. 3º a vinculação do salário mínimo para qualquer finalidade e aplicação.

3. Não há como sustentar a revogação do caput do art. 4º da Lei nº 6.950/81 e a manutenção de seu parágrafo único, uma vez que a técnica legislativa ensina que o artigo se subdivide em parágrafos, sendo que esses exercem apenas a função de complementar a norma, subordinando-se a ela. Precedente deste Regional (PJE 0811461-22.2019.4.05.8300, 2ª T., Rel. Des. Federal Paulo Roberto de Oliveira Lima, j.: 11/02/2020).

---

4 "TRIBUTÁRIO. MANDADO DE SEGURANÇA. CONTRIBUIÇÃO ADICIONAL DEVIDA AO SENAI. I – Será calculada sobre a importância da contribuição geral devida pelos empregadores ao SENAI a contribuição adicional de 20%, na forma do art. 1º do Decreto-Lei 4048/42, a que se refere o art. 6º daquele diploma legal. II – *A contribuição geral, base de cálculo encontra-se regulada no art. 1º do Decreto nº 1867/81 e incide até o limite máximo das exigências das contribuições previdenciárias e este limite corresponde a 20 vezes o maior salário mínimo vigente no País (art. 4º, Lei 6.950/81).* III – Apelação improvida, sentença confirmada" (TRF-3, AMS n. 05-5, julgado em: 7 maio 1990).

> 4. Apelação improvida. (Apelação Cível n. 0818600-25.2019.4.05.8300, rel. Manoel de Oliveira Erhardt, *4ª Turma do TRF-5*, julgado em: 12 jun. 2020)

Nesse sentido, diante da necessidade de uniformização das decisões pelos TRF, o STJ afetou, no rito dos recursos repetitivos, os Recursos Especiais (REsp) n. 1.898.532/CE e n. 1.905.870/PR (Tema 1.079), para definir se o limite de vinte salários mínimos seria aplicável à apuração da base de cálculo de contribuições parafiscais arrecadadas por conta de terceiros.

Aguarda-se decisão favorável quanto ao tema, uma vez que, não tendo sido expressamente determinada a majoração da base de cálculo das contribuições destinadas aos terceiros pelo DL n. 2.317/1986 ou por qualquer outro texto legal, não é possível falar em aumento da contribuição em estrita ofensa ao princípio da legalidade. Dessa forma, há bons argumentos para afirmar que é vigente a limitação de vinte salários mínimos para o salário-contribuição aplicável às contribuições destinadas aos terceiros, em observância à legislação e ao entendimento dominante da jurisprudência quanto ao assunto.

Considerações finais

Apesar de o STF ter solucionado os temas referentes às contribuições ao Sebrae, ao Salário-Educação e ao Incra, decidindo pela constitucionalidade das referidas contribuições, não há ainda decisão específica, ou ao menos recursos afetados, quanto às outras contribuições destinadas aos terceiros.

Ainda assim, uma decisão pela inconstitucionalidade de qualquer uma delas, apoiada no advento de que a EC n. 33/2001 restringiu a exigibilidade das contribuições destinadas aos terceiros apenas àquelas bases de cálculo previstas no dispositivo constitucional alterado, destacando-se os conceitos de "folha de salários" ou "remunerações", se mostra muito improvável.

Por outro lado, o contribuinte pode ainda obter êxito na discussão secundária, pois, apesar de ainda não haver decisão vinculante a respeito da referida tese, é possível observar uma tendência na formação de precedentes favoráveis aos contribuintes, pela validade do parágrafo único do art. 4º da Lei n. 6.950/1981, culminando na limitação da base de cálculo de referidas contribuições, sendo certo que uma decisão nesse sentido pode equivaler para o contribuinte a um resultado muito semelhante ao que seria se tais contribuições fossem julgadas inconstitucionais.

Os porquês de o ICMS não compor a base de cálculo da CPRB: a incoerência da orientação fixada pelo STF no Tema 1.048 de Repercussão Geral

Letícia Pelisson[1]

Introdução

O ano de 2021 foi intenso para o judiciário. O Supremo Tribunal Federal (STF), a exemplo do ocorrido ao longo do ano de 2020, julgou diversas controvérsias tributárias – muitas analisadas na modalidade virtual, sem qualquer debate –, com impacto econômico relevante tanto para o Fisco quanto para os contribuintes.

O julgamento mais esperado no biênio 2020/2021 foi a chamada "tese do século": a exclusão do Imposto sobre Circulação de Mercadorias e Serviços (ICMS) da base de cálculo da contribuição ao Programa de Integração Social (PIS) e da Contribuição para o Financiamento da Seguridade Social (Cofins) (Tema 69 de Repercussão Geral), no qual o Plenário do STF definiu ser inconstitucional a inclusão do imposto estadual no cálculo das referidas contribuições sociais, assegurando a devolução dos valores indevidamente recolhidos pelos contribuintes que ajuizaram medida judicial até 14 de março de 2017.

Concluído esse capítulo, os contribuintes aguardam pelos próximos, já que a tese fixada no Tema 69 poderá repercutir sobre outras controvérsias que tratam da exclusão de tributos da base de cálculo de outros tributos – as denominadas "teses filhotes". Uma dessas "teses filhotes" é a discussão acerca da (in)constitucionalidade da inclusão do ICMS na base de cálculo da Contribuição Previdenciária sobre a Receita Bruta (CPRB) (Tema 1.048 de Repercussão Geral).

A expectativa dos contribuintes de um desfecho favorável para o Tema 1.048 era grande, por duas razões: (i) a similaridade das controvérsias debatidas no Tema 69 e no Tema 1.048, visto que o PIS e a Cofins, bem como a CPRB, são

---

1 Sócia de BMA Advogados, especialista em Direito Tributário pela Pontifícia Universidade Católica de São Paulo (PUC-SP) e mestre em Direito Tributário pelo Insper/SP.

contribuições que incidem sobre a receita dos contribuintes; e (ii) o Superior Tribunal de Justiça (STJ) ter definido, em sede de recurso repetitivo (Tema 994), pela ilegalidade da incidência da CPRB sobre a parcela do ICMS, aplicando por analogia a tese fixada no Tema 69.

Para o espanto da comunidade jurídica, em 24 de fevereiro de 2021, o Plenário do STF, por maioria de votos (7 a 4), decidiu que o ICMS *deve* compor a base de cálculo da CPRB, fixando a seguinte tese: "É *constitucional* a inclusão do Imposto Sobre Circulação de Mercadorias e Serviços – ICMS na base de cálculo da Contribuição Previdenciária sobre a Receita Bruta – CPRB" (grifo nosso). O julgamento ocorreu no rito vinculante da repercussão geral, de forma que a tese fixada é de observância obrigatória por todos os juízes e tribunais aos casos em andamento – conferir art. 927, inciso III, do Código de Processo Civil (CPC).

O voto do ministro Marco Aurélio Mello sustentou a corrente favorável aos contribuintes, sendo acompanhado pelas ministras Cármen Lúcia e Rosa Weber e pelo ministro Ricardo Lewandowski. De forma coerente, os três ministros entenderam que a aplicação do racional fixado no Tema 69 (PIS/Cofins) faria sentido no caso da CPRB, por terem a mesma base de cálculo (receita).

A divergência foi inaugurada pelo ministro Alexandre de Moraes, que foi acompanhado pelos demais ministros do Plenário. A orientação vencedora – *desfavorável aos contribuintes* – entendeu que a controvérsia acerca da composição da base de cálculo da CPRB é distinta daquela discussão do Tema 69 (PIS/Cofins), por duas razões:

(i) a adesão à sistemática da CPRB seria facultativa e, sob esse raciocínio, a exclusão do ICMS da base de cálculo da CPRB significaria a ampliação imotivada de um benefício fiscal que, como tal, deve ser interpretado de forma restritiva, sobretudo quanto às hipóteses de exclusão de tributação;

(ii) há de ser considerado – *para fins de definição da base de cálculo da CPRB* – o conceito "amplo" de receita bruta previsto na Lei n. 12.973/2014.

A linha de entendimento que prevaleceu no STF para declarar a constitucionalidade da inclusão do ICMS na base de cálculo da CPRB deixou de considerar dois pontos relevantes: (i) a CPRB não é um benefício fiscal, e, por determinado período, sua adoção era obrigatória – *e não facultativa, como sustentou o STF*; (ii) o STF, em diversas oportunidades, já se manifestou acerca do conceito de "receita bruta" e "faturamento", impedindo a inclusão de tributo na base de cálculo de contribuição.

A orientação fixada pelo STF: análise do voto condutor do acórdão do Tema 1.048

Passemos a analisar os fundamentos utilizados pelo STF para confirmar a constitucionalidade da inclusão do ICMS na base de cálculo da CPRB.

CPRB: benefício fiscal ou contribuição social?

A primeira razão utilizada pelo STF para manter o ICMS na base de cálculo da CPRB foi o fato de que a referida contribuição seria, em verdade,

> *benefício fiscal* que, quando de sua criação, era obrigatório às empresas listadas nos artigos 7º e 8º da Lei 12.546/2011; todavia, após alterações promovidas pela Lei 13.161/2015, o novo regime passou a ser facultativo.
> [...] a partir da alteração promovida pela Lei 13.161/2015, as empresas listadas nos artigos 7º e 8º da Lei 12.546/2011 têm a faculdade de aderir ao novo sistema, caso concluam que a sistemática da CPRB é, no seu contexto, mais benéfica do que a contribuição sobre a folha de pagamentos.[2] (grifo nosso)

Como se pode observar, o caráter facultativo da CPRB – ainda que não tenha prevalecido desde sua instituição – foi determinante para caracterizá-la como um benefício fiscal, e, nesse contexto, excluir o ICMS da base de cálculo de tal contribuição ampliaria indevidamente esse benefício.

Ocorre que a CPBR não pode ser enquadrada como um benefício fiscal. O benefício fiscal consiste na redução ou eliminação, direta ou indireta, do respectivo ônus tributário. As modalidades mais comuns de concessão de benefícios fiscais são a anistia ou redução de débitos, isenção, redução de base de cálculo, subvenção e crédito presumido.

O art. 150, § 6º, da Constituição Federal dispõe que:

> qualquer subsídio ou isenção, redução de base de cálculo, concessão de crédito presumido, anistia ou remissão, relativos a impostos, taxas ou contribuições, só poderá ser concedido mediante lei específica, federal, estadual ou municipal, que regule exclusivamente as matérias acima

---

[2] Trecho do voto do ministro Alexandre de Moraes – voto condutor do Acórdão do Tema 1.048 de Repercussão Geral.

enumeradas ou o correspondente tributo ou contribuição, sem prejuízo do disposto no art. 155, § 2.º, XII.

No caso da CPRB, não há redução de base de cálculo, anistia ou isenção.

O art. 195, § 13º, da Constituição, incluído pela Emenda Constitucional (EC) n. 42/2003, permitiu a substituição gradual, total ou parcial, da contribuição incidente sobre a folha de salários pela contribuição incidente sobre a receita ou o faturamento. O § 9º do referido permissivo constitucional (com redação anterior à alteração promovida pela EC n. 103/2019) autorizou que "As contribuições sociais previstas no inciso I deste artigo poderão ter alíquotas ou bases de cálculo diferenciadas, em razão da atividade econômica ou da utilização intensiva de mão-de-obra."

Nesse contexto, foi veiculada a Medida Provisória (MP) n. 540, de 2 de agosto de 2011, que instituiu a CPRB, a qual consiste na aplicação de uma alíquota sobre o valor da receita bruta em substituição à regra geral da Lei n. 8.212, de 24 de julho de 1991 (contribuição sobre os salários).

Como se pode observar, há, em verdade, novo regime de tributação, no qual a contribuição previdenciária passa a incidir não mais sobre a folha de salários, mas sobre a receita bruta. Há um regime próprio, criado por ato normativo próprio, com regras de incidência próprias.

Cabe lembrar que a CPRB foi instituída no contexto do denominado "Plano Brasil Maior", criado pelo governo federal com o objetivo de estimular o crescimento econômico do país após a crise internacional de 2008. A política de desoneração da folha foi pensada e implementada na tentativa de atenuar a carga tributária de determinados setores da economia – como as empresas que prestam os serviços de tecnologia da informação (TI) e as empresas industriais do setor de couros, calçados, têxtil e móveis –, e, com isso, aumentar a competitividade de alguns setores mais expostos à concorrência externa.

O gráfico da página seguinte mostra os setores econômicos sujeitos à CPRB.

Dada a gama de contribuintes sujeitos à CPRB e a forma como tal contribuição foi instituída, não se pode dizer que se trata de mero benefício fiscal, mas sim um regime de incidência *diferenciado*, implementado para favorecer a formalização das relações de trabalho, em total consonância ao disposto no art. 195, § 9º, da Constituição.

Mais um indicativo de que a CPRB não é benefício fiscal: caso a pessoa jurídica sujeita ao seu recolhimento estivesse em débito com o sistema da Seguridade Social, estaria impedida de receber benefício ou incentivo fiscal do poder público (art. 195, § 3º, da Constituição).

Os porquês de o ICMS não compor a base de cálculo da CPRB

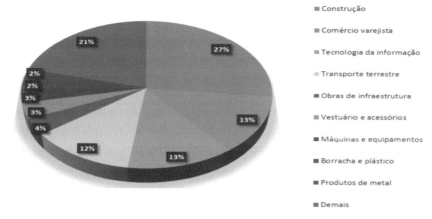

Fonte: Sistemas informatizados da RFB

Está claro, portanto, que houve uma substituição de regime de incidência de contribuição: folha de salários pela receita ou o faturamento. E, sendo uma contribuição cuja base de cálculo é a receita, é incabível a inclusão do ICMS em sua base de cálculo, como por vezes já decidido pelo STF.

Outro argumento utilizado pelo STF para justificar a inclusão do ICMS na base de cálculo da CPRB é o fato de que, "após alterações promovidas pela Lei 13.161/2015, o novo regime passou a ser facultativo". O ministro Alexandre de Moraes, redator do Acórdão, assentou que:

> não poderia a empresa aderir ao novo regime de contribuição *por livre vontade* e, ao mesmo tempo, querer se beneficiar de regras que não lhe sejam aplicáveis. Ora, permitir que a recorrente adira ao novo regime, abatendo do cálculo da CPRB o ICMS sobre ela incidente, ampliaria demasiadamente o benefício fiscal, pautado em amplo debate de políticas públicas tributárias. Tal pretensão acarretaria grave violação ao artigo 155, § 6º, da CF/1988, que determina a edição de lei específica para tratar sobre redução de base de cálculo de tributo.[3] (grifo nosso)

O ministro Dias Toffoli, na mesma linha de raciocínio do voto vencedor, ponderou que "deve-se compreender que cabe a cada contribuinte verificar se

---

[3] Trecho do voto do ministro Alexandre de Moraes – voto condutor do Acórdão do Tema 1.048 de Repercussão Geral.

95

recolher a CPRB, tal como prevista pelo legislador, com a inclusão do ICMS em sua base de cálculo, é, em poucas palavras, melhor ou pior do que recolher a contribuição sobre a folha, nos moldes do regime comum".[4]

A despeito de não concordarmos com tal argumentação, há uma grave contradição contida na orientação vencedora, ao permitir a inclusão do ICMS também no período em que a CPRB era obrigatória. Na linha da fundamentação adotada pelo voto vencedor, haveria de ser reconhecida a inconstitucionalidade da inclusão do ICMS na base de cálculo da contribuição ao menos no período em que *não* havia qualquer facultatividade ao contribuinte.

A CPRB foi criada em 2011 (Lei n. 12.546) com regime de adoção *obrigatória* para determinados setores (constantes da redação original dos art. 7º e 8º). Não se tratava, pois, de um benefício fiscal, tampouco de caráter facultativo. Essa obrigatoriedade perdurou até o fim de 2015, quando foi promulgada a Lei n. 13.161, que facultou, a partir do ano-calendário subsequente (2016), a adoção (ou não) do regime.

Nessa linha, a constitucionalidade da exigência da CPRB sobre a parcela do ICMS somente se justificaria a partir do momento em que a sua adoção era efetivamente facultativa (após a vigência da Lei n. 13.161/2015). Em verdade, se utilizado o racional dos votos dos ministros Alexandre de Moraes e Dias Toffoli, justamente por ser um "benefício fiscal", deveria ser interpretado de forma restritiva, o que reforçaria a inconstitucionalidade da exigência da CPRB sobre a parcela do ICMS quando da obrigatoriedade do regime.

Conceito de receita já definido – e diversas vezes reiterado – pelo STF

O segundo argumento utilizado pelo STF para manter a incidência da CPRB sobre a parcela do ICMS é que a base de cálculo da referida contribuição deve considerar o conceito amplo de "receita bruta", instituído pela Lei n. 12.973/2014, o qual expressamente incluiu – na base de cálculo das contribuições – os valores relativos aos tributos incidentes (inclusive o ICMS).

> Como disse o Procurador-Geral da República, havendo o benefício fiscal, o legislador optou como base de cálculo para a CPRB o conceito de

---

[4] Trecho do voto do ministro Dias Toffoli no Tema 1.048 de Repercussão Geral.

receita definido na Lei nº 12.973/14, que deu nova redação ao art. 12 do DL nº 1.598/77. O § 5º desse dispositivo preconiza, expressamente, que se incluem na receita bruta os tributos sobre ela incidentes, o que abarca o ICMS.[5]

No entanto, o advento da Lei n. 12.973/2014 – que alterou a redação do art. 12 do Decreto-Lei (DL) n. 1.598/1977, incluindo expressões vagas e ambíguas com o objetivo de legitimar a inclusão de tributos nas bases de cálculos das contribuições – não tem o condão de validar o alargamento do conceito de receita para tributar grandezas econômicas que não integram a esfera patrimonial da pessoa. O STF, inclusive, já teve oportunidade de se manifestar nesse sentido: "Não parece ser possível que a alteração legislativa superveniente pudesse proceder à inclusão do ICMS na base de cálculo das contribuições sociais incidentes sobre o faturamento".[6]

Independentemente do disposto na Lei n. 12.973/2014, a CPRB, bem como as contribuições sociais ao PIS e à Cofins, por expressa previsão constitucional (art. 195, § 13º, da Constituição), incidem sobre as *receitas* auferidas pelos contribuintes, o que não é o caso das contribuições sociais recolhidas à União Federal.

Como se sabe, por anos houve divergência entre Fisco e contribuintes sobre a base de cálculo dessas contribuições, notadamente quanto à inclusão (ou não) dos tributos incidentes sobre as mercadorias vendidas e os serviços prestados.

Em 2013, o Pleno do STF definiu, em sede de repercussão geral (art. 1036 do CPC), que *receita* é "o ingresso financeiro que se integra no patrimônio na condição de elemento novo e positivo, sem reservas ou condições".[7] Da perspectiva jurídica, portanto, fixou-se que *receita* é um *ingresso financeiro*, que se integra ao patrimônio do contribuinte de forma definitiva e decorre do exercício de sua atividade social. É essa a orientação da *doutrina* especializada dos professores Geraldo Ataliba, Ricardo Mariz de Oliveira e José Antônio Minatel.[8]

---

5 Trecho do voto do ministro Dias Toffoli no Tema 1.048 de Repercussão Geral.
6 Recurso Extraordinário (RE) n. 1.273.360.
7 RE n. 606.107, rel. Rosa Weber, Tribunal Pleno, julgado em: 25 nov. 2013
8 "O conceito de receita refere-se a uma espécie de entrada. Entrada *é todo o dinheiro que ingressa nos cofres de uma entidade* [...] só se considera receita o ingresso de dinheiro que venha a *integrar o patrimônio da entidade* que o recebe" (Ataliba, Geraldo. *Estudos e Pareceres de Direito Tributário* (Vol. 1). São Paulo: Revista dos Tribunais, 1978, grifos nossos); "As receitas são sempre novos elementos que se agregam ao conjunto patrimonial, ou melhor, são *acréscimos de direitos ao patrimônio* [...] um 'plus jurídico' [...] [Assim,] *receita é um tipo de ingresso*

Quando do julgamento do Tema 69 de Repercussão Geral, o STF reafirmou a sua jurisprudência,[9] reconhecendo que o ICMS "*não constitui receita do contribuinte*, logo ainda que, contabilmente, seja escriturado, não guarda relação com a definição constitucional de faturamento para fins de apuração da base de cálculo das contribuições. Portanto, ainda que não no mesmo momento, o valor do ICMS tem como *destinatário fiscal a Fazenda Pública, para a qual será transferido*".

Como se pode observar, dois "critérios" foram adotados pela Suprema Corte, o tributo incidente sobre as mercadorias comercializadas (no caso, o ICMS) *não* pode ser caracterizado como *receita* dos contribuintes, dado que (i) *não* decorre da venda de mercadorias e/ou da prestação de serviços; e (ii) *não* ingressa no patrimônio dos contribuintes em caráter de definitividade, dado que possuem como destinatários finais os respectivos entes federativos (estados e municípios). É esse, portanto, o conceito de receita que deveria ter sido observado pelo STF no julgamento do Tema 1.048, dada a estrita identidade jurídica entre as controvérsias (*juridicamente idêntica*).

Ademais, é necessário lembrar que a própria legislação de regência da CPRB determina a utilização dos "mesmos critérios adotados na legislação da Contribuição para o PIS/Pasep e da Cofins para o reconhecimento no tempo de receitas" (art. 9º, § 12, da Lei n. 12.546/2011).

Quer seja por imposição legal, quer seja em observância à orientação vinculante do STF, deveria ter sido adotado o mesmo racional daquele que declarou a inconstitucionalidade da inclusão do ICMS nas bases de cálculo daquelas contribuições, visto que o referido tributo estadual não é receita.

Como bem defendido pelo ministro Marco Aurélio no julgamento do Tema 1.048:

> O alcance da tributação deve ser definido a partir da esfera de direitos de titularidade do sujeito passivo da obrigação: apenas há potencialidade para contribuir quando a grandeza prevista na norma envolve conteúdo

---

ou entrada no patrimônio da pessoa distinto de outros ingressos ou entradas, embora guarde com todos eles um elemento comum, que é o de se tratar da adição de um novo direito à universalidade de direitos e obrigações que compõem esse patrimônio" (Mariz de Oliveira, Ricardo. *Fundamentos do Imposto de Renda*. São Paulo: Quartier Latin, 2008, grifos nossos); "Só se pode falar em 'receita' diante de *ingresso a título definitivo no patrimônio da pessoa jurídica*, em regra *proveniente do esforço pelo exercício da sua específica atividade operacional*" (Minatel, José Antônio. *Conteúdo do Conceito de Receita e Regime Jurídico para sua Tributação*. São Paulo: MP, 2005, grifos nossos).

9 RE n. 240.785, rel. Marco Aurélio, Tribunal Pleno, julgado em: 16 dez. 2014.

econômico real. O simples ingresso e registro contábil da entrada da importância não a transforma em receita. Descabe assentar que os valores alusivos ao ICMS, considerado o destino próprio aos cofres dos Estados ou do Distrito Federal, sinaliza medida de riqueza apanhada pelas expressões contidas no inciso I, alínea "b", do artigo 195 da Constituição Federal.

Daí, novamente, o total espanto da comunidade jurídica diante desse posicionamento que, em sua maioria, foi seguido pelos ministros do STF.

De todo modo, adotando o racional constante do voto do ministro Alexandre de Moraes, a exclusão do ICMS da base de cálculo da CPRB deveria ser permitida para os fatos geradores posteriores à vigência da Lei n. 12.973/2014 (a partir de 1º de janeiro de 2015). Por força do princípio da irretroatividade, é inconcebível que tais disposições sejam aplicadas a períodos anteriores.

Segurança jurídica e coerência das decisões do STF

Independentemente de a CPRB ser uma contribuição ou um benefício fiscal, fato é que, por ter como base de cálculo a "receita", essa contribuição não poderia incidir sobre a parcela relativa ao ICMS, pois, como visto, o tributo incidente sobre as mercadorias comercializadas *não* pode ser caracterizado como *receita* dos contribuintes, dado que (i) *não* decorre da venda de mercadorias; e (ii) *não* ingressa no patrimônio dos contribuintes em caráter de definitividade, dado que possuem como destinatários finais os respectivos entes federativos (estados).

Houve clara inobservância do conceito constitucional de receita definido, por vezes, pelo próprio STF: ora o ICMS compõe a receita, ora não é receita do contribuinte nem pode ser alvo de incidência da CPRB (do PIS e da Cofins). O fato de, em um curto espaço de tempo, o STF adotar entendimentos diametralmente opostos, ambos em sede de repercussão geral, gera grandes imprevisibilidade e insegurança jurídica, na medida em que as controvérsias postas nos Temas 69 e 1.048 de Repercussão Geral são, sim, análogas (para não dizer idênticas).

Essa alternância de comportamento, sem fundamento concreto e plausível, enfraquece o sistema de precedentes instituído pelo CPC, que atribui aos tribunais o *dever* de manter a jurisprudência estável, íntegra e coerente. A estabilidade, a integridade e a coerência da jurisprudência representam "técnicas de realização da segurança jurídica, inclusive na perspectiva da previsibilidade e da isonomia, vedando alterações bruscas e imotivadas".[10]

Como bem destacou o ministro Luiz Fux, do STF:

> A jurisprudência, para ter força, precisa ser estável, de forma a não gerar insegurança. Então, a jurisprudência que vai informar todo o sistema jurídico e que vai ter essa posição hierárquica é aquela pacífica, estável, dominante, que está sumulada ou foi decidida num caso com repercussão geral ou é oriunda do incidente de resolução de demandas repetitivas ou de recursos repetitivos, não é a jurisprudência aplicada por membro isolado através de decisões monocráticas. Essa não serve para a finalidade do Novo CPC.[11]

E justamente para se preservar a estabilização e a uniformização da jurisprudência, repelindo as decisões conflitantes – *segurança jurídica e isonomia* –, os paradigmas formados pelos Tribunais Superiores devem ser observados por todo o poder judiciário, o que inclui, por óbvio, o STF.

---

10 Bueno, Cassio Scarpinella. *Novo Código de Processo Civil Anotado*. São Paulo: SaraivaJur, 2017. p. 735.

11 Rodas, Sérgio. Juiz só deve seguir jurisprudência pacificada de tribunais superiores, diz Fux. 17 abr. 2015. Disponível em: www.conjur.com.br/2015-abr-17/fux-juiz-seguir-jurisprudencia-cortes-superiores.

Impactos do julgamento do RE n. 627.709 na competência jurisdicional para mandado de segurança em matéria tributária

Maria Eugênia Doin Vieira[1]

No presente artigo, trataremos das peculiaridades da definição de competência em mandado de segurança impetrado em face de autoridade coatora vinculada à União, considerando a evolução jurisprudencial sobre o tema que decorreu na decisão do Supremo Tribunal Federal (STF) proferida no julgamento do Recurso Extraordinário (RE) n. 627.709.

Mandado de segurança em matéria tributária

Antes de iniciar o tratamento sobre a regra de competência, cumpre trazer algumas breves considerações sobre o mandado de segurança, o qual se tornou um relevante instrumento processual para a discussão envolvendo matéria tributária, especialmente na esfera federal.

O mandado de segurança é o remédio constitucional previsto para resguardar o direito líquido e certo da parte impetrante sempre que se caracterize a existência de ato de autoridade que esteja eivado de ilegalidade ou de abuso de poder. Entende-se por ato de autoridade aquele que emana de agente público ou equiparado, incorrido no exercício de suas atribuições funcionais.

Por permitir afastar a violação, ou o justo receio de violação, decorrente de ato de autoridades fiscais, as quais exercem atribuições do poder público, o mandado de segurança encontrou ampla utilização em matéria tributária, para submeter à apreciação do poder judiciário atos de cobrança de tributos considerados ilegítimos ou mesmo para questionamento de outros atos

---

1 Mestre em Direito Tributário pela Pontifícia Universidade Católica de São Paulo (PUC-SP) e sócia das áreas tributária e previdenciária do Machado Meyer.

administrativos diversos (comprovação de regularidade fiscal, processamento de declarações, questões de parcelamento etc.)

Tendo em vista o princípio da estrita legalidade regente do direito tributário, há reiterados embates jurídicos envolvendo a matéria fiscal e que ensejam a impetração de mandado de segurança e do mandado de segurança coletivo, com ampla utilização na seara federal.

Ainda antes da vigência do atual Código de Processo Civil (CPC), houve a modificação da legislação especial que trata deste típico instrumento processual de direito público – Lei n. 12.016/2009 (Lei do Mandado de Segurança – LMS) –, que atualizou em diversos aspectos a abordagem dada pela Lei n. 1.533/1951 anteriormente aplicável.

Com base nessa norma, há peculiaridades processuais relevantes que caracterizam o mandado de segurança, merecendo destaques: (i) a possibilidade de ampla discussão de questões jurídicas, as quais dispensam dilação probatória; (ii) a fixação de um rito processual mais célere lastreado na apresentação de prova pré-constituída que instrui o feito; e (iii) a ausência de condenação ao pagamento de honorários advocatícios pela parte sucumbente (art. 25 da LMS e Súmula n. 513 do STF).

Por certo que cada um destes pontos deve ser avaliado pela parte interessada previamente à impetração, como premissas para sua viabilidade e eficácia, validando-se o mandado de segurança como alternativa à ação de procedimento comum regida pelo CPC. Entendemos que estes elementos podem ser determinantes no caso de discussão de teses jurídicas controvertidas, com grandes somas tributárias disputadas, já que a sistemática de honorários do CPC (art. 85) tende a ser bastante onerosa quando aplicada em detrimento do contribuinte, havendo correntes que defendem seu abrandamento quando o sucumbente é a fazenda pública. Em suma, optando pelo mandado de segurança a parte afasta o risco de oneração com honorários sucumbenciais, o que mitiga risco adicional ao processo tributário, o qual normalmente já enseja o ônus de ofertar garantia do crédito tributário controvertido para manter a suspensão da sua exigibilidade ao longo da discussão judicial.

Os aspectos processuais determinantes não se exaurem nas questões já referidas. Há uma série de cuidados processuais a serem considerados, os quais direcionam e limitam a impetração.

O mandado de segurança está sujeito à contagem de prazo decadencial próprio, que tem início com a prolação do ato coator a ser comprovado e questionado (art. 23 da LMS e Súmula n. 632 do STF[2]), e tem controvertidas limitações em relação a seus efeitos refletidas nas Súmulas n. 266[3], n. 269[4] e n. 271[5], as quais geram debate sobre o alcance da sentença concessiva da segurança e a possibilidade de sua execução judicial.[6]

Por ter o escopo de combater o ato coator identificado e ser direcionado em face da autoridade responsável por sua prática (inclusive omissiva), bem como por sanar a ilegalidade identificada, o mandado de segurança demanda a correta identificação e intimação da autoridade considerada coatora.[7] Como decorrência, sua propositura costuma considerar o foro de domicílio funcional da própria autoridade, seguindo a regra geral de competência territorial estabelecida no CPC (art. 94) e com o princípio do juiz natural (art. 5, inciso III, da Constituição). É o que se depreende dos precedentes ilustrativos do STJ sobre o tema.[8]

Porém, não raras vezes o foro da sede funcional da autoridade coatora não coincide com aquele do domicílio ou da sede do impetrante. Nestes casos, a impetração no foro do réu traz uma facilidade nos trâmites de intimação e resposta pela autoridade coatora, sendo atribuído à impetrante os ônus de se amoldar à esta localidade, ainda que seja distante ou inconveniente, em questionável ameaça ao direito de acesso à justiça e à ampla eficácia do mandado de segurança.

Todavia, existe no art. 109, § 2º, da Constituição[9] um regramento específico aplicável a competência de causas intentadas contra a União, prevendo

---

2 "É constitucional lei que fixa o prazo de decadência para a impetração de mandado de segurança."
3 "Não cabe mandado de segurança contra lei em tese."
4 "O mandado de segurança não é substitutivo de ação de cobrança."
5 "A concessão de mandado de segurança não produz efeitos patrimoniais em relação a período pretérito, os quais devem ser reclamados administrativamente ou pela via judicial própria."
6 A possibilidade de o mandado se segurança assegurar a compensação tributária de débitos anteriores à impetração será avaliada em Embargos de Divergência pelo Superior Tribunal de Justiça (STJ) no EREsp 1.770.495.
7 Questão cuja problemática foi abrandada pelos art. 338 e 339, § 1º, do CPC e à luz da jurisprudência do STJ: RMS n. 55.062/MG, rel. Herman Benjamin, 2ª Turma, julgado em: 3 abr. 2018; MS n. 17.388/DF, rel. Napoleão Nunes Maia Filho, 1ª Seção, julgado em: 11 maio 2016; REsp n. 1.678.462/SP, rel. Herman Benjamin, 2ª Turma do STJ, julgado em: 24 out. 2017.
8 CC n. 60.560/DF, rel. Eliana Calmon, 1ª Seção, julgado em: 13 dez. 2006; AgRg no AREsp n. 721.540/DF, rel. Herman Benjamin, 2ª Turma, julgado em: 25 ago. 2015; AgRg no MS n. 21.337/DF, rel. Humberto Martins, Corte Especial, julgado em: 3 dez. 2014.
9 "Art. 109. Aos juízes federais compete processar e julgar: [...] § 2º *As causas intentadas contra a União poderão ser aforadas na seção judiciária em que for domiciliado o autor, naquela onde*

que estas podem ser aforadas em diversas localidades, como: (i) o domicílio do autor; (ii) o local do ato, do fato ou da coisa que deu origem à demanda; ou, ainda, (iii) o Distrito Federal. E, segundo o entendimento prevalecente no âmbito do STF, esse dispositivo se aplica ao mandado de segurança.[10]

Conforme entendimento outrora citado, ao mandado de segurança em matéria tributária é bem acolhida e definida na jurisprudência a impetração direcionada para a subseção da justiça federal com jurisdição no município da sede funcional da autoridade coatora, local onde se presume ter ocorrido o ato impugnado, caracterizando-se uma das hipóteses do dispositivo constitucional – item (ii). A questão que causa interesse é a possibilidade de impetração alternativa não só no domicílio do autor – item (i) –, a qual já conta com jurisprudência favorável, como especialmente no Distrito Federal – item (iii).

Deste modo, prevalecendo as disposições do art. 109, § 2º, da Constituição ao mandado de segurança em matéria tributária, concluímos que a impetração envolvendo questões federais poderia ocorrer perante a justiça federal do Distrito Federal em Brasília, alternativamente ao domicílio do impetrante e à sede funcional da autoridade coatora, as quais podem não ser coincidentes.

Julgamento do Tema 374 pelo STF

Em 2014, o STF apreciou o RE n. 627.709, sob relatoria do ministro Ricardo Lewandowski,[11] sob a sistemática da repercussão geral (art. 543-A, § 1º, do

---

  houver ocorrido o ato ou fato que deu origem à demanda ou onde esteja situada a coisa, ou, ainda, no Distrito Federal."

10 "CONSTITUCIONAL E DIREITO PROCESSUAL CIVIL. AGRAVO REGIMENTAL EM RECURSO EXTRAORDINÁRIO. JURISDIÇÃO E COMPETÊNCIA. MANDADO DE SEGURANÇA. UNIÃO. FORO DE DOMICÍLIO DO AUTOR. APLICAÇÃO DO ART. 109, § 2º, DA CONSTITUIÇÃO FEDERAL. 1. A jurisprudência do Supremo Tribunal Federal está pacificada no sentido de que as causas intentadas contra a União poderão ser aforadas na seção judiciária em que for domiciliado o autor, naquela onde houver ocorrido o ato ou fato que deu origem à demanda ou onde esteja situada a coisa, ou, ainda, no Distrito Federal. 2. Agravo regimental improvido" (RE n. 509.442 AgR, rel. Ellen Gracie, 2ª Turma, julgado em: 3 ago. 2010).

11 "CONSTITUCIONAL. COMPETÊNCIA. CAUSAS AJUIZADAS CONTRA A UNIÃO. ART. 109, § 2º, DA CONSTITUIÇÃO FEDERAL. CRITÉRIO DE FIXAÇÃO DO FORO COMPETENTE. APLICABILIDADE ÀS AUTARQUIAS FEDERAIS, INCLUSIVE AO CONSELHO ADMINISTRATIVO DE DEFESA ECONÔMICA – CADE. RECURSO CONHECIDO E IMPROVIDO. I – A faculdade atribuída ao autor quanto à escolha do foro competente entre os indicados no art. 109, § 2º, da Constituição Federal para julgar as ações propostas contra a União tem por escopo facilitar o acesso ao Poder Judiciário àqueles que se encontram afastados das sedes das autarquias. II – Em situação semelhante à da União, as autarquias federais possuem representação em todo o território nacional. III – As autarquias federais gozam, de maneira geral, dos mesmos privilégios e vantagens processuais concedidos ao ente político a que pertencem.

CPC/1973), oportunidade em que se dedicou a avaliar os critérios de aplicação do art. 109, § 2º, da Constituição Federal, visando definir sua aplicação aos demais entes da administração indireta federal,[12] como autarquias e fundações, permitindo-se que estes sejam demandados fora de suas sedes ou em localidades nas quais não existam agência ou sucursal.

O entendimento que prevaleceu é que este dispositivo teve por escopo facilitar a propositura de ação pelo jurisdicionado em contraposição à União, facultando-lhe a escolha dentre um dos foros indicados em privilégio ao pleno exercício do direito de defesa[13] e acesso à justiça.

Vale apontar que, neste caso, a parte interessada era o Conselho Administrativo de Defesa Econômica (CADE), que pleiteava a fixação do foro competente com base no lugar de sua sede, por se tratar de ação em que é ré a pessoa jurídica, fundado no art. 100, inciso IV, alínea "a", do CPC/1973. Entretanto, por reconhecer que as autarquias federais gozam, de maneira geral, dos mesmos privilégios e vantagens processuais concedidos ao ente político a que pertencem, foi afastada a pretensão do CADE, aplicando-se o art. 109, § 2º, da Constituição, que atribui ao autor a escolha dos locais de aforamento entre os indicados no mencionado preceito.

Essa definição foi objeto do Tema 374, no qual foi fixada a tese de que "A regra prevista no § 2º do art. 109 da Constituição Federal também se aplica às ações movidas em face de autarquias federais".

Retome-se que este relevante paradigma do STF versou apenas sobre a aplicabilidade do referido art. 109, § 2º, da Constituição exclusivamente à União ou sua extensão às autarquias. Desse modo, tomando por base a perspectiva de análise do tema, não seriam imediatos seus impactos no mandado de segurança em matéria tributária, pois tal remédio costuma desafiar atos de autoridades da Receita Federal ou da Procuradoria da Fazenda Nacional, as quais constituem órgãos da administração pública direta vinculados ao Ministério da Economia.

Em se tratando de órgãos da União, a aplicação do dispositivo constitucional em comento seria inequívoca e não estaria afetada ao Tema 374 destacado.

IV – A pretendida fixação do foro competente com base no art. 100, IV, a, do CPC nas ações propostas contra as autarquias federais resultaria na concessão de vantagem processual não estabelecida para a União, ente maior, que possui foro privilegiado limitado pelo referido dispositivo constitucional. V – A jurisprudência do Supremo Tribunal Federal tem decidido pela incidência do disposto no art. 109, § 2º, da Constituição Federal às autarquias federais. Precedentes. VI – Recurso extraordinário conhecido e improvido" (RE n. 627.709, rel. Ricardo Lewandowski, Tribunal Pleno, julgado em: 20 ago. 2014).

12 Vide art. 4º do DL n.200/1967.
13 Neste sentido, vide voto condutor do ministro Ricardo Lewandowski.

Porém, os impactos foram sentidos fortemente na jurisprudência sobre o tema, redirecionando o entendimento do Superior Tribunal de Justiça (STJ).

Impactos do julgamento do STF na jurisprudência que trata da competência para a impetração do mandado de segurança

Apesar de a apreciação do Tema 374 ter sido voltada para a correção da divergência em relação à aplicação do dispositivo constitucional para a administração indireta, paulatinamente, esse julgado teve efeitos no tratamento dado aos órgãos da administração direta, alterando-se o entendimento jurisprudencial anteriormente prevalecente, para reconhecer que o mandado de segurança pode ser impetrado no domicílio do autor, em alternativa à sede funcional da autoridade coatora.

Foram identificados diversos conflitos de competência apreciados pelo STJ nos últimos anos, os quais, reiteradamente embasados no Tema 374, reconheceram a possibilidade de o mandado de segurança ser impetrado no foro de domicílio do impetrante quando referente a ato de autoridade integrante da administração pública federal.[14]

Segundo o princípio da uniformização da jurisprudência (art. 926 e 927, inciso III, do CPC),[15] esse direcionamento da jurisprudência do STF e do STJ tem sido refletido nos precedentes dos Tribunais Regionais Federais (TRF), que tendem a aceitar a impetração no local do domicílio do autor, o qual configura uma das hipótese a serem eleitas de acordo com o art. 109, § 2º, do CPC.[16]

Mesmo nesse cenário, ainda são identificados precedentes contrários,[17] entendendo que o art. 109, § 2º, da Constituição não seria aplicável ao mandado de segurança, cuja especialidade determina que a sede funcional da autoridade impetrada seja critério absoluto de fixação de competência. Por certo

---

14 AgInt no CC n. 153.878/DF, rel. Sérgio Kukina, 1ª Seção, julgado em: 13 jun. 2018; CC n. 169.239/DF, rel. Herman Benjamin, 1ª Seção, julgado em: 10 jun. 2020; AgInt no CC n. 163.905/DF, rel. Francisco Falcão, 1ª Seção, julgado em: 22 maio 2019.

15 "Art. 926. Os tribunais devem uniformizar sua jurisprudência e mantê-la estável, íntegra e coerente. Art. 927. Os juízes e os tribunais observarão: [...] III – os acórdãos em incidente de assunção de competência ou de resolução de demandas repetitivas e em julgamento de recursos extraordinário e especial repetitivos [...]."

16 TRF-1: CC n. 0059880-30.2015.4.01.0000/DF, julgado em: 10 jun. 2016; CC n. 0050372-60.2015.4.01.0000/DF, julgado em: 12 nov. 2015; TRF-4: CC n. 5008490-44.2018.4.04.0000, julgado em: 10 maio 2018, CC n. 5008497-92.2020.4.03.0000, julgado em: 29 jul. 2020, CC n. 5011186-12.2020.4.03.0000, julgado em: 26 ago. 2020.

17 TRF-3, CC n. 5021746-13.2020.4.03.0000, julgado em: 9 fev. 2021.

que, sujeitando-se à revisão do STJ, esses precedentes devem ser reformados, uniformizando-se o entendimento sobre a matéria e redirecionando os precedentes locais ainda relutantes em seguir essa determinação constitucional.

Curiosamente, não é tão ampla a abordagem do tema em precedentes judiciais tratando especificamente da terceira hipótese a que faz alusão o dispositivo constitucional, merecendo destaque o fato de que há poucas decisões judiciais que expressamente autorizam a impetração no Distrito Federal – item (iii). Já seguindo a mudança de orientação enfatizada, destaca-se, ilustrativamente, o seguinte precedente da 1ª Seção do STJ:

> PROCESSO CIVIL. AGRAVO INTERNO NO CONFLITO DE COMPETÊNCIA. MANDADO DE SEGURANÇA. IMPETRAÇÃO. AUTARQUIA FEDERAL. APLICAÇÃO DA REGRA CONTIDA NO ART. 109, § 2º, DA CF. ACESSO À JUSTIÇA. PRECEDENTES. COMPETÊNCIA DO JUÍZO SUSCITADO. 1. Na espécie, o conflito negativo de competência foi conhecido para declarar competente o juízo federal do domicílio do impetrante. 2. A Primeira Seção do STJ, *em uma evolução jurisprudencial para se adequar ao entendimento do STF sobre a matéria*, tem decidido no sentido de que, nas causas aforadas contra a União, inclusive em ações mandamentais, *pode-se eleger a Seção Judiciária do domicílio do autor*, com o objetivo de facilitar o acesso à Justiça. Precedentes: AgInt no CC n. 154.470/DF, Rel. Ministro Og Fernandes, Primeira Seção, DJe 18/4/2018; AgInt no CC n. 153.138/DF, Rel. Ministro Gurgel de Faria, Primeira Seção, DJe 22/2/2018; AgInt no CC n. 153.724/DF, Rel. Ministra Regina Helena Costa, Primeira Seção, DJe 16/2/2018. 3. Agravo interno não provido. (AgInt no CC n. 166.130/RJ, rel. Benedito Gonçalves, 1ª Seção, julgado em: 5 set. 2019, grifos nossos)

Por certo que, em se tratando de conflito de competência (art. 105, inciso I, alínea "d", da Constituição e art. 66, 951 a 959 do CPC), o dever do STJ no caso dizia respeito à declaração do juízo competente, apreciando a controvérsia posta entre os juízos envolvidos, sem que fosse necessária sua manifestação sobre todas as hipóteses de competência do art. 109, § 2º, da Constituição. Exatamente por isso, o precedente acolhe a possibilidade de impetração no local do domicílio do autor, dirimindo o conflito que lhe fora submetido.

Tomando por base a regra constitucional e a *ratio decidendi* do Tema 374 reiteradamente invocado pela jurisprudência, toda a causa intentada contra a União poderia, alternativamente, ser aforada na justiça federal do Distrito Federal, caracterizando-se como uma das hipóteses de competência assegurada ao autor para o exercício de seu direito de defesa. A aceitação dessa premissa decorre juridicamente da análise já efetuada do art. 109, § 2º, da Constituição, não demandando digressões adicionais, em privilégio a uma garantia pétrea que é o acesso ao poder judiciário para aqueles que litigam contra a União, deixando a seu cargo a eleição do foro que lhe seja mais conveniente, porquanto não compete ao magistrado limitar a aplicação da Constituição Federal.[18]

Embora, em nosso sentir, não haja dúvidas de que é facultado ao impetrante também optar pela impetração de mandado de segurança em matéria tributária também na justiça federal do Distrito Federal, a análise de diversos precedentes judiciais indica que a aplicação do Tema 374 na jurisprudência tem se mostrado ainda tímida, fazendo referência não raras vezes ao direito de eleição da parte de buscar o acesso perante a justiça federal de seu domicílio para impetração, omitindo-se, na maior parte dos casos, a menção sobre a competência concorrente da justiça federal do Distrito Federal.

Quer nos parecer que essa ausência de acórdãos versando sobre o tema deve decorrer de uma dentre duas opções.

A primeira é que os jurisdicionados não têm entendido que a impetração perante a justiça federal do Distrito Federal seria uma opção facilitadora de exercício de seu direito de defesa que justifique a opção do art. 109, § 2º, da Constituição, seja pela própria localidade, ou, o que nos parece mais provável, seja pelo risco de controvérsia processual sobre o tema, dada a falta de direcionamento em acórdãos apreciando ou mencionando essa faculdade. Se até recentemente ainda há precedentes reticentes à impetração na justiça federal do domicílio do autor, não há como se afastar a possibilidade de discussão sobre a legitimidade de opção pela impetração no Distrito Federal, medida esta que acaba prejudicando a própria celeridade que se espera do mandado de segurança.

A segunda opção é a de que os casos lá impetrados, mesmo não sendo o domicílio das partes ou da autoridade coatora, não despertaram maiores controvérsias processuais, sendo processados sem ensejar ementas com ampla apreciação do tema. Dada a quantidade de precedentes envolvendo o art. 109, § 2º, da Constituição, mesmo anos após o julgamento do Tema 374, essa não nos parece ser a realidade verificada. Há, por certo, casos esparsos em andamento em que a questão não se tornou controvertida, porém, há muito a evoluir nos precedentes do tema antes que essa alternativa se mostre efetivamente incontroversa.

---

18 CC n. 173.753/PA, rel. Herman Benjamin, 1ª Seção, julgado em: 14 out. 2020.

Pelo exposto, consideramos que se a parte decidir seguir com a impetração de mandado de segurança no Distrito Federal, mesmo não sendo este o local de sua sede ou da sede funcional da autoridade coatora, estará exercendo devidamente a faculdade que lhe é assegurada pelo art. 109, § 2º, da Constituição e que lhe foi reconhecida no julgamento do Tema 374, replicado em diversos precedentes subsequentes. Porém, até que haja a uniformização da jurisprudência, também sob este enfoque, é possível que seja necessário enfrentar alguma celeuma processual decorrente desta escolha.

Conclusão

Do exposto, concluímos que há, com lastro no art. 109, § 2º, da Constituição, o embasamento jurídico suficiente para que seja considerada a impetração de mandado de segurança em matéria tributária federal perante a justiça federal do Distrito Federal, independentemente do local da sede do impetrante ou do domicílio do réu, medida esta que torna ainda mais efetiva e atrativa a opção pelo mandado de segurança para o debate destes temas fiscais.

Embora essa medida não esteja validada em ampla gama de precedentes, decorre do arcabouço jurisprudencial atual, permitindo o amplo direito de defesa do impetrante e o livre acesso ao judiciário (cláusulas pétreas da Constituição), que muitas vezes não deseja dar seguimento à demanda em sua própria sede ou mesmo pretende impetrar mandado de segurança em conjunto com outras partes com sedes distintas.

Multa por atraso na entrega de DCTF e seus efeitos nos demais casos de multas à luz do princípio da proporcionalidade/razoabilidade

Marcelo Salles Annunziata[1]

Breve introdução ao tema e objeto de estudo

No cumprimento das chamadas "obrigações tributárias acessórias", que dizem respeito aos deveres do contribuinte para com a fiscalização e não se referem ao pagamento do tributo (obrigação principal), os contribuintes, de modo geral, são obrigados a apresentar declarações que demonstram a base de cálculo do tributo e o valor devido em um determinado período.

Isso porque, no nosso sistema tributário, vige a sistemática de autolançamento ou lançamento por homologação (que se aplica a mais de 90% dos tributos existentes), por meio da qual é o próprio sujeito passivo da obrigação tributária que identifica o fato gerador, calcula o tributo devido e faz o pagamento que fica sujeito à homologação expressa ou tácita por parte do Fisco – art. 150 do Código Tributário Nacional (CTN).

Para o cumprimento desse mister, as legislações tributárias de todos os entes tributantes preveem que, caso haja o descumprimento de tal obrigação, ou ainda que esta seja entregue incompleta ou fora do prazo, seja aplicada uma penalidade ao contribuinte infrator. Até aí, nada demais, pois, tratando-se de uma obrigação, o seu não cumprimento pode, nos termos da Constituição Federal e do nosso ordenamento jurídico como um todo, ser objeto de sanção.

O problema é quando essa pena é fixada de modo desproporcional à gravidade da infração cometida, o que revela abuso por parte do Estado na exigência. Isso ocorre constantemente, por exemplo, o uso de uma medida econômica que

---

[1] Advogado, sócio de Demarest Advogados, formado em Direito pela Universidade de São Paulo (USP) em 1994, especialista em Processo Civil pela Pontifícia Universidade Católica de São Paulo (PUC-SP) em 1997, mestre em Direito Tributário pela USP em 2002, professor de cursos preparatórios para concursos públicos e autor de diversos estudos e trabalhos na área tributária.

apenas se coaduna com a obrigação principal como base de cálculo, para punir o mero descumprimento de entrega da obrigação acessória.

Em vista disso, há muitos anos se estabeleceu uma disputa entre Fisco e contribuintes a respeito do tema, muitas vezes sendo tais multas consideradas inconstitucionais ou ilegais. No presente trabalho, será analisado o panorama jurídico do tema e a atual posição dos nossos tribunais, considerando para tanto a Declaração de Débitos e Créditos Tributários Federais (DCTF), que é a declaração prevista para os tributos federais, com seus reflexos também para outras penalidades.

DCTF e obrigação de entrega na apuração de tributos federais

A chamada DCTF foi criada pelo governo federal para que, no âmbito do lançamento por homologação, o contribuinte informe, periodicamente, a apuração e o pagamento dos tributos. Trata-se de um documento relativamente simples, no qual o contribuinte informa, para cada tributo federal, os fatos geradores verificados, a base de cálculo do tributo e o montante a ser pago a esse título.

As informações contidas no documento representam, para fins legais, o autolançamento do tributo, que, uma vez declarado, se torna devido (independentemente de o Fisco poder questionar os valores dentro do prazo de homologação), representando confissão de dívida. Em muitas situações, ocorre erro no preenchimento da DCTF, e a legislação geralmente prevê uma forma de retificar o documento dentro de um certo prazo (usualmente nos mesmos 5 anos que o Fisco tem para homologar o lançamento). A retificação, por sua vez, evita que o contribuinte seja devedor de um tributo declarado em excesso e, por outro lado, também pode beneficiar o Fisco nas situações em que originalmente tenha havido a informação de um valor menor do que o efetivamente devido.

Trata-se, portanto, de um documento que pode ser considerado principal na apuração dos tributos federais, uma vez que, sem ele, teria o Fisco de mobilizar imensas equipes de auditores fiscais para comparecer aos estabelecimentos dos sujeitos passivos visando certificar-se dos cumprimentos das obrigações (e. sabidamente, isso seria inviável na prática).

Por sua enorme importância, como visto, o contribuinte que deixa de entregar a declaração no prazo recebe punições estabelecidas pela legislação, geralmente multas pecuniárias. É o que analisaremos no próximo tópico.

Penalidades previstas para os casos de não entrega ou atraso na entrega da DCTF

Vale destacar, dentro da legislação federal atual sobre o assunto, a Lei n. 10.426/2002, que assim prevê em seu art. 7º:

> Art. 7º. O sujeito passivo que deixar de apresentar Declaração de Informações Econômico-Fiscais da Pessoa Jurídica – DIPJ, Declaração de Débitos e Créditos Tributários Federais – DCTF, Declaração Simplificada da Pessoa Jurídica, Declaração de Imposto de Renda Retido na Fonte – DIRF e Demonstrativo de Apuração de Contribuições Sociais – Dacon, nos prazos fixados, ou que as apresentar com incorreções ou omissões, será intimado a apresentar declaração original, no caso de não-apresentação, ou a prestar esclarecimentos, nos demais casos, no prazo estipulado pela Secretaria da Receita Federal – SRF, e sujeitar-se-á às seguintes multas: [...]
> II - *de dois por cento ao mês-calendário ou fração, incidente sobre o montante dos tributos e contribuições informados na DCTF, na Declaração Simplificada da Pessoa Jurídica ou na Dirf, ainda que integralmente pago, no caso de falta de entrega destas Declarações ou entrega após o prazo, limitada a vinte por cento, observado o disposto no § 3º* [...]. (grifos nossos)

Percebe-se, da simples leitura, a previsão de que a não entrega ou atraso na entrega da DCTF gerará penalidade de 2% ao mês-calendário ou fração, *incidente sobre os valores dos tributos e contribuições declarados*, ainda que os tributos tenham sido integralmente pagos.

Assim, a quantificação da multa está, na verdade, em total desproporção com a infração cometida, pois o mero atraso na entrega da DCTF não pode sujeitar o contribuinte ao pagamento de um percentual sobre os tributos devidos, ainda mais considerando que isso se aplicaria mesmo que os tributos tivessem sido recolhidos pelo contribuinte. Nada mais absurdo!

No caso de não entrega ou atraso na entrega da DCTF, deveria ser aplicada uma multa em valor fixo que guardasse proporção com a infração cometida; ora, resta claro que a mera ausência de declaração ou sua entrega com atraso não pode funcionar como um adicional aos tributos já pagos. Admitir a manutenção de pena nessa proporção revela, indubitavelmente, violação à razoabilidade//proporcionalidade, e representa confisco vedado pelo legislador constitucional (art. 150, inciso IV, da Constituição).

Sobre a definição de confisco,

> toda vez que o exercício do Poder de Tributação perturbar o ritmo da vida econômica, aniquilar ou embaraçar as possibilidades de trabalho honesto e impedir ou desencorajar as iniciativas lícitas e proveitosas, o que ocorrerá será o desvio ou abuso desse Poder, o que haverá será o exercício ilegal do direito de impor tributos, ilegalidade ou abuso, o que pode e deve ser obstado pelo Poder Judiciário, toda vez que a ele se recorra.[2] (grifos nossos)

Corroborando tal entendimento, o Supremo Tribunal Federal (STF), ao analisar a cobrança da contribuição de seguridade social devida por servidores públicos federais em atividade, assim se manifestou sobre a vedação da utilização de tributo//multa com efeito confiscatório:

> A proibição constitucional do confisco em matéria tributária nada mais representa senão *a interdição, pela Carta Política, de qualquer pretensão governamental que possa conduzir, no campo da fiscalidade, à injusta apropriação estatal, no todo ou em parte, do patrimônio ou dos rendimentos dos contribuintes, comprometendo-lhes, pela insuportabilidade da carga tributária, o exercício do direito a uma existência digna, ou a prática de atividade profissional lícita ou, ainda, a regular satisfação de suas necessidades vitais (educação, saúde, habitação, por exemplo).* [...]
> A identificação do efeito confiscatório deve ser feita em função da totalidade da carga tributária, mediante verificação da capacidade de que dispõe o contribuinte – considerado o montante de sua riqueza (renda e capital) – para suportar e sofrer a incidência de todos os tributos que ele deverá pagar, dentro de determinado período, à mesma pessoa política que os houver instituído (a União Federal, no caso), condicionando-se, ainda, a aferição do grau de insuportabilidade econômico-financeira, à observância, pelo legislador, de padrões de razoabilidade destinados a neutralizar excessos de ordem fiscal eventualmente praticados pelo Poder Público. [...]
> Resulta configurado o caráter confiscatório de determinado tributo sempre que o efeito cumulativo – resultante das múltiplas incidências tributárias estabelecidas pela mesma entidade estatal – afetar substancialmente,

---

2 Pinto, Bilac. Finanças e Direito. A Crise da Ciência e das Finanças, Os Limites do Poder Fiscal do Estado, Uma Nova Doutrina sobre a Inconstitucionalidade das Leis Fiscais. *Revista Forense*, São Paulo, v. 140, p. 553, jan. 1940.

de maneira irrazoável, o patrimônio e/ou os rendimentos do contribuinte.[3]
(grifos nossos)

Os comandos constitucionais são dirigidos às unidades federativas como um todo, abrangendo suas esferas executiva e legislativa. Isso significa que o confisco não é o resultado derivado apenas de um ato de autoridade pessoal de algum agente público, mas também pode derivar de um dispositivo legal (no caso, a questionada Lei n. 10.426/2002 com redação dada pela Lei n. 11.051/2004) que determine a subtração do patrimônio do contribuinte sem causa constitucional válida, nem tampouco relação de proporcionalidade com o fato que deu ensejo a tal ônus.

Vale lembrar, por fim, que uma multa por obrigação acessória não pode representar a quantificação de fatos econômicos tributáveis, eis que nesses casos somente se admite a tributação com a geração de riqueza em respeito ao princípio da capacidade contributiva (o que é típica função dos impostos e das contribuições que incidem sobre riqueza).

Não há dúvidas, portanto, que em qualquer caso a penalidade deve guardar proporção – ainda que não exata – com a infração cometida, pois essa é a leitura adequada dos valores consagrados pelo legislador constitucional. O mesmo raciocínio se aplica para todas as penalidades previstas em nosso ordenamento jurídico, sendo que no próximo tópico vamos analisar os princípios da proporcionalidade e razoabilidade e sua obrigatória aplicação às multas ora tratadas.

Princípios da proporcionalidade e da razoabilidade na aplicação das multas e posição atual dos nossos tribunais

Facilmente se percebe que, muitas das vezes, a quantificação da penalidade ocorre em arrepio aos princípios constitucionais da proporcionalidade e razoabilidade (e esbarra por consequência na regra que proíbe o confisco). Sobre a aplicação desses princípios, que norteiam todo o nosso sistema jurídico, vale trazer o entendimento jurisprudencial, especialmente dos Tribunais Superiores, que inclusive já consagraram a aplicação destes no âmbito tributário.

---

3 STF, Ação Declaratória de Constitucionalidade (ADC) n. 8/DF, rel. Celso de Mello, Tribunal Pleno, julgado em: 4 abr. 2003.

Antes de entrar nas decisões judiciais, vale lembrar que a Lei n. 9.784/1999, que trata do processo administrativo no âmbito da Administração Tributária Federal, no seu art. 2º, prevê, dentre os princípios a serem obedecidos pela administração pública, a razoabilidade e a proporcionalidade, assim dispostos:

> Art. 2. *A Administração Pública obedecerá*, dentre outros, aos princípios da legalidade, finalidade, motivação, *razoabilidade, proporcionalidade*, moralidade, ampla defesa, contraditório, segurança jurídica, interesse público e eficiência. (grifos nossos)

Nesse sentido, como dito, os nossos Tribunais Superiores já consagraram, em muitos julgados, a aplicação desses princípios na atividade administrativa. Vale citar neste sentido decisão do Superior Tribunal de Justiça (STJ):

> TRIBUTÁRIO. RECURSO ESPECIAL. IMPOSTO DE IMPORTAÇÃO. CONCESSÃO DE 'EX TARIFÁRIO'. MERCADORIA SEM SIMILAR NACIONAL. PEDIDO DE REDUÇÃO DE ALÍQUOTA. RECONHECIMENTO POSTERIOR DO BENEFÍCIO FISCAL. MORA DA ADMINISTRAÇÃO. PRINCÍPIO DA RAZOABILIDADE. APLICAÇÃO. RECURSO ESPECIAL CONHECIDO E PROVIDO. SENTENÇA RESTABELECIDA.
> 1. A concessão do benefício fiscal denominado "ex tarifário" consiste na isenção ou redução de alíquota do imposto de importação, a critério da administração fazendária, para o produto desprovido de similar nacional, sob a condição de comprovação dos requisitos pertinentes.
> 2. *"O princípio da razoabilidade é uma norma a ser empregada pelo Poder Judiciário, a fim de permitir uma maior valoração dos atos expedidos pelo Poder Público, analisando-se a compatibilidade com o sistema de valores da Constituição e do ordenamento jurídico, sempre se pautando pela noção de Direito justo, ou justiça"* (Fábio Pallaretti Calcini, O princípio da razoabilidade: um limite à discricionariedade administrativa. Campinas: Millennium Editora, 2003). [...]
> 5. Recurso especial conhecido e provido. Sentença restabelecida. (STJ, REsp n. 1.174.811/SP, rel. Arnaldo Esteves Lima, 1ª Turma, julgado em: 18 fev. 2014, grifos nossos)

É oportuno ainda citar outras importantes decisões do Superior Tribunal de Justiça (STJ) no mesmo sentido:

AGRAVO INTERNO NO AGRAVO EM RECURSO ESPECIAL. AGRAVO DE INSTRUMENTO. ASTREINTES. REVISÃO DO VALOR. INVIABILIDADE. EXORBITÂNCIA. NÃO CONFIGURAÇÃO. REITERADO DESCUMPRIMENTO. AGRAVO IMPROVIDO. 1. O eg. Superior Tribunal de Justiça firmou orientação de que o exame do valor atribuído às astreintes pode ser revisto em hipóteses excepcionais, quando for verificada a exorbitância ou o caráter irrisório da importância arbitrada, em flagrante ofensa aos princípios da razoabilidade e da proporcionalidade. (STJ, AgInt no AREsp n. 1.151.116/PE, rel. Lázaro Guimarães, 4ª Turma, julgado em: 24 out. 2017)

AGRAVO INTERNO NO RECURSO ESPECIAL. PROCESSUAL CIVIL E TRIBUTÁRIO. IMPORTAÇÃO. PENA DE PERDIMENTO DA MERCADORIA. RECONHECIMENTO DA DESPROPORCIONALIDADE PELAS INSTÂNCIAS DE ORIGEM. SUBSTITUIÇÃO PELO PODER JUDICIÁRIO DA PENALIDADE IMPOSTA PELO ADMINISTRADOR PÚBLICO. IMPOSSIBILIDADE. AGRAVO INTERNO DO FAZENDA NACIONAL DESPROVIDO. 1. Consoante entendimento consolidado nesta Corte Superior, a intervenção do Poder Judiciário nos atos administrativos cinge-se à defesa dos parâmetros da legalidade, permitindo-se a reavaliação do mérito administrativo tão somente nas hipóteses de comprovada violação aos princípios da legalidade, razoabilidade e proporcionalidade, sob pena de invasão à competência reservada ao Poder Executivo. (STJ, AgInt no REsp n. 1.271.057/PR, rel. Napoleão Nuns Maia Filho, 1ª Turma, julgado em: 18 maio 2017)

TRIBUTÁRIO. IMPOSTO DE RENDA DE PESSOA FÍSICA. PREENCHIMENTO INCORRETO DA DECLARAÇÃO. MULTA POR DESCUMPRIMENTO DE OBRIGAÇÃO ACESSÓRIA. INAPLICABILIDADE. PREJUÍZO DO FISCO. INEXISTÊNCIA. PRINCÍPIO DA RAZOABILIDADE. 1. A sanção tributária, à semelhança das demais sanções impostas pelo Estado, é informada pelos princípios congruentes da legalidade e da razoabilidade. 2. A atuação da Administração Pública deve seguir os parâmetros da razoabilidade e da proporcionalidade, que censuram o ato administrativo que não guarde uma proporção adequada entre os meios que emprega e o fim que a lei almeja alcançar. (STJ, REsp n. 728.999/PR, rel. Luiz Fux, 1ª Turma, julgado em: 12 set. 2006)

Como visto, no campo das sanções, e também por óbvio naquelas relacionadas a obrigações tributárias, os princípios da proporcionalidade e da razoabilidade se manifestam nos parâmetros da graduação de penalidades, as quais devem ser compatíveis com a infração cometida pelo contribuinte, a fim de que a pena imposta corresponda à gravidade do ilícito.

Vejam a violência que é a fixação de uma multa desproporcional em matéria tributária de cunho patrimonial. Imagine essa situação no direito penal, em que as questões envolvem a privação de liberdade, com uma pessoa sendo condenada, por exemplo, a uma pena de prisão de 20 anos para um crime para o qual a legislação prevê como base 5 anos.

A violação patrimonial é tão ou mais grave que a penal, aliás, qualquer ato administrativo que desconsidere a razoabilidade/proporcionalidade deve ser considerado ilegal, sujeitando inclusive a administração a reparação de eventuais danos causados a um determinado administrado. Se houve um atraso na entrega das declarações, a pessoa jurídica poderia ser penalizada, educativa ou sancionadoramente, com base em um valor fixo, como existe em outras circunstâncias, mas nunca sobre um percentual sobre o valor dos tributos e contribuições lançados na declaração fiscal, os quais, repita-se, já podem ter sido integralmente recolhidos aos cofres públicos.

Não há dúvidas, portanto, que, ao promover a cobrança de uma multa por atraso na entrega de DCTF com base nos valores dos tributos declarados, a autoridade fiscal vai de encontro ao que determinam os princípios da razoabilidade e da proporcionalidade previstos no transcrito art. 2º da Lei n. 9.784/1999. Sobre o tema, vale a transcrição do voto do ministro Celso de Mello:

> *É relevante observar*, com apoio na experiência concreta resultante da prática de nosso constitucionalismo, *que houve uma Constituição brasileira* – a Constituição Federal de 1934 – *que limitou*, em tema de sanção tributária, *o máximo valor cominável das multas fiscais, restringindo*, desse modo, no plano específico da definição legislativa das penalidades tributárias, *a atividade normativa* do legislador comum.
>
> Com efeito, a Constituição republicana de 1934 prescreveu, em seu art. 184, parágrafo único, que "*As multas de mora*, por falta de pagamento de impostos ou taxas lançadas, *não poderão exceder* de dez por cento sobre a importância em débito" (grifei).
>
> *O vigente texto constitucional*, no entanto, *deixou de reeditar* norma semelhante, *o que não significa que* a Constituição de 1988 *permita a utilização abusiva* de multas fiscais cominadas em valores excessivos, *pois*, em tal situação, *incidirá*, sempre, *a cláusula proibitiva* do efeito confiscatório (CF,

art. 150, IV). (RE n. 754.554/GO, rel. Celso de Mello, julgado em: 21 ago. 2013, grifos nossos)

Isto posto, fica demonstrada a ofensa perpetrada pelo disposto no art. 7º, inciso II, da Lei n. 10.426/2002 à Constituição Federal, mais especificamente aos princípios do não confisco, proporcionalidade e razoabilidade, devendo ser afastada a aplicação de penalidade com viés econômico por atraso na entrega de declarações fiscais, notadamente nos casos em que tal ato não causa nenhum prejuízo ao Fisco e nem mesmo demanda procedimentos fiscais para o cumprimento da obrigação, sem qualquer necessidade de intervenção das autoridades fiscais.

Nessa mesma linha, igualmente se manifestou o STF acerca do efeito confiscatório das multas sob o ângulo da proporcionalidade e da razoabilidade:

AÇÃO DIRETA DE INCONSTITUCIONALIDADE. §§ 2º E 3º DO ATO DAS DISPOSIÇÕES CONSTITUCIONAIS TRANSITÓRIAS DA CONSTITUIÇÃO DO ESTADO DO RIO DE JANEIRO. FIXAÇÃO DE VALORES MÍNIMOS PARA MULTAS PELO NÃO RECOLHIMENTO E SONEGAÇÃO DE TRIBUTOS ESTADUAIS. VIOLAÇÃO AO INCISO IV DO ART. 150 DA CARTA DA REPÚBLICA.
A desproporção entre o desrespeito à norma tributária e sua conseqüência jurídica, a multa, evidencia o caráter confiscatório desta, atentando contra o patrimônio do contribuinte, em contrariedade ao mencionado dispositivo do texto constitucional federal. (STF, ADI n. 551/RJ, rel. Ilmar Galvão, julgado em: 7 mar. 2003)

Vale lembrar que essa discussão do caráter confiscatório das multas é algo recorrente no STF ao longo dos últimos anos, valendo lembrar inclusive que o STF reconheceu a repercussão geral do tema em diferentes situações legais, cabendo citar, para os fins do presente trabalho, o Tema 487 de Repercussão Geral reconhecida por aquela Corte Superior, que tem a seguinte ementa: "Caráter confiscatório da 'multa isolada' por descumprimento de obrigação acessória decorrente de dever instrumental".

O tema ainda não foi julgado quanto ao seu mérito, o que deve ocorrer oportunamente. Contudo, o reconhecimento da sua repercussão geral, ainda mais para analisar especificamente a chamada "multa isolada" por descumprimento de obrigação acessória, que é exatamente o que este artigo se propõe a discutir, revela a importância e recorrência do tema perante o poder judiciário, o que justifica a intervenção da Suprema Corte com vistas à sua pacificação.

Quaisquer outras multas aplicadas de forma desproporcional também devem ser consideradas inconstitucionais

É oportuno lembrar neste momento que a aplicação das regras/princípios ora debatidos vale para qualquer penalidade a ser prevista ou aplicada em nosso ordenamento jurídico. Todas as multas devem obedecer aos referidos princípios; as considerações e as decisões antes citadas se aplicam totalmente à graduação das penalidades de uma forma ampla, geral e irrestrita.

Daí a importância de os administrados ficarem vigilantes, a fim de evitar a aplicação de multas desproporcionais, pois, como visto, isso representa uma grande violência ao Estado Democrático de Direito consagrado pela Constituição Federal.

Conclusão

Como visto, qualquer multa deve ter seu valor fixado na tentativa – ainda que aproximada – de quantificar uma sanção que seja compatível com a gravidade da infração cometida. No caso de multas para sancionar deveres instrumentais tributários não realizados ou feitos com atraso, é imperioso que a base de cálculo e o valor final da penalidade não tenham como parâmetro fatos econômicos, uma vez que esses últimos devem ser tributados pelos impostos e contribuições que medem a capacidade contributiva.

A Lei n. 10.426/2002, em seu art. 7º, viola os princípios da proporcionalidade e da razoabilidade, e ainda representa confisco vedado pelo legislador constitucional. O STF e o STJ já tiveram a oportunidade de analisar o assunto em várias ocasiões, revelando o prestígio aos referidos princípios. Vale lembrar que, especificamente no que diz respeito ao caráter confiscatório de multas isoladas que tenham relação com o descumprimento de obrigações acessórias, o STF reconheceu o tema como de repercussão geral (Tema 487), que deverá ser oportunamente analisado em seu mérito.

Por fim, vale mencionar que o tema objeto do presente estudo também se reflete nas obrigações acessórias relativas a tributos estaduais e/ou municipais, devendo haver vigilância por parte dos contribuintes para afastar, ainda que judicialmente, os efeitos nefastos dessas penalidades.

Aguardamos para os próximos anos uma uniformização maior das decisões dos nossos tribunais, especialmente o STF, para definir de vez os critérios que podem ser utilizados pelo legislador e pela autoridade administrativa.

O ICMS devido na importação após o julgamento do Tema 520 pelo STF

Luiz Roberto Peroba[1]

O objetivo deste artigo é explicar a extensão da decisão proferida pelo Supremo Tribunal Federal (STF) no julgamento do Recurso Extraordinário com Agravo (ARE) n. 665.134/MG (Tema 520 da lista de repercussões gerais), a fim de identificar quais os parâmetros e condições que devem ser seguidos, a partir dessa decisão, para definir a qual estado o Imposto sobre Circulação de Mercadorias e Serviços (ICMS) incidente na importação de mercadorias deve ser recolhido, conforme o tipo de importação utilizada.

Nesse julgamento, o STF tratou sobre a sujeição ativa do ICMS na importação de mercadorias e a interpretação do termo "destinatário da mercadoria", previsto no art. 155, § 2º, inciso IX, alínea "a", da Constituição Federal, que é o elemento central para se definir em cada caso concreto para qual estado o imposto devido na importação é recolhido.

Ao longo dos anos, o termo constitucional "destinatário da mercadoria ou serviço" gerou interpretações distintas por parte dos estados, o que ensejou uma enorme disputa fiscal. Com o intuito de resolver essas disputas e trazer mais clareza acerca do ICMS, foi publicada a Lei Complementar (LC) n. 87/1996, a chamada Lei Kandir. Esse dispositivo, em complemento à Constituição, estabeleceu, em seu art. 11, inciso I, alínea "d", que o ICMS cobrado na importação deveria ser pago ao estado do estabelecimento onde ocorresse a entrada física da mercadoria importada.

Porém, a Lei Kandir não foi suficiente para resolver o problema e as disputas entre os estados acerca da competência para exigir o ICMS sobre as importações, trazendo uma enorme insegurança jurídica para os contribuintes. O problema se estendeu aos diversos tribunais estaduais, que também apresentavam

---

1 Sócio da área tributária do escritório Pinheiro Neto Advogados.

uma falta de uniformidade na interpretação do dispositivo constitucional, intensificando a insegurança.

Havia quem entendesse que o ICMS deveria ser pago ao estado do destinatário final da mercadoria importada, outros ao estado de quem iria utilizar a mercadoria no mercado interno, ou ainda ao estado de quem fosse o destinatário econômico dessa importação ou ao estado de quem desse a entrada física da mercadoria após o desembaraço aduaneiro, entre outras interpretações. Desse modo, intensificou-se a guerra fiscal entre as diferentes unidades federativas brasileiras, visto que cada uma aplicava seu próprio entendimento acerca do termo constitucional "destinatário da mercadoria".

As disputas surgiram, sobretudo, em operações envolvendo importação das mercadorias por um estado e posterior envio para outro, seja entre estabelecimentos da mesma empresa ou entre empresas diferentes. Havia casos de transferência entre estabelecimentos, compra e venda entre empresas distintas, envio da mercadoria importada para industrialização em outro estado com o posterior retorno (caso que originou a repercussão geral), importação por conta e ordem ou encomenda envolvendo estados diferentes.

Os questionamentos também foram fomentados por conta da concessão de incentivos fiscais ou financeiros concedidos por alguns estados (Espírito Santo e Santa Catarina, por exemplo), mas também em operações em que não havia incentivo fiscal, mas o importador importava por um estado e revendia ou transferia a mercadoria para outro estado em seguida.

Como resposta a esse problema, o então ministro do STF Joaquim Barbosa propôs o Tema 520. Enquanto árbitro constitucional das disputas federativas, o papel do STF era justamente fixar critérios claros e uniformes que permitissem distinguir, nos casos concretos e nas várias modalidades de importação existentes no país, quem é o destinatário das mercadorias importadas para fins de recolhimento do ICMS.

Foi nesse contexto e com esse objetivo que o STF julgou o tema no ARE n. 665.134/MG em sede de Repercussão Geral. Por se tratar de uma decisão na sistemática de repercussão geral, ela deve ser observada por todas as demais instâncias do poder judiciário, o que deve trazer uniformidade e ampla aplicação da decisão pelos juízes e tribunais no país.

O julgamento do STF nesse assunto é formado por duas decisões. A primeira delas foi proferida em 19 de maio de 2020. Posteriormente, em 10 de novembro de 2020, essa decisão foi complementada pelo julgamento dos Embargos de Declaração (ED) apresentados pelas partes do processo tratado como *leading case*. Ambas as decisões foram proferidas por unanimidade e houve o trânsito das decisões em julgado em 9 de fevereiro de 2021.

A decisão teve por base o voto do relator, ministro Edson Fachin, de modo que a Suprema Corte formou posição no sentido de que o ICMS devido na importação deve ser pago ao estado do destinatário jurídico, que é quem dá causa à transferência do domínio, ou seja, ao estado daquele que pactuar a compra e venda internacional. Para chegar nessa conclusão, o STF levou em consideração que o fato gerador do ICMS-Importação é a transferência de titularidade da mercadoria importada. Por sua vez, a transferência da titularidade de forma onerosa, via de regra, rege-se pela compra e venda dessa mercadoria, cujas regras estão previstas no Código Civil (art. 481 a 483).

Portanto, o tribunal reconheceu que o destinatário da mercadoria importada é aquele que a adquiriu junto ao fornecedor no exterior, devendo ser examinada a documentação dessa transação para verificar a quem o exportador transferiu a propriedade da mercadoria e quem a adquiriu e estabelecer qual será o destinatário jurídico da importação e a qual estado o ICMS deve ser recolhido.

Na prática do comércio exterior, normalmente é a fatura comercial que representa o documento de natureza contratual que espelha a operação de compra e venda entre o importador brasileiro e o exportador estrangeiro. Desse modo, nos casos em que não há um contrato de compra e venda internacional propriamente dito, passa a ser importante examinar a fatura comercial para determinar quem é o destinatário jurídico da mercadoria ou outro documento que a substitua.

Assim, levando essas premissas em consideração e as modalidades de importação existentes atualmente no Brasil, o STF definiu o seguinte na sua decisão:

(i) Importação direta: o ICMS deve ser pago ao estado do destinatário jurídico, entendido como quem firmou a compra e venda internacional. Desse modo, como nas importações diretas normalmente o destinatário econômico coincide com o jurídico, o ICMS será pago ao estado daquele que constou no contrato de compra e venda internacional, na fatura comercial ou em documento equivalente e na própria declaração de importação (DI) como importador, exceto se houver algum tipo de fraude.

(ii) Importação por conta e ordem: o ICMS deve ser pago ao estado do adquirente que contratou a empresa importadora (e não para o estado da *trading*).

(iii) Importação por encomenda: o ICMS deve ser pago ao estado onde está localizado o importador (*trading*), e não ao estado do encomendante.

Ao final, foi estabelecida a seguinte tese: "O sujeito ativo da obrigação tributária de ICMS incidente sobre mercadoria importada é o Estado-membro no qual está domiciliado ou estabelecido o destinatário legal da operação que deu causa à circulação da mercadoria, com a transferência de domínio".

O STF também declarou parcialmente inconstitucional o art. 11, inciso I, alínea "d", da LC n. 87/1996, que determinava que o local do estabelecimento onde ocorreu a entrada física deveria ser utilizado para definir o estado ao qual o ICMS-Importação seria recolhido, tendo enviado ofício ao Congresso Nacional para tomar conhecimento da decisão e avaliar as providências cabíveis quanto à vigência desse trecho da lei complementar.

Tal dispositivo induzia os estados, com fundamento em sua interpretação literal, a exigir o imposto na localidade do estabelecimento em que a mercadoria importada circulava pela primeira vez em território nacional, independentemente do local onde estivesse estabelecido o sujeito passivo do ICMS-Importação, qual seja, aquele que efetuou a operação relativa à circulação de mercadorias importadas (destinatário jurídico).

Assim, foi necessária e acertada a declaração da inconstitucionalidade parcial dispositivo legal, uma vez que a circulação física de mercadoria no estabelecimento de qualquer comerciante não é condição necessária para a ocorrência do fato jurídico tributário atinente ao ICMS-Importação. Contudo, apesar dos diversos acertos trazidos pela primeira decisão do STF e de sua clareza, alguns pontos controvertidos surgiram e as partes apresentaram EDs visando esclarecimentos adicionais.

Tais controvérsias consubstanciavam-se, principalmente, (i) na contradição existente entre a tese fixada pelo STF e sua aplicação ao caso concreto do processo; e (ii) na omissão de fixação de uma tese para as operações de importação com posterior remessa de mercadoria para industrialização ou nas operações envolvendo a circulação da mercadoria importada entre filiais. Também havia discordância do estado de Minas Gerais nos seus EDs quanto ao entendimento fixado pelo STF. O julgamento dos EDs foi favorável aos contribuintes, tendo sido dado provimento aos EDs da empresa e negados os EDs do estado de Minas Gerais.

Nessa segunda decisão, o STF resolveu a contradição que existia no acórdão decorrente da análise do caso concreto da empresa. Ao excluir essa análise, o tribunal deixou mais claro que, para a definição do destinatário da mercadoria importada, devem ser analisados dois pontos: (i) quem pactuou o contrato de compra e venda com o fornecedor no exterior; e (ii) qual a modalidade de importação utilizada (direta, conta e ordem ou encomenda).

Além disso, ao negar os embargos de declaração do estado de Minas Gerais, o STF confirmou que não há uma quarta modalidade de importação como o estado requerente alegava, que é aquela em que um estabelecimento da empresa importa num estado e depois transfere a mercadoria importada para outro estabelecimento da mesma empresa localizado em outro estado. Esse ponto é importante, pois esse tipo de operação ocorre com regularidade.

Portanto, essas operações entre estabelecimentos da mesma empresa devem seguir a mesma lógica das demais: (i) examinar qual estabelecimento efetivamente pactuou a compra e venda internacional; e (ii) definir qual a modalidade de importação utilizada. O destinatário da mercadoria será aquele estabelecimento que efetivamente pactuou a compra e venda no caso da importação direta, o estabelecimento que efetivamente atuou como adquirente na conta e ordem ou como encomendante na importação por encomenda.

O trecho da segunda decisão que tratou desse ponto das operações de importação envolvendo transferências entre estabelecimentos da mesma empresa segue descrito:

> Em outras palavras, independentemente de quem constar formalmente como estabelecimento importador (matriz ou filial), o que deve definir o destinatário final para fins de tributação é o tipo de importação (importação por conta própria; importação por conta e ordem de terceiro; e importação por conta própria, sob encomenda) e o papel jurídico e materialmente desempenhado por cada estabelecimento envolvido na operação, inclusive a partir da finalidade pretendida com a aquisição do bem importado e afastando eventuais vícios ou defeitos do negócio jurídico.
>
> Vê-se, portanto, que em relação a este último vício apontado pelo Estado de Minas Gerais não há como reconhecer omissão, contradição ou obscuridade no aresto embargado. São incabíveis, no ponto, os presentes embargos.

Assim, vale um alerta às empresas importadoras para que tomem mais cuidados nessas operações envolvendo transferência de mercadoria importada de um estabelecimento seu para outro localizado em estado diferente.

Na decisão dos EDs, o STF menciona a necessidade de examinar o papel jurídico e materialmente desempenhado por cada estabelecimento envolvido na operação. Na prática, isso pode significar o exame da substância dos estabelecimentos e a confirmação sobre o estabelecimento que, efetivamente, assumiu a figura jurídica de importador, adquirente ou encomendante, conforme a modalidade adotada.

Por exemplo, no caso de importação direta, o estabelecimento que efetivamente pactuou a compra e venda internacional e que deve ser considerado como o destinatário da mercadoria precisaria constar no pedido de compra e fatura comercial ou contrato de compra e venda internacional, ou seja, seria aquele que firmou o contrato de câmbio para pagar pelas mercadorias.

Essa análise terá de ser feita em cada caso concreto e os importadores deverão tomar alguns cuidados na estruturação das suas operações por conta disso. Pode ser que não baste que determinada filial conste nos documentos como importadora ou encomendante, por exemplo, e que seja necessário que ela de fato exerça esse papel na prática.

A despeito desses cuidados que os importadores devem tomar, o fato é que, ao definir uma premissa clara para estabelecer quem é o destinatário jurídico da importação e aplicá-la às três modalidades de importação mais comuns no Brasil, bem como sanar as contradições apontadas pelas partes após a primeira decisão e tratar das operações envolvendo estabelecimentos da mesma empresa, a decisão do STF trouxe maior segurança jurídica para se definir a qual estado o ICMS incidente na importação é devido.

Assim, para resolver as questões controversas e definir o sujeito ativo do imposto em cada caso concreto, os julgadores deverão verificar a modalidade de importação utilizada e examinar a documentação da transação para definir a quem a propriedade da mercadoria importada foi transferida pelo exportador.

Cabe, porém, um alerta: a decisão tomada na sistemática de repercussão geral vincula todas as instâncias do poder judiciário, que devem seguir o entendimento do STF, mas o mesmo não necessariamente ocorre com as autoridades fiscais estaduais.

Apesar da influência que a decisão do STF pode ter no comportamento das fiscalizações estaduais, por não se tratar de uma súmula vinculante, elas somente estarão juridicamente obrigadas a seguir a determinação do STF após a publicação de regras nos próprios estados adaptando a legislação local ao raciocínio definido pela Suprema Corte ou após o Conselho Nacional de Política Fazendária (Confaz) estabelecer um procedimento uniforme a ser adotado pelos estados na aferição das operações de importação. Enquanto essas alternativas não forem aplicadas, as divergências com os Fiscos estaduais e as autuações sobre a matéria podem continuar existindo, ainda que em menor número, o que deverá ser resolvido pelos tribunais administrativos e pelo poder judiciário.

Portanto, é importante que as Fazendas estaduais regulamentem a aplicação do entendimento firmado pelo STF neste caso para que ele passe a ser de aplicação obrigatória pelas fiscalizações estaduais, o que evitará que essas fiscalizações apliquem um entendimento diferente daquele firmado pelo STF na cobrança do ICMS na importação e os prejuízos que seriam causados tanto para os importadores quanto para os estados, decorrentes da necessidade de levar o assunto para discussão perante o poder judiciário para fazer valer a posição firmada pelo STF em repercussão geral.

Em que pesem os pontos mencionados, percebe-se que a decisão do STF, ao definir uma premissa clara para estabelecer quem é o destinatário jurídico da importação, foi um importante e necessário marco para trazer maior segurança jurídica na definição do sujeito ativo do ICMS-Importação, o que propiciará a solução de várias disputas em andamento e redução de litígios futuros, além de permitir que as empresas importadoras e as *tradings* estruturem com mais segurança suas operações.

Em suma, as premissas fixadas pela Suprema Corte no julgamento do Tema 520, a serem observadas para definir para qual estado o ICMS incidente na importação deve ser recolhido, podem ser sintetizadas da seguinte forma:

(i) para efeitos tributários, a disponibilidade jurídica precede a disponibilidade econômica, isto é, o sujeito passivo do fato gerador é o destinatário legal da operação da qual resulta a transferência de propriedade da mercadoria;

(ii) a forma não deverá prevalecer sobre o conteúdo, de modo que o sujeito tributário é quem dá causa à circulação de mercadoria, caracterizada pela transferência do domínio;

(iii) a destinação da mercadoria importada não interfere na fixação do sujeito ativo do tributo;

(iv) para a definição do destinatário da mercadoria importada devem ser analisados dois pontos principais: (1) quem pactuou o contrato de compra e venda com o fornecedor no exterior; e (2) qual a modalidade de importação utilizada (direta, conta e ordem ou encomenda);

(v) na importação direta, o ICMS deve ser pago ao estado onde está localizado o destinatário jurídico, isto é, quem firmou o contrato de compra e venda com o fornecedor estrangeiro; e na importação por conta e ordem, ao estado onde está o adquirente da mercadoria importada; na importação por encomenda, ao estado onde está o importador (e não o encomendante);

(vi) não há uma quarta modalidade de importação nos casos em que um estabelecimento da empresa importa num estado e depois transfere a mercadoria importada para outro estabelecimento da mesma empresa localizado em outro estado. Essas operações entre estabelecimentos da mesma empresa devem seguir a mesma lógica das demais, devendo-se tomar o cuidado de verificar qual estabelecimento efetivamente firmou a compra e venda internacional e está atuando como adquirente ou encomendante, a depender da modalidade de importação adotada.

Em conclusão, entendemos que a decisão do STF tem vários méritos e, de fato, trouxe maior clareza quanto à definição do estado para o qual o ICMS incidente na importação deve ser recolhido, permitindo que se evitem interpretações díspares entre estados e tribunais e a dupla cobrança do imposto, além de reduzir os litígios sobre o tema.

Orientação jurisprudencial do STF e a interpretação pelos tribunais: discussão sobre imunidade do IPTU

Priscila Faricelli de Mendonça[1]

Contextualização

O sistema legal brasileiro, tal qual inaugurado pela Carta Constitucional de 1988 e aprimorado pelo Código de Processo Civil (CPC) de 2015, prevê a existência de duas cortes de precedentes, uma constitucional e outra infraconstitucional.

O Supremo Tribunal Federal (STF) e o Superior Tribunal de Justiça (STJ) coexistem nesse sistema, cada qual com sua competência delineada. E os seus julgamentos se tornam, cada vez mais, delineadores de toda a jurisprudência nacional, pois atuam como verdadeiras cortes de precedentes.

Em se tratando de controle de constitucionalidade, a insegurança que era gerada pela possibilidade de controle difuso foi amenizada com a criação dos precedentes vinculantes em recursos repetitivos. Nesse sentido, vale trazer o ensinamento de Teresa Arruda Alvim Wambier:[2]

> O sistema do controle difuso, num país em que precedentes não são vinculantes pode, claramente, gerar problemas. Trata-se de sistema evidentemente mais adequado aos sistemas do *common law*.
> Essa dificuldade foi parcialmente superada com a transformação das decisões de recursos extraordinários (avulso) em *precedentes vinculantes* no sentido forte de expressão. Portanto, a situação do recurso extraordinário "avulso" (=não repetitivo) já está incluída no art. 927, III, do CPC. Tem-se

---

[1] Advogada, sócia de Demarest Advogados, mestre em Direito Processual Civil pela Faculdade de Direito da Universidade de São Paulo (USP).
[2] *Modulação na alteração da jurisprudência firme ou de precedentes vinculantes*. São Paulo: Revista dos Tribunais, 2019. p. 30.

usado a expressão recurso julgado "no regime da repercussão geral" para se referir, pura e simplesmente, ao recurso extraordinário não repetitivo, entre A e B.

Mas o novo sistema implica em aprendizado não apenas pelos ministros das Cortes Superiores. Tanto o STF quanto o STJ passam cada vez mais a proferir decisões com alcance que extrapola os estritos limites dos casos julgados. Há situações em que as diretrizes do STF precisarão ser interpretadas e aplicadas, caso a caso, pelos demais tribunais e juízes, sem que com isso se perca o controle de constitucionalidade realizado pelo STF.

O caso concreto que o presente artigo avaliará é justamente a discussão relativa à imunidade do Imposto sobre Propriedade Territorial e Urbana (IPTU) em situações em que particulares ocupam território da União Federal, na medida em que para a União Federal incide a imunidade recíproca.

A recente orientação do STF

A discussão analisada envolve a prevalência da imunidade recíproca no âmbito de imóveis de propriedade da União utilizados por terceiros.

Vale trazer o disposto no art. 150, inciso VI, alínea "a", da Constituição, que traz a diretriz constitucional da imunidade recíproca:

> Art. 150. Sem prejuízo de outras garantias asseguradas ao contribuinte, é vedado à União, aos Estados, ao Distrito Federal e aos Municípios: [...]
> VI – instituir impostos sobre: a) patrimônio, renda ou serviços, uns dos outros [...].

Ou seja, a discussão se dá justamente sobre a viabilidade da incidência do IPTU em território de propriedade da União Federal (portanto, acobertado pela imunidade) cedido a terceiros.

O STF, em *leading case* julgado em 2017 (Temas 385 e 427 de Repercussão Geral), afastou a imunidade recíproca no caso de empresa privada que explora atividade econômica em regime de livre iniciativa, ainda que ocupe terras de titularidade da União Federal.

Ou seja, a orientação se aplica a empresa privada arrendatária de imóvel público que explora atividade econômica em livre iniciativa e com fins lucrativos. Afinal, o STF considerou que a imunidade deveria ser afastada ao particular arrendatário em condições mais vantajosas que seus concorrentes, o que configuraria afronta ao princípio da livre concorrência.

Para delimitar e elucidar a matéria, citam-se as ementas dos precedentes em questão:

> IMUNIDADE – SOCIEDADE DE ECONOMIA MISTA ARRENDATÁRIA DE BEM DA UNIÃO – IPTU. Não se beneficia da imunidade tributária recíproca prevista no artigo 150, inciso VI, alínea "a", da Constituição Federal a sociedade de economia mista ocupante de bem público. (RE n. 594.015, rel. Marco Aurélio, Tribunal Pleno, julgado em: 6 abr. 2017)

> IPTU – BEM PÚBLICO – CESSÃO – PESSOA JURÍDICA DE DIREITO PRIVADO. Incide o imposto Predial e Territorial Urbano considerado bem público cedido a pessoa jurídica de direito privado, sendo esta a devedora. (RE n. 601.720, rel. Edson Fachin, Tribunal Pleno, julgado em: 19 abr. 2017)

Em ambos os casos, a questão jurídica residia na possibilidade de estender a imunidade tributária, prevista no art. 150, inciso VI, alínea "a", da Constituição (imunidade recíproca), a pessoas jurídicas ocupantes de terras da União, mas exploradoras de atividades econômicas submetidas ao regime concorrencial e com fins lucrativos. Ou seja, pessoas jurídicas que exploram atividade econômica em sentido estrito (art. 170 e ss. da Constituição), não se qualificando como delegatários de serviço de interesse público. Ou seja, uma situação absolutamente distinta daquela alusiva ao contribuinte que, ainda que não seja pessoa jurídica de direito público, executa atividades de interesse público, mormente aquelas previstas no art. 21, inciso XII, alínea "f" da Constituição Federal.

Vale, nesse contexto, transcrever trechos dos Acórdãos do STF que esclarecem o alcance da decisão:

> Em última análise, é a vinculação às finalidades públicas que legitima a norma imunizante [...]. Eis a razão porque as normas do art. 150, §§ 2º e 3º, da CF, atrelam a incidência da imunidade ao cumprimento de finalidades públicas. (ministro Alexandre de Moraes, p. 34-35 do Acórdão do RE n. 601.720/RJ)

> Eu apenas acho que a explicitação de que seja empresa privada exploradora de atividade econômica com fins lucrativos é um ponto central, até porque o Supremo tem diversos precedentes, inclusive em repercussão geral, de

empresa privada que tem imunidade reconhecida em razão da natureza de sua atividade, como a própria Codesp, que é parte aqui e que tem precedente. Portanto, o fato de ser privada não é suficiente. (ministro Luís Roberto Barroso, p. 59 do Acórdão do RE n. 594.015/SP)

Quando a cessão transfere o uso do imóvel para finalidades estranhas ao interesse público, a propriedade perde o atributo social que lhe caracterizava enquanto parte do acervo de bens públicos, passando a ser usufruída unicamente para a satisfação dos objetos privados de outrem, com consequências competitivas para o segmento econômico afetado. [...] A desafetação do imóvel de suas finalidades públicas, além de implicar estreitamento da imunidade recíproca, faz surgir, no quadro territorial das cidades, uma nova plataforma de riqueza que antes não existia [...]. (ministro Alexandre de Moraes, p. 44-45 do Acórdão do RE n. 594.015/SP)

Então, no ARE nº 638.315 e nos REs nºs 253.394, 265.749 e 253.472, o Supremo Tribunal Federal interpretou a imunidade tributária recíproca com verdadeira garantia institucional para preservação do sistema federativo, motivo pelo qual se assentou que a extensão da imunidade tributária recíproca a empresas que, embora possuam personalidade jurídica de Direito Privado, qualifiquem-se tão somente apenas como prestadoras de serviço público, sem intuito lucrativo. Sem prejuízo, no RE nº 253.472, estabeleceu-se aqui um teste pelo qual o caso deveria perpassar para que pudesse fazer prevalecer a imunidade tributária, ou seja, passando nesse teste, como foi o caso da CODESP, então, incidia a imunidade tributária. (ministro Luiz Fux, p. 49 do Acórdão do RE n. 594.015/SP)

O racional dos trechos citados, extraídos dos julgados com *status* de repercussão geral, se dá no sentido de que a sociedade privada ou de economia mista ocupante de terra da União Federal, que atua em regime de livre iniciativa e visando ao lucro, não se beneficia da imunidade tributária recíproca para fins do IPTU.

As atividades econômicas frente à orientação do STF

Contrario sensu ao mencionado, a sociedade que não atua em regime de livre iniciativa não se enquadra na orientação dos mencionados recursos vinculantes julgados pelo STF, sendo imprescindível, nesse aspecto, a realização de detida verificação do caso concreto em que se postula a aplicação da tese firmada, *vis--à-vis* a orientação decorrente da interpretação do texto constitucional.

Nesse sentido, aliás, há reiterados precedentes do próprio STF, proferidos após o julgamento dos *leading cases* aqui avaliados, que vale trazer ao debate:

> [...] imperioso procedermos ao necessário *distinguishing* entre o caso dos autos e o que discutido no RE 601.720, Tema 437 da Repercussão Geral, pois trata-se de situações jurídicas que, embora se assemelhem, não podem ser tomadas por idênticas e, portanto, não podem receber a mesmo tratamento jurídico, sob pena de desnaturarmos o espírito do postulado constitucional da isonomia. (STF, RCL n. 32.717, rel. Luiz Fux, julgado em: 14 maio 2019)

> Por outro lado, no tocante à controvérsia acerca da imunidade da CODESP para fins de cobrança do IPTU, verifico que o acórdão recorrido não divergiu da orientação firmada pelo Plenário desta Corte, no julgamento do RE 253.472/SP, relator para o acórdão Ministro Joaquim Barbosa, no sentido de que a imunidade prevista no art. 150, IV, a, da Constituição se aplica ao patrimônio, renda ou serviços inerentes ao desempenho de atividades imanentes ao Estado, ainda que executadas por sociedades de economia mista, mas desde que observadas algumas condições.
> Ressalte-se que, no referido julgamento, os Ministros deste Tribunal apreciaram a situação particular da CODESP, concluindo que, embora tenha natureza jurídica de direito privado, a empresa presta serviços essencialmente públicos, de modo que faz jus à imunidade recíproca. (RE n. 1.191.557/SP, rel. Ricardo Lewandowski, julgado em: 5 mar. 2020)

> AGRAVO REGIMENTAL NO RECURSO EXTRAORDINÁRIO. TRIBUTÁRIO. IPTU. IMUNIDADE RECÍPROCA. IMÓVEL PERTENCENTE À UNIÃO. CONCESSIONÁRIA DE SERVIÇO PÚBLICO DETENTORA DE POSSE PRECÁRIA. UTILIZAÇÃO DO BEM NA ATIVIDADE-FIM. IMPOSSIBILIDADE DE COBRANÇA DE IPTU. PRECEDENTES. 1. A imunidade tributária prevista no art. 150, VI, a, da Constituição Federal, alcança o imóvel em questão, o qual pertence à União, se encontra em posse precária de concessionária de serviço público e é utilizado por ela em sua atividade-fim. 2. Agravo regimental não provido, sem majoração da verba honorária, tendo em vista que o

respectivo acórdão foi proferido na vigência do CPC/73. (RE n. 1.272.751 AgR, rel. Dias Toffoli, 1ª Turma, julgado em: 1 mar. 2021)

Importante, outrossim, destacar que o STF, anteriormente ao julgamento do *leading case*, analisou situações em que o caráter não exclusivamente público do contribuinte não afastou a imunidade tributária, o que sugere que qualquer mudança dessa perspectiva deveria ser objeto de modulação. Vale destacar:

1. Recurso extraordinário com repercussão geral. 2. Imunidade recíproca. Empresa Brasileira de Correios e Telégrafos. 3. Distinção, para fins de tratamento normativo, entre empresas públicas prestadoras de serviço público e empresas públicas exploradoras de atividade. Precedentes. 4. Exercício simultâneo de atividades em regime de exclusividade e em concorrência com a iniciativa privada. Irrelevância. Existência de peculiaridades no serviço postal. Incidência da imunidade prevista no art. 150, VI, "a", da Constituição Federal. 5. Recurso extraordinário conhecido e provido. (RE n. 601.392, rel. Joaquim Barbosa, Tribunal Pleno, julgado em: 28 fev. 2013)

E a jurisprudência do STF sempre foi firme justamente no sentido da orientação em questão, conforme se verifica das ementas abaixo:

IMÓVEIS DO ACERVO PATRIMONIAL DO PORTO DE SANTOS. ABRANGIDOS PELO ART. 150, VI, A, DA CONSTITUIÇÃO. AGRAVO IMPROVIDO. I – O Plenário desta Corte, no recente julgamento do RE 253.472/SP, Red. para o acórdão o Min. Joaquim Barbosa, reconheceu o direito à imunidade de imóvel pertencente à União, mas afetado à CODESP, quanto ao recolhimento do IPTU (Informativo 597 do STF). II – O acórdão recorrido está em consonância com a jurisprudência desta Corte, no sentido de que os imóveis componentes do acervo Patrimonial do Porto de Santos são abrangidos pela imunidade prevista no art. 150, VI, a, da Constituição por comporem domínio da União. Precedentes. III – Agravo regimental improvido. (RE n. 738.332/SP, rel. Ricardo Lewandowski, julgado em: 26 nov. 2010)

IPTU. Imóvel da União destinado à exploração comercial. 3. Contrato de concessão de uso. Posse precária e desdobrada. 4. Impossibilidade de a recorrida figurar no pólo passivo da obrigação tributária. Precedente. (RE n. 599.417-0/RJ, rel. Eros Grau, julgado em: 23 out. 2009)

IPTU. IMOVEL DE PROPRIEDADE DA UNIÃO. CONTRATO DE CONCESSÃO DE USO. POSSE PRECÁRIA. PÓLO PASSIVO DA OBRIGAÇÃO TRIBUTÁRIA. IMUNIDADE RECÍPROCA. ART. 150, VI, "A", DA CONSTITUIÇÃO DO BRASIL. IMPOSSIBILIDADE DA TRIBUTAÇÃO. 1. O Supremo Tribunal Federal, em caso análogo ao presente, o RE n. 451.152, Relator o Ministro Gilmar Mendes, DJ de 27.4.07, fixou entendimento no sentido da impossibilidade do detentor da posse precária e desdobrada, decorrente de contrato de concessão de uso, figurar no pólo passivo da obrigação tributária. Precedentes. 2. Impossibilidade de tributação, pela Municipalidade, dos terrenos de propriedade da União, em face da imunidade prevista no art. 150, VI, "a", da Constituição. Precedentes. (RE n. 451.152-5/RJ, rel. Gilmar Mendes, julgado em: 27 abr. 2009)

IPTU. PORTO DE SANTOS. IMUNIDADE RECÍPROCA. [...] 1. Imóveis situados no porto, área de domínio público da União, e que se encontram sob custódia da companhia, em razão de delegação prevista na Lei de Concessões Portuárias. Não-incidência do IPTU, por tratar-se de bem e serviço de competência atribuída ao poder público (artigos 21, XII, "f" e 150, VI, da Constituição Federal). (RE 508.709-3/SP, rel. Eros Grau, julgado em: 27 jun. 2008)

IPTU. PORTO DE SANTOS. IMUNIDADE. 1. A jurisprudência deste Tribunal fixou entendimento no sentido de que os bens imóveis que compõem o acervo patrimonial do Porto de Santos são imunes à incidência do IPTU, vez que integram o domínio da União. Precedentes. (AgR no AI n. 458.856-4/SP, rel. Eros Grau, julgado em: 20 abr. 2007)

IPTU. PORTO DE SANTOS. IMUNIDADE RECÍPROCA. [...] 2. Os imóveis integrantes do acervo patrimonial do Porto de Santos são imunes à incidência do IPTU, pois integram o domínio da União e se encontram ocupados pela agravada apenas em caráter precário. Precedentes: RE 253.394 (Primeira Turma, DJ de 11/04/2003) e RE 265.749 (Segunda Turma, DJ 12/09/2003). (AgR no RE n. 357.447-7/SP, rel. Ellen Gracie, julgado em: 26 mar. 2004)

"Tributário. IPTU. Acervo Santos. Impossibilidade de cobrança. Precedentes. Regimental não provido", tendo constado no voto condutor o seguinte: "decisão que se fundamentou na orientação do STF, sintetizada nos seguintes julgados: RE 265.749, MAURÍCIO, DJ 12.09.2003; RE 253.394,

ILMAR, DJ 11.04.2003; RE 357.447 AgR, ELLEN, julgado em 2.3.2004. (RE n. 318.185-8/SP, rel. Nelson Jobim, julgado em: 7 maio 2004)

IPTU. IMÓVEIS DO ACERVO PATRIMONIAL DO PORTO DE SANTOS. IMUNIDADE RECÍPROCA. [...] 1. Imóveis situados no porto, área de domínio público da União, e que se encontram sob custódia da companhia em razão de delegação prevista na Lei de Concessões Portuárias. Não-incidência do IPTU, por tratar-se de bem e serviço de competência atribuída ao poder público (artigos 21, XII, "f" e 150, VI, da Constituição Federal). (RE n. 265.749-2/SP, rel. Maurício Corrêa, julgado em: 12 set. 2003)

Ou seja, o racional historicamente adotado pelo STF era justamente no sentido de que a imunidade não seria afastada em situações em que o território da União Federal viesse a ser ocupado por entidade prestadora de serviço de interesse público.

Reforçando que o STF não aplica de maneira irrestrita o entendimento que afasta imunidade nos casos em que as propriedades territoriais da União estão cedidas, o STF recentemente reconheceu a repercussão geral do Tema 1112, que versa sobre a "imunidade tributária recíproca em favor de sociedade de economia mista prestadora de serviço público relativo à construção de moradias para famílias de baixa renda". Ou seja, evidente que o entendimento firmado não afasta imunidade em toda e qualquer situação.

O próprio STJ, por sua Corte Especial, definiu o melhor entendimento da orientação jurisprudencial do STF. Confira-se parte da ementa e também do voto do julgado em questão:

EMBARGOS DE DECLARAÇÃO. NEGATIVA DE SEGUIMENTO AO RECURSO EXTRAORDINÁRIO. OMISSÃO. DIREITO TRIBUTÁRIO. IMUNIDADE TRIBUTÁRIA. IPTU. IMÓVEL QUE SE ENCONTRA NA POSSE DE CONCESSIONÁRIA DE SERVIÇO PÚBLICO. UTILIZAÇÃO DO BEM NA ATIVIDADE FIM. ACÓRDÃO RECORRIDO EM DISSONÂNCIA COM A JURISPRUDÊNCIA DO SUPREMO TRIBUNAL FEDERAL. RECURSO EXTRAORDINÁRIO ADMITIDO. EMBARGOS ACOLHIDOS, COM EFEITOS MODIFICATIVOS.

1. O acórdão recorrido aplicou o Tema de Repercussão Geral n. 437/STF, por entender que "Incide o Imposto Predial e Territorial Urbano, considerado imóvel de pessoa jurídica de direito público cedido a pessoa jurídica de direito privado, devedora do tributo".

2. O Supremo Tribunal Federal possui entendimento no sentido da existência de imunidade tributária a recair sobre imóvel que se encontra em posse de concessionária de serviço público para ser utilizado na atividade fim a qual essa se destina.

3. Embargos de declaração acolhidos, com efeitos modificativos, para admitir o recurso extraordinário.

* * *

Da análise do acórdão impugnado, conclui-se que os embargos devem ser acolhidos.

Isso porque o julgado aplicou ao caso o <u>Tema de Repercussão Geral n. 437 do Supremo Tribunal Federal</u>, considerando que o Imposto Predial e Territorial Urbano incide sobre imóvel de pessoa jurídica de direito público cedido a pessoa jurídica de direito privado, devedora do tributo.

Todavia, <u>para a verificação da existência ou não de imunidade tributária, o aresto não fez distinção quanto ao fato da empresa ser prestadora de serviço público ou meramente exercente de atividade econômica, distinção essa que pode ser encontrada na jurisprudência do Supremo Tribunal Federal, a qual foi inclusive colacionada pela parte no seu apelo extremo.</u>

(EDcl no AgInt no RE nos EDcl no AgInt no AgInt no AREsp n. 658.517/RJ, rel. Jorge Mussi, Corte Especial, julgado em: 9 fev. 2021)

Como se vê, a partir da diretriz do STF, que deve ser compreendida no contexto da sua jurisprudência e orientações, os demais tribunais devem aplicar a tese. Vale, nesse sentido, trazer ensinamento de Guilherme Marinoni em debate ainda incipiente, mas certamente essencial ao bom funcionamento das Cortes Superiores de acordo com suas funções constitucionalmente delineadas:

> São frequentes os casos em que o STF se nega a analisar a constitucionalidade de determinada interpretação conferida por tribunal sob o argumento de existir ofensa reflexa ou violação indireta da Constituição. Ao mesmo tempo, o STJ, em hipóteses em que se alega que a mesma questão é da sua competência, não admite o recurso especial sob o fundamento de que a questão é constitucional e, assim, de competência do STF. [...]
> Há, sem dúvida, uma terrível *zona de penumbra que paira sobre as funções do STJ e do STF*, a exigir urgente e adequada elaboração teórica destinada a evitar maior desgaste ao Poder Judiciário. Esta zona de penumbra constitui o resultado da falta de percepção de que todos os juízes têm o dever de interpretar a lei conforme à Constituição e, especialmente, de que as

funções do STJ e do STF jamais poderão ser desempenhadas com racionalidade e efetividade, em proveito do desenvolvimento do direito, da segurança jurídica e da coerência do direito, enquanto estiverem sobrepostas.[3]

Afinal, a definição da atividade do contribuinte para averiguar quais os efeitos da decisão do STF devem levar em conta os parâmetros constitucionais, e para tanto é importante entender quais as possíveis roupagens de atividades prestadas públicas, sobretudo portuária, que é o caso em questão.

A natureza de serviço público da operação dos terminais portuários, que consta no rol do art. 21 da Constituição Federal, já foi reconhecida pelo próprio STF, como se percebe do precedente abaixo:

> DESAPROPRIAÇÃO, POR ESTADO, DE BEM DE SOCIEDADE DE ECONOMIA MISTA FEDERAL QUE EXPLORA SERVIÇO PÚBLICO PRIVATIVO DA UNIÃO.
> 1. A União pode desapropriar bens dos Estados, do Distrito Federal, dos Municípios e dos territórios e os Estados, dos Municípios, sempre com autorização legislativa específica. A lei estabeleceu uma gradação de poder entre os sujeitos ativos da desapropriação, de modo a prevalecer o ato da pessoa jurídica de mais alta categoria, segundo o interesse de que cuida: o interesse nacional, representado pela União, prevalece sobre o regional, interpretado pelo Estado, e este sobre o local, ligado ao Município, não havendo reversão ascendente; os Estados e o Distrito Federal não podem desapropriar bens da União, nem os Municípios, bens dos Estados ou da União, Decreto-lei n. 3.365/41, art. 2, par. 2.
> 2. Pelo mesmo princípio, em relação a bens particulares, a desapropriação pelo Estado prevalece sobre a do Município, e da União sobre a deste e daquele, em se tratando do mesmo bem.
> 3. Doutrina e jurisprudência antigas e coerentes. Precedentes do STF: RE 20.149, MS 11.075, RE 115.665, RE 111.079.
> 4. *Competindo a União, e só a ela, explorar diretamente ou mediante autorização, concessão ou permissão, os portos marítimos, fluviais e lacustres, art. 21, XII, f, da CF, está caracterizada a natureza pública do serviço de docas.*
> 5. A Companhia Docas do Rio de Janeiro, sociedade de economia mista federal, incumbida de explorar o serviço portuário em regime de exclusividade, não pode ter bem desapropriado pelo Estado.

---

3 Marinoni, Luiz Guilherme. *Considerações sobre a zona de penumbra entre o STJ e o Supremo.* 1 abr. 2019. Disponível em: https://www.conjur.com.br/2019-abr-01/direito-civil-atual-zona-penumbra-entre-stj-stf.

6. Inexistência, no caso, de autorização legislativa.

7. A norma do art. 173, par. 1., da Constituição aplica-se as entidades públicas que exercem atividade econômica em regime de concorrência, não tendo aplicação as sociedades de economia mista ou empresas públicas que, embora exercendo atividade econômica, gozam de exclusividade.

8. O dispositivo constitucional não alcança, com maior razão, sociedade de economia mista federal que explora serviço público, reservado a União.

9. O artigo 173, par. 1., nada tem a ver com a desapropriabilidade ou indesapropriabilidade de bens de empresas públicas ou sociedades de economia mista; seu endereço e outro; visa a assegurar a livre concorrência, de modo que as entidades públicas que exercem ou venham a exercer atividade econômica não se beneficiem de tratamento privilegiado em relação a entidades privadas que se dediquem a atividade econômica na mesma área ou em área semelhante.

10. O disposto no par. 2., do mesmo art. 173, completa o disposto no par. 1., ao prescrever que "as empresas públicas e as sociedades de economia mista não poderão gozar de privilégios fiscais não extensivos as do setor privado".

11. Se o serviço de docas fosse confiado, por concessão, a uma empresa privada, seus bens não poderiam ser desapropriados por Estado sem autorização do Presidente da República, Súmula 157 e Decreto-lei n. 856/69; não seria razoável que imóvel de sociedade de economia mista federal, incumbida de executar serviço público da União, em regime de exclusividade, não merecesse tratamento legal semelhante.

12. Não se questiona se o Estado pode desapropriar bem de sociedade de economia mista federal que não esteja afeto ao serviço. Imóvel situado no cais do Rio de Janeiro se presume integrado no serviço portuário que, de resto, não é estático, e a serviço da sociedade, cuja duração e indeterminada, como o próprio serviço de que esta investida.

13. RE não conhecido. Voto vencido. (RE n. 172.816, rel. Paulo Brossard, Tribunal Pleno, julgado em: 9 fev. 1994)

Não bastasse esse precedente, merece destaque que o STF, no julgamento da Arguição de Descumprimento de Preceito Fundamental (ADPF) n. 46, elucidou a classificação distintiva e decisiva estabelecida na Constituição Federal das atividades econômicas.

Com base no texto da Constituição, o entendimento dos ministros na ocasião foi de que há dois gêneros de atividades econômicas: (i) serviços públicos prestados como atividades econômicas e (ii) atividades econômicas em sentido estrito. Quanto aos serviços públicos prestados como atividades econômicas, à exceção das atividades dispostas nos art. 197 e 209, incumbe *privativamente* ao poder público prestar as referidas atividades; enquanto as atividades econômicas em sentido estrito são de competência dos particulares, sendo que a participação da administração é, em regra, apenas por meio da intervenção por meio de seu papel normativo e regulador.

Nessa medida, vale mencionar que, nos termos do art. 173 da Constituição Federal, a prestação de serviços públicos é responsabilidade do poder público, mas pode ser realizada sob regime de concessão ou permissão, sempre com licitação. Ou seja, o fato de particular prestar a atividade não afasta a natureza do serviço oferecido aos jurisdicionados. E tal dispositivo constitucional, conjugado ao art. 21 também da Lei Maior, evidencia que as atividades essencialmente providas pelo Estado podem ser delegadas aos particulares, o que, no entanto, não afasta seu caráter essencial nem tampouco fundamental para a sociedade brasileira.

O que se depreende, pois, é que a atividade econômica, nos termos da Constituição Federal, é dividida em: serviço público (prestado como atividade econômica) e atividade econômica em sentido estrito. Os serviços públicos prestados como atividades econômicas são divididos em não privativos (art. 196 e 205 da Constituição) e privativos. Os serviços públicos privativos são aqueles presentes no art. 175 c/c art. 21, incisos X, XI e XII, da Constituição, podendo ser desempenhado diretamente pela União, ou indiretamente, por meio de concessão ou permissão.

E o julgamento do STF (Temas 385 e 427 de Repercussão Geral) é específico para empresas privadas que ocupam território de propriedade da União Federal, atuando no mercado em regime de livre iniciativa. Ou seja, não prestadoras de serviços de interesse público.

Conclusão

Na nova sistemática de precedentes delineada pelo CPC de 2015, cabe aos julgadores a quem cumprirá aplicar os julgamentos paradigmas realizados pelos tribunais superiores e acompanhar o racional das cortes de precedentes, o que deve ser feito com consideração de todo o contexto julgado, das premissas fáticas dos casos paradigma e concreto, além da orientação jurisprudencial da corte julgadora, mormente em situações em que não haja modulação – indicativo de que não houve rompimento de entendimento jurisprudencial.

Nesse sentido, o julgamento dos Temas 385 e 427 de repercussão geral, adequadamente avaliados – tal qual feito pela Corte Especial do STJ no caso mencionado e transcrito anteriormente –, deixa claro que o afastamento da imunidade do IPTU a empresa privada que ocupa território da União Federal ocorre para empresas privadas e que atuam em regime de livre iniciativa.

Tanto é assim que o STF instaurou um novo tema de repercussão geral que vai analisar o tema da imunidade recíproca para fins de IPTU para empresas que atuam com moradias populares (Tema 1.122), o que torna evidente que a tese nos referidos julgamentos relativos ao IPTU não é irrestrita, tampouco autoaplicável sem qualquer discrímen.

Cada vez mais, será imprescindível a adequada análise dos pressupostos fáticos dos precedentes, de modo que as diretrizes das cortes superiores não sejam equivocadamente aplicadas aos casos concretos a serem julgados, conforme a orientação vinculante.

Caso Volvo e a aplicação dos tratados internacionais

Carlos Eduardo Marino Orsolon[1]

Introdução

Evitar a bitributação da renda pelos diferentes países é um desafio que vem sendo enfrentado por governos e empresas desde o início do século XX. Em uma economia cada vez mais globalizada, os países buscam a celebração de acordos contra a bitributação para evitar ou pelo menos mitigar a dupla incidência fiscal sobre a renda, promovendo a cooperação fiscal entre as diferentes nações, bem como a atração de novos investimentos.

Os tratados, as convenções e os acordos visam definir a jurisdição de cada país quanto à tributação de determinados negócios que envolvem empresas estabelecidas em diferentes países. Nesse contexto, os instrumentos mais utilizados são os tratados para evitar a dupla tributação assinados bilateralmente entre os países interessados.

Para que haja uma certa uniformidade nos acordos, com o objetivo de conferir maior segurança jurídica, a comunidade internacional desenvolveu, perante a Organização de Cooperação e Desenvolvimento Econômico (OCDE), um modelo de tratado que é normalmente utilizado por seus países membros, sem prejuízo caso as orientações dessa "convenção-modelo" sejam alteradas pelos contratantes (membros ou não membros da Organização). Além da convenção-modelo da OCDE, a Organização das Nação Unidas (ONU) também prevê princípios gerais que devem ser observados pelos contratantes, objetivando conferir segurança jurídica às relações internacionais.

A adoção do modelo OCDE nos tratados firmados entre países não impede que algumas cláusulas sejam modificadas de acordo com a vontade das partes.

---

[1] Sócio da área tributária de Demarest Advogados.

Exemplo disso são os tratados celebrados pelo Brasil com países membros da OCDE, os quais possuem certas peculiaridades que não estão dispostas expressamente na convenção-modelo.

Apesar dos esforços contínuos para a celebração de acordos contra a bitributação da renda, o desafio não está situado apenas na questão formal, ou seja, no trabalho diplomático para a assinatura dos acordos ou na incorporação dos tratados ao direito interno. A aplicação dos tratados muitas vezes é objeto de inúmeras dúvidas na sua aplicação, o que acaba por gerar litígios de diversas ordens.

Nesse sentido, o julgamento do Recurso Extraordinário (RE) n. 460.320/PR (Caso Volvo) pelo Supremo Tribunal Federal (STF) abordou diversas questões atinentes à interpretação dos tratados, incluindo temas gerais (teorias monista e dualista, cláusula de não discriminação, *treaty override*[2] e interação entre as cláusulas dos tratados e as regras locais no decorrer do tempo) e temas pontuais específicos do caso (tributação de dividendos e conceitos de residência e nacionalidade).

Em resumo, na ocasião, a Corte Suprema analisou a aplicação dos art. 10 (tributação de dividendos) e 24 (não discriminação) do tratado celebrado entre o Brasil e a Suécia, no caso da remessa de dividendos ao exterior, por conta da previsão de não incidência de imposto de renda sobre os pagamentos de dividendos a residentes e domiciliados no país, nos termos dos art. 75 e 77 da Lei n. 8.383/1991 (vigentes à época).

Caso Volvo

Em 5 de agosto de 2020, o plenário do STF finalizou o julgamento do RE n. 460.320/PR. Na oportunidade, a Corte Maior analisou se a isenção do imposto de renda sobre dividendos pagos a residentes no Brasil deveria ser estendida aos dividendos enviados a sócio de empresa brasileira domiciliado na Suécia.

À época, o art. 77 da Lei n. 8.383/1991 estabelecia que os dividendos distribuídos aos residentes ou domiciliados no estrangeiro estavam sujeitos à incidência de Imposto de Renda Retido na Fonte (IRRF) à alíquota de 15%, enquanto o art. 75 da mesma Lei previa a isenção do imposto em caso de distribuição para pessoas físicas e jurídicas residentes ou domiciliadas no Brasil.[3]

---

2 Legislação interna revogando as disposições de um tratado, sem depender da denúncia deste.
3 "Art. 75. Sobre os lucros apurados a partir de 1º de janeiro de 1993 não incidirá o impos-

A Volvo buscou o reconhecimento da não obrigatoriedade de pagamento do IRRF sobre os dividendos distribuídos a sócio domiciliado na Suécia, em razão do tratado celebrado entre o Brasil e a Suécia para evitar a dupla tributação em matéria de imposto sobre a renda, referendada pelo Decreto n. 77.053/1976. Nesse sentido, o pedido formulado pelo contribuinte foi respaldado no art. 24 do tratado, o qual trata da não discriminação tributária:

> ARTIGO 24° – Não Discriminação
> 1. Os nacionais de um estado contratante não ficarão sujeitos no outro estado contratante a nenhuma tributação ou obrigação correspondente, diferente ou mais onerosa do que aquelas a que estiverem sujeitos os nacionais desse outro estado que se encontrem na mesma situação.
> 2. O termo "nacionais" designa:
> a) todas as pessoas físicas que possuam a nacionalidade de um estado contratante;
> b) todas as pessoas jurídicas, sociedades de pessoas e associações constituídas de acordo com a legislação em vigor num estado contratante.

Desse modo, apesar de haver expressa previsão legal determinando a incidência do IRRF sobre os dividendos destinados a não residentes no Brasil, à alíquota de 15%, argumentou-se que aqueles residentes na Suécia não poderiam, em idêntica situação ao residente no Brasil, receber tratamento jurídico-tributário diverso ante ao que dispõe o tratado celebrado, que impede o tratamento diferenciado entre nacionais dos países signatários.

O caso foi analisado anteriormente pelo Superior Tribunal de Justiça (STJ) quando do julgamento do Recurso Especial (REsp) n. 426.945, que, por maioria, proferiu decisão favorável ao contribuinte, reconhecendo o direito à isenção do imposto de renda, em decorrência da aplicação do art. 98 do Código Tributário Nacional (CTN),[4] prevalecendo o princípio da vedação ao tratamento tributário discriminatório, nos termos do art. 24 do tratado entre Brasil e Suécia, conforme ementa transcrita a seguir:

---

to de renda na fonte sobre o lucro líquido, de que trata o art. 35 da Lei n° 7.713, de 1988, permanecendo em vigor a não-incidência do imposto sobre o que for distribuído a pessoas físicas ou jurídicas, residentes ou domiciliadas no País. [...] Art. 77. A partir de 1° de janeiro de 1993, a alíquota do imposto de renda incidente na fonte sobre lucros e dividendos de que trata o art. 97 do Decreto-Lei n° 5.844, de 23 de setembro de 1943, com as modificações posteriormente introduzidas, passará a ser de quinze por cento."

4 "Art. 98. Os tratados e as convenções internacionais revogam ou modificam a legislação tributária interna, e serão observados pela que lhes sobrevenha."

TRIBUTÁRIO. REGIME INTERNACIONAL. DUPLA TRIBUTAÇÃO. IRRF. IMPEDIMENTO. ACORDO GATT. BRASIL E SUÉCIA. DIVIDENDOS ENVIADOS A SÓCIO RESIDENTE NO EXTERIOR. ARTS. 98 DO CTN, 2º DA LEI 4.131/62, 3º DO GATT. Os direitos fundamentais globalizados, atualmente, estão sempre no caminho do impedimento da dupla tributação. Esta vem sendo condenada por princípios que estão acima até da própria norma constitucional. O Brasil adota para o capital estrangeiro um regime de equiparação de tratamento (art. 2º da Lei 4131/62, recepcionado pelo art. 172 da CF), legalmente reconhecido no art. 150, II, da CF, que, embora se dirija, de modo explícito, à ordem interna, também é dirigido às relações externas. O art. 98 do CTN permite a distinção entre os chamados tratados-contratos e os tratados-leis. Toda a construção a respeito da prevalência da norma interna com o poder de revogar os tratados, equiparando-os à legislação ordinária, foi feita tendo em vista os designados tratados, contratos, e não os tratados-leis. Sendo o princípio da não-discriminação tributária adotado na ordem interna, deve ser adotado também na ordem internacional, sob pena de desvalorizarmos as relações internacionais e a melhor convivência entre os países. Supremacia do princípio da não-discriminação do regime internacional tributário e do art. 3º do GATT. Recurso especial provido. (REsp n. 426.945/PR, rel. Teori Albino Zavascki, 1ª Turma, julgado em: 22 jun. 2004)

O ministro José Delgado foi responsável pelo voto condutor do acórdão e ressaltou a necessidade de aplicação dos princípios da não discriminação do capital estrangeiro e da dignidade humana no campo da tributação, incluindo referência aos dispositivos constitucionais (art. 150, inciso II, e 172) e da legislação ordinária (Lei n. 4.131/1962).

Em face do acórdão mencionado, a União interpôs RE. Em síntese, a União alegou que a aplicação do art. 98 do CTN ao tratado em apreço acarretou ofensa à Carta Magna. Além disso, a União defendeu a validade da tributação sob a ótica de que a Lei que instituiu o imposto é posterior ao tratado e que, portanto, deveria prevalecer em decorrência do critério cronológico previsto no art. 2º, § 1º, da Lei de Introdução às Normas do Direito Brasileiro (LINDB).[5]

Por fim, alegou a inexistência de violação ao princípio da isonomia, pois tanto o nacional sueco quanto o brasileiro têm direito à isenção prevista no art.

---

5   Art. 2º, § 1º: "A lei posterior revoga a anterior quando expressamente o declare, quando seja com ela incompatível ou quando regule inteiramente a matéria de que tratava a lei anterior".

75 da Lei n. 8.383/1991, *desde que* residentes ou domiciliados no Brasil. Esse também foi o entendimento do voto proferido pelo ministro Gilmar Mendes para dar provimento ao referido RE da União. O ministro deixou expresso, em princípio, que as convenções e os acordos internacionais, quando em confronto com a legislação tributária interna infraconstitucional, devem prevalecer, devendo se submeter apenas à Constituição Federal.

No entanto, para o ministro, o caso em análise tinha uma especificidade em relação à interpretação do tratado. O acórdão recorrido havia tornado equivalentes situações incomparáveis ao misturar critérios distintos como a residência e a nacionalidade, e estendeu a todos os cidadãos e entidades residentes na Suécia benefícios fiscais concedidos aos residentes no Brasil.

Em seu voto, é demonstrado que o elemento de conexão disposto no art. 24 da convenção Brasil-Suécia, e que de fato mereceria tutela à vedação da discriminação, seria o critério da nacionalidade, enquanto o dispositivo da lei interna, por sua vez, cuida de elemento de conexão distinto, o da residência. Segundo interpretação realizada pelo ministro relator:

> [...] a legislação brasileira assegurou ao súdito sueco a isenção, *desde que tivesse residência no Brasil*. Por outro lado, a mencionada norma exigiu do brasileiro residente no Reino da Suécia, ou em qualquer outro lugar do exterior, a alíquota de 15% no imposto de renda retido na fonte dos lucros e dividendos distribuídos por empresas brasileiras.

Portanto, para o ministro Gilmar Mendes, o tratado utiliza o termo "nacionalidade", enquanto a legislação interna se refere a "residência", não sendo possível arguir a antinomia entre norma interna e tratado.

O ministro Dias Toffoli inaugurou a divergência para negar seguimento ao RE interposto pela União Federal, por entender que, para dirimir a referida controvérsia, seria necessário reexaminar o caso à luz da própria convenção, do CTN e da legislação ordinária de regência, o que não é admitido em sede de RE.

Segundo o entendimento manifestado pelo ministro Toffoli, o cerne principal da controvérsia possuiria natureza infraconstitucional e, portanto, fugiria da competência atribuída ao STF. Acompanharam a divergência, nesse mesmo sentido, os ministros Ricardo Lewandowski, Rosa Weber, Cármen Lúcia e Marco Aurélio de Mello. Alexandre de Moraes, Edson Fachin, Celso de Mello e Luís Roberto Barroso acompanharam o ministro relator.

Contudo, os ministros Celso de Mello e Alexandre de Moraes, apesar de acompanharem o relator, apresentaram votos ressalvando que existe equivalência normativa em matéria tributária entre os tratados internacionais e a legislação interna, a qual deve ser resolvida pela aplicação do critério da especialidade e da cronologia, como alegou a União.

Como o ministro Luiz Fux estava impedido, o julgamento terminou empatado, o que levou o Recurso da União a ser improvido, por determinação do regimento interno do STF. Deste modo, prevaleceu o entendimento do STJ para aplicar o art. 98 do CTN e determinar que o princípio da não discriminação seja observado, reconhecendo a isenção do IRRF nas remessas efetuadas ao sócio de empresa brasileira que estava domiciliado na Suécia.

Nesse sentido, o julgamento do caso Volvo pelo STF parece ser um indicativo de que as próximas decisões sobre o tema passarão a ser analisadas pelo STJ, tendo em vista a matéria infraconstitucional quando relativa à intepretação dos tratados. No entanto, é preciso ponderar que a composição do STF foi alterada recentemente, o que pode levar a Corte a revisitar o tema oportunamente.

Os tratados internacionais e o art. 98 do CTN

Conforme visto, o cerne da controvérsia julgada no caso Volvo foi a existência de uma antinomia entre os tratados para se evitar a bitributação da renda e a edição de norma interna posterior ao tratado.

Inicialmente, antes de adentrar no tema principal, cumpre analisar brevemente questões relacionadas aos tratados. Conforme exposto na introdução, no mundo globalizado, surge a necessidade de delimitar a incidência tributária sobre os mesmos contribuinte e fato.[6] Nesse contexto, os países passaram a buscar alternativas para evitar a dupla incidência da tributação, como a celebração de tratados internacionais.

Como regra, por meio dos tratados internacionais, os Estados concordam em limitar o exercício de sua competência tributária. Assim, "abrem mão" da receita de determinados tributos, a fim de atingir certos fins, como o fomento e o desenvolvimento econômico de atividades transnacionais.

No caso específico do Brasil, após a celebração do tratado, o diploma é incorporado ao ordenamento jurídico brasileiro por meio de Decreto Legislativo e Decreto Executivo. Ocorre que, após a introdução do tratado no ordenamento

---

6 Obviamente, essa necessidade não surgiu em razão da globalização, mas é evidente que esse fenômeno impulsionou a busca por soluções. Para maiores detalhes sobre o tema: Schoueri, Luís Eduardo. Tratados e Convenções internacionais sobre tributação. *Revista Direito Tributário Atual*, São Paulo, v. 2003, n. 17, p. 20-49, 2003.

Jurídico nacional, começam a surgir questões relativas a eventual conflito entre o tratado e a lei interna, seja ela posterior ou anterior à celebração do acordo. Tal conflito pode ocorrer em razão de interpretação ou de aplicação dos tratados.

No que diz respeito à aplicação, é importante definir se os tratados internacionais prevalecem ou não sobre a legislação interna, bem como analisar o sentido do art. 98 do CTN. A questão vem sendo debatida pelos tribunais, mas é possível notar que são escassas as disposições legislativas, seja no âmbito constitucional ou infralegal, sobre o processo de integração dos tratados no direito interno, razão pela qual ainda persiste o contencioso sobre o tema e a ausência de pacificação sobre esta questão.

Nesse tema existem, ao menos, quatro posições possíveis de serem adotadas: (i) que o tratado é hierarquicamente superior às leis internas; (ii) que não há hierarquia, assim o tratado seria uma "máscara" colocada sobre o sistema jurídico brasileiro, que suspenderia a aplicação de algumas de suas disposições, sem, no entanto, revogá-las; (iii) que os tratados são equiparados à lei interna e que a lei editada posteriormente ao tratado deve prevalecer, em razão do critério cronológico; e (iv) que os tratados são hierarquicamente equiparados à lei interna e que a lei editada posteriormente ao tratado não deve necessariamente prevalecer, em razão do critério de especialidade, pois os tratados seriam normas especiais em comparação às regras locais.

A depender da posição adotada, esses conceitos são relevantes para determinar a aplicação dos tratados, a fim de que possa se evitar a ocorrência do *treaty override*. Este, por sua vez, ocorre quando é editada uma norma, no âmbito do direito interno de um país, em conflito com o disposto em um acordo internacional válido e internalizado, limitando, em tese, a aplicação deste.[7]

Em relação à prevalência do tratado em detrimento à lei interna, é possível destacar a posição da chamada teoria monista internacionalista, que sustenta que os tratados se sobrepõem às normas de direito interno. Nesse sentido, cumpre destacar a possibilidade de os tratados que abordam direitos humanos serem recepcionados como Emenda Constitucional (EC), nos termos do art. 5º, § 3º, da Constituição Federal, o qual reforça a importância dos tratados internacionais.

Da mesma forma, a busca por uma integração econômica, política, social e cultural dos povos da América Latina, visando à formação de uma comunidade latino-americana de nações, também salienta a relevância dos acordos

---

7   Schoueri, Luis Eduardo. Relação entre tratados internacionais e a lei tributária interna. In: Casella, P. B. et al. (Org.). *Direito internacional, humanismo e globalidade*: Guido Fernando Silva Soares. São Paulo: Atlas, 2008.

internacionais para fins da consolidação das relações internacionais, nos termos do art. 4 da Constituição Federal.

À luz do que determina o legislador no art. 98 do CTN, os tratados e as convenções internacionais, em matéria tributária, poderão modificar a legislação tributária interna, conquanto deverão ser observados pela legislação que os sucederem.

Na linha dessa corrente doutrinária, os tratados contra a dupla tributação seriam instrumentos por meio dos quais os Estados restringem suas próprias jurisdições fiscais. Assim, o art. 98 do CTN deveria ser entendido como uma limitação do poder de tributar, para impedir a promulgação de leis nacionais que contrariem os termos acordados em tratados assinados pelo Brasil. Nesse sentido, Aliomar Baleeiro considera que o art. 98 do CTN é regra que "expressa a hierarquia do tratado sobre a legislação tributária antecedente ou superveniente".[8]

Por outro lado, a teoria dualista[9] se posiciona no sentido de existirem duas ordens distintas e independentes: a ordem interna e a ordem internacional, de modo que após a incorporação do tratado ao direito interno, o tratado seria equiparado à lei ordinária, podendo ser revogado por lei interna. Assim, seria possível concluir-se inclusive acerca de suposta inconstitucionalidade do art. 98 do CTN.[10]

Nesse sentido, o voto do ministro Alexandre de Moraes no caso Volvo estabelece que os tratados internacionais, ao serem incorporados formalmente ao ordenamento jurídico nacional, qualificam-se como atos normativos infraconstitucionais, de modo que a ocorrência de eventual conflito entre essas normas será resolvida ou pela aplicação do critério cronológico, devendo a norma posterior revogar a anterior, ou pelo princípio da especialidade.

É importante ressaltar que, à época do julgamento do STJ, o então ministro daquele tribunal Teori Zavascki também entendeu que não haveria hierarquia na aplicação dos tratados, tendo em vista a ausência de dispositivo constitucional nesse sentido.[11] Assim, entendeu que havia paridade entre a lei ordinária e os tratados.

---

8 Baleeiro, Aliomar. *Direito tributário brasileiro*. 6. ed. Rio de Janeiro: Forense, 1974. p. 364.

9 É importante salientar a existência de correntes moderadas e radicais da teoria dualista, a depender das premissas adotadas para fins da recepção no ordenamento local da norma de direito internacional.

10 Nesse sentido, Roque Antonio Carrazza afirma "que é inconstitucional o art. 98, do Código Tributário Nacional" (*Curso de direito constitucional tributário*. São Paulo: Malheiros, 2019. p. 148).

11 Esse entendimento havia sido adotado pelo STF no julgamento do RE n. 80.004 de 1977.

Sobre esse tema, é preciso destacar que, se fosse uma lei especial, o tratado se aplicaria no lugar da lei interna e, por sua vez, lei especial interna e posterior poderia ser hábil para revogar parcialmente ou integralmente o tratado. No entanto, vale lembrar que o mecanismo adequado para a revogação de um tratado internacional é a denúncia do acordo entre os Estados signatários.

Contudo, é preciso ponderar uma terceira via. Apesar de não existir qualquer disposição expressa com relação à espécie normativa dos tratados internacionais dentro do ordenamento jurídico brasileiro, caso houvesse a aplicação pura e simples do art. 98 do CTN, os tratados haveriam de ser equiparados à lei ordinária. Entretanto, o CTN refere-se incorretamente à revogação da lei interna. Na verdade, tratados internacionais de natureza tributária, segundo essa terceira corrente, devem ser vistos como uma norma de sobreposição colocada no sistema jurídico brasileiro, que suspende a aplicação de algumas de suas disposições, como a cobrança do imposto de renda, por exemplo, na hipótese expressamente prevista no tratado.

Nesse sentido, Vogel leciona que os acordos de bitributação servem como uma "máscara", colocada sobre o direito interno, tapando determinadas partes deste.[12] Assim, os dispositivos do direito interno que continuarem visíveis (por corresponderem aos buracos recortados no cartão) seriam aplicáveis, os demais, não.[13]

Portanto, para essa teoria, não há sentido em se discutir a hierarquia dos tratados. Assim pondera Schoueri a respeito:

> Os Tratados Internacionais e a lei interna pertencem a ordens jurídicas distintas (a internacional e a nacional, respectivamente). Por meio de Tratados Internacionais, o País firma, na comunidade internacional, compromisso quanto até onde vai sua jurisdição. Portanto, os tratados em matéria tributária visam a *delimitar os contornos nos quais se admitirá que o legislador tributário doméstico atue*.[14]

Em relação ao ordenamento jurídico interno, portanto, os tratados apenas limitariam a eficácia da lei interna, de modo que no art. 98 do CTN haveria uma inconsistência ao mencionar a "revogação" da lei interna. Leandro Paulsen afirma que: "não obstante a norma tributária fale em revogação ou modificação

---

12 Vogel, Klaus. Problemas na interpretação de acordos de bitributação. In: Schoueri, L. E. *Direito Tributário*. São Paulo: Saraiva, 2019. p. 967.
13 Schoueri, Luis Eduardo. *Direito Tributário*. São Paulo: Saraiva, 2019. p. 225.
14 Schoueri, Luis Eduardo. *Direito Tributário*. São Paulo: Saraiva, 2019. p. 98.

da legislação interna, o que efetivamente ocorreria seria a mera suspensão da eficácia da norma tributária nacional, que poderá adquirir aptidão para produzir efeitos se e quando o tratado for denunciado".[15]

Segundo os doutrinadores que acompanham essa teoria, a prova de que não há hierarquia consiste no próprio princípio da legalidade. Diante desse princípio, contido no inciso I do art. 150 da Constituição Federal e no art. 97 do CTN, a criação ou modificação dos tributos somente poderá ocorrer por força de lei ordinária, sendo ela responsável pela instituição e revogação de tributos. *A função dos tratados seria tão somente limitar a jurisdição.*

Por outro lado, a lei ordinária não é o meio adequado para o Estado firmar, diante de seus parceiros na comunidade internacional, os limites de sua jurisdição. Esta corrente também alcançaria o *treaty override*, evitando que as leis internas posteriores revoguem disposição dos tratados.

Portanto, vale notar que não há um entendimento doutrinário pacificado quanto à natureza dos tratados internacionais. De pouca sorte, a resposta a esta indagação permanece em aberto no sistema brasileiro, subsistindo decisões da Suprema Corte em ambos os sentidos.

É importante mencionar que existem outras discussões sobre o sistema brasileiro relacionadas aos tratados. Por exemplo, existem precedentes discutindo a possibilidade de um tratado internacional estabelecer uma isenção tributária estadual ou municipal. A doutrina e a jurisprudência defendem a constitucionalidade da concessão, pela União Federal, na qualidade de representante dos estados e municípios, de isenção de impostos estaduais, distritais ou municipais por meio de tratado internacional.[16]

Apesar da relevância das discussões, no entanto, os tribunais aparentam estar mais preocupados em posicionar os tratados em determinado local do ordenamento jurídico nacional, do que discutir os efeitos práticos da aplicação desses tratados com base na Constituição e nos princípios.

O voto do ministro Gilmar Mendes

Conforme já comentado, o ministro relator Gilmar Mendes votou pelo provimento do RE interposto pela União, para afastar a isenção do IRRF para os

---

15 Paulsen, Leandro. *Direito Tributário à luz da doutrina e da jurisprudência*. Porto Alegre: LAEL, 2011. p. 885.
16 RE n. 229.096-0.

não residentes. Nesse sentido, e importante analisar dois pontos no voto do ministro: (i) as premissas estabelecidas, ao considerar que o tratado é hierarquicamente superior às leis internas; e (ii) a questão de mérito utilizada pelo ministro, a qual consignou que a isenção concedida em relação aos dividendos utiliza o critério da "residência" no Brasil, e não da "nacionalidade", enquanto o tratado firmado com a Suécia estipula apenas que "nacionais" dos países contratantes não devem ter *tratamento tributário discriminatório*, concluindo pela inexistência de antinomia.

No que concerne às premissas, o ministro utilizou como fundamento a ideia de Estado Constitucional cooperativo, que segundo ele:

> demanda a manutenção da boa-fé e da segurança dos compromissos internacionais, ainda que em face da legislação infraconstitucional, principal mente quanto ao direito tributário, que envolve garantias fundamentais dos contribuintes e cujo descumprimento coloca em risco os benefícios de cooperação cuidadosamente articulada no cenário internacional.

Assim, segundo o ministro, a preponderância da legislação interna posterior desestimula a entrada de capital externo e pode acarretar graves consequências para o país, como insegurança dos investidores e dificuldade na negociação de novos tratados não só com a Suécia, mas com todos os sujeitos de direito internacional, além de oportunizar eventuais retaliações em outras formas de cooperação.[17]

Nessa linha, é preciso lembrar ainda dos princípios internacionais estabelecidos pela Convenção de Viena[18] sobre tratados, a qual prevê, em seu art. 26, o cumprimento regular dos tratados de boa-fé (*pacta sunt servanda*). Além disso, em seu art. 27, estabelece que nenhum Estado "pode invocar as disposições de seu direito interno para justificar a violação de um tratado".

A Convenção de Viena também foi utilizada no julgamento do caso Vale perante o STJ.[19] Na ocasião, o ministro Napoleão Nunes Maia Filho, relator do

---

17 Essa ideia já havia sido abordada pelo ministro em outra ocasião: Mendes, Gilmar Ferreira. Tratados Internacionais Tributários na Jurisprudência do Supremo Tribunal Federal. In: Mendes, G. F., Coelho, S. C. N. (Coord.). *Direito Tributário Contemporâneo: 50 anos do Código Tributário Nacional*. São Paulo: Revista dos Tribunais, 2016. p. 16-20.

18 A Convenção de Viena foi incorporada ao ordenamento jurídico brasileiro por meio do Decreto n. 7.030/2009.

19 REsp n. 1.325.709/RJ. O caso versava sobre a aplicação de tratado firmados pelo Brasil com Dinamarca, Bélgica e Luxemburgo e a tributação dos lucros obtidos por controladas no exterior.

caso, advertiu que a sistemática adotada pela legislação fiscal nacional, de adicionar os lucros auferidos pela empresa controlada ao lucro da empresa controladora brasileira, "termina por ferir os pactos internacionais tributários e infringir o princípio da boa-fé nas relações exteriores".

Retomando a análise do voto proferido pelo ministro Gilmar Mendes no caso Volvo, o entendimento fixado como premissa para as questões de conflito entre o tratado e a lei interna, a nosso ver, foi no sentido de que os tratados deveriam ser dotados de regime legal especial, notadamente aqueles de direito tributário, em razão do art. 98 do CTN. Assim, o ministro assevera:

> No mínimo, a Constituição Federal permite que norma geral, também recebida como lei complementar por regular as limitações constitucionais ao poder de tributar (art. 146, II e III, da CF/1988), garanta estabilidade dos tratados internacionais em matéria tributária, em detrimento de legislação infraconstitucional interna superveniente, a teor do art. 98 do CTN.

Portanto, as premissas estabelecidas pelo ministro Gilmar Mendes estão totalmente de acordo com a Constituição Federal, a Convenção de Viena e o art. 98 do CTN. Tal posicionamento é fundamental para se afastar eventual descumprimento dos tratados.

Como consequência, as premissas e considerações estabelecidas pelo ministro servem de fundamento inclusive para outros casos tributários, como o já citado caso Vale julgado pelo STJ, no qual o ministro relator valeu-se do entendimento proferido pelo ministro Gilmar Mendes para ratificar a prevalência dos tratados. Segundo o relator do caso Vale:

> No âmbito tributário, a efetividade da cooperação internacional viabiliza a expansão – desejável expansão – das múltiplas operações transnacionais que impulsionam o desenvolvimento econômico global, o combate à dupla tributação internacional e à evasão fiscal internacional, e contribui poderosamente para o estreitamento das relações culturais, sociais e políticas entre as Nações.

Portanto, além das questões teóricas para a análise dos casos, os últimos julgados dos Tribunais Superiores (casos Volvo e Vale) estão, em nosso sentir, em linha com o objetivo dos tratados internacionais e os princípios que os permeiam.

No entanto, quanto ao mérito, o ministro Gilmar Mendes entendeu que a questão estava relacionada à interpretação dos tratados. Segundo ele, a norma estipulou o recolhimento do IRRF à alíquota de 15% sobre os lucros e dividendos distribuídos por empresas brasileiras, inclusive para os brasileiros que moram na Suécia ou em qualquer outro lugar do exterior. Em seu voto, o ministro ressalta que a interpretação realizada pelo STJ nos autos do acórdão recorrido é contrária ao que define o próprio tratado internacional firmado entre o Brasil e a Suécia, uma vez que decorreu de confusão entre os critérios de "nacionalidade" e "residência".

Contudo, conceitualmente, para os fins da aplicação do tratado Brasil-Suécia, a expressão "residente"[20] designa qualquer pessoa que, em virtude da legislação desse Estado, está sujeita ao recolhimento de imposto em razão de seu domicílio, sendo que, no caso de pessoa jurídica, será considerado o local de sua sede de direção, domicílio ou de qualquer outro critério de natureza análoga, conforme art. 4º do tratado.

Portanto, um indivíduo estrangeiro poderá ser caracterizado como residente no Brasil se o fizer em caráter permanente ou contanto que se encaixe em uma das hipóteses do art. 12 da Lei n. 9.718/1998. Por sua vez, a pessoa jurídica será residente no Brasil se o lugar da sua sede for o território nacional, ainda que não tenha sido originalmente registrada no Brasil.

O instituto da residência diz respeito à regra tributária que define determinado comportamento ou situação como suficientemente conectada com aquela jurisdição e, portanto, sujeita-se a uma potencial imposição tributária sobre o indivíduo ou entidade.

Por outro lado, serão consideradas nacionais de um estado contratante o indivíduo ou entidade que possua origem naquele Estado, seja por força de seu nascimento ou naturalização, ou, para as pessoas jurídicas, em decorrência do local de registro de seus atos constitutivos. Nesse caso, a nacionalidade das pessoas jurídicas depende em especial da lei de cada país.

O art. 24 do tratado Brasil-Suécia assegura o princípio da não discriminação aos nacionais de um Estado contratante, de modo que não ficarão sujeitos no outro Estado contratante a nenhuma tributação ou obrigação correspondente, diferente ou mais onerosa que aquelas a que estiverem sujeitos os nacionais desse outro Estado que se encontrem na mesma situação. Além disso, no artigo do tratado há previsão da não discriminação dos nacionais que se encontrem na mesma "situação".

---

20 Art. 4º do Decreto n. 77.053, de 19 de janeiro de 1976.

Em nossa opinião, o termo "situação" pode ser interpretado de modo a remeter ao conceito de residência, e não apenas de nacionalidade. A referência à mesma circunstância no que diz respeito à residência não estava prevista expressamente na redação do modelo OCDE de 1963. Contudo, a orientação da OCDE é de que a residência seria um critério legítimo de discriminação para o § 1º do art. 24.

Em verdade, o art. 24, ao mencionar a nacionalidade como critério de não discriminação, representa uma ampliação do escopo dos tratados, na medida em que determina a aplicação de seu regramento a todos os nacionais dos Estados contratantes, inclusive aos nacionais não residentes de um dos Estados contratantes.

É importante mencionar que o critério da residência é o principal fator de diferenciação e identificação do modo de tributação em uma convenção bilateral contra a bitributação.[21] Assim, não haveria sentido o tratado estabelecer uma regra de não discriminação que não alcance o conceito de residência, especialmente sob a ótica de uma interpretação do Estado constitucional cooperativo.

Isto posto, tem-se que o art. 24 do tratado reforçaria a aplicabilidade do princípio da não discriminação presente no ordenamento jurídico pátrio (Constituição Federal e Lei n. 4.131/1962) e, portanto, deveria prevalecer sobre a lei interna para assegurar aos nacionais do Brasil ou da Suécia, residentes ou não residentes, em igual circunstância, a inexistência da dupla tributação.

Conclusão

Diante do exposto, vimos que o caso Volvo consiste em uma importante decisão para a temática e pode indicar uma reformulação do entendimento da jurisprudência sobre a matéria.

É importante mencionar que os debates acerca da hierarquia dos tratados para evitar a bitributação da renda ainda são correntes nas decisões sobre o tema. Essa discussão, apesar de relevante, dificulta a aplicação dos tratados e pode impactar na segurança jurídica dos contribuintes residentes nos países contratantes. Portanto, a disposição contida no art. 98 do CTN é fundamental para a aplicação dos tratados, inclusive para afastar o *treaty override*.

---

21 Dias Júnior, Antônio Augusto Souza. O princípio da não discriminação no Direito Tributário Internacional. *Revista Direito Tributário Internacional Atual*, São Paulo, n. 3, p. 15, 2018.

Nesse sentido, tanto o STF quanto o STJ possuíam decisões no sentido de afastar a primazia hierárquica dos tratados internacionais em face da legislação doméstica, quando os tratados não versassem sobre direitos humanos. Assim, as antinomias presentes entre a legislação interna e os tratados deveriam ser resolvidas de acordo com os critérios cronológico e da especialidade, em claro descompasso ao disposto na Convenção de Viena *(pacta sunt servanda)*.

Com efeito, a premissa de boa-fé na construção de um Estado constitucional cooperativo, adotada no voto do ministro Gilmar Mendes, seria esclarecedora e pode sinalizar uma mudança quanto à aplicação dos tratados pela jurisprudência brasileira. Inclusive, já há precedentes que utilizam as premissas adotadas pelo ministro Gilmar Mendes, como o julgamento do caso Vale pelo STJ.

A modulação de efeitos no julgamento do Difal: novo marco introduzido pelo STF

Maria Rita Ferragut[1]

Introdução

O Supremo Tribunal Federal (STF) julgou em sede de repercussão geral, em 24 de fevereiro de 2021, o Tema 1.093, relativo à necessidade ou não de lei complementar para cobrança do diferencial de alíquota (Difal) do Imposto sobre Circulação de Mercadorias e Serviços (ICMS) nas operações interestaduais envolvendo consumidores finais não contribuintes, nos termos da Emenda Constitucional (EC) n. 87/2015. O tema foi debatido no julgamento conjunto do Recurso Extraordinário (RE) n. 1.287.019 e da Ação Direta de Inconstitucionalidade (ADI) n. 5.469.

De acordo com a decisão, é inconstitucional a cobrança do Difal do ICMS em operação interestadual envolvendo mercadoria destinada a consumidor final não contribuinte, na forma do Convênio ICMS n. 93/2015, tendo em vista a inexistência de lei complementar disciplinadora da matéria. Em decorrência do julgamento, foi fixada a seguinte tese: "A cobrança do diferencial de alíquota alusivo ao ICMS, conforme introduzido pela Emenda Constitucional nº 87/2015, pressupõe edição de Lei Complementar veiculando normas gerais". O relator, ministro Marco Aurélio, afirma em seu voto que a Constituição Federal é expressa ao prever a necessidade de lei complementar para dispor sobre

---

1 Livre-docente em Direito Tributário pela Universidade de São Paulo (USP). Mestre e doutora pela Pontifícia Universidade Católica de São Paulo (PUC-SP). Sócia do Trench Rossi Watanabe. Professora do Instituto Brasileiro de Estudos Tributários (IBET) e da Coordenadoria Geral de Especialização, Aperfeiçoamento e Extensão (Coaege) da PUC-SP. Autora dos livros *Responsabilidade tributária* (Noeses, 2019), *As provas e o direito tributário: teoria e prática como instrumentos para a construção da verdade jurídica* (Saraiva, 2016) e *Presunções no Direito Tributário* (Quartier Latin, 2005).

elementos gerais do ICMS (art. 155, § 2º, inciso XII), fato que não ocorreu no caso concreto.

Já com relação à ADI n. 5.469, o julgamento foi procedente para declarar a inconstitucionalidade formal das cláusulas 1ª, 2ª, 3ª, 6ª e 9ª do Convênio ICMS n. 93/2015, que trata dos procedimentos para cobrança do referido diferencial de alíquota.

Por fim, na mesma linha do que vem ocorrendo com outras recentes decisões, o STF decidiu por modular os seus efeitos, criando neste caso um novo marco: para além do efeito *ex nunc*, modulou-se a vigência da declaração de inconstitucionalidade para o exercício seguinte à data do julgamento, ou seja, para 2022. Com isso, as cláusulas relativas à cobrança do Difal continuaram vigentes até dezembro de 2021, exceto a cláusula 9ª, relativa aos contribuintes não optantes pelo Simples Nacional, para os quais o efeito retroagirá a fevereiro de 2016. E é justamente sobre essa nova forma de modulação que trataremos neste artigo, em que pese não ignorarmos a atual discussão acerca da suspensão dos efeitos da Lei Complementar (LC) n. 190/2022 para o exercício de 2022 e a existência da Ação Direta de Inconstitucionalidade (ADI) n. 7.066 a esse respeito.

Modulação de efeitos de decisões do STF

Entre 2003 e 2018, apenas oito temas foram julgados pelo STF com modulação.[2] Recentemente, com os julgamentos virtuais fortemente utilizados, a Corte adotou a modulação ao solucionar relevantes controvérsias tributárias, como a da incidência do Imposto sobre Transmissão "Causa Mortis" e Doação (ITCMD) sobre heranças e doações vindas do exterior (RE n. 851.108), a do conflito Imposto sobre Serviços (ISS) *vs.* ICMS sobre *softwares* (ADIs n. 5.659 e n. 1.945), a do conflito ICMS *vs.* ISS sobre produtos farmacêuticos manipulados (RE n. 605.552) e a da exclusão do ICMS da base de cálculo da contribuição ao Programa de Integração Social (PIS) e da Contribuição para o Financiamento da Seguridade Social (Cofins) (RE n. 574.704), cada qual trazendo critérios e regras diversos.

---

2 Cf. Gasperin, Carlos Eduardo; Souza, Fernanda Donnabella Camano; Regini, Ligia. Processo administrativo, judicial e de execução fiscal no século XXI: lacunas normativas na modulação de efeitos de decisões tributárias. *Jota*, 4 jun. 2021.

Dentro desse contexto, a questão que se coloca é a seguinte: o que precisamos aprender com esses julgamentos, já que modulação ainda está em construção no Brasil?

Primeiramente, com base nos princípios da segurança jurídica e da legalidade, a regra geral é que a declaração de inconstitucionalidade de uma norma possua efeitos *ex tunc* – ou seja, ela deve retroagir e aplica-se imediatamente ao presente. Apenas em situações excepcionais, em que outros valores igualmente importantes são sopesados e acabam por prevalecer, é que no caso concreto os efeitos da declaração poderão ser *ex nunc*, de modo que não retroagirá.

A irretroatividade encontra-se prevista no art. 27 da Lei n. 9.868/1999, sendo admitida em decisões proferidas em ações de controle concentrado de constitucionalidade – Ação Declaratória de Constitucionalidade (ADC) e ADI –, mediante votos da maioria qualificada (2/3), "tendo em vista razões de segurança jurídica ou de excepcional interesse social".

Já com o advento do Código de Processo Civil (CPC) de 2015, o instituto foi positivado no art. 927 e respectivos parágrafos, que, ao consagrar a autoridade dos precedentes, passou a prever a alteração da jurisprudência como possível causa da modulação "no interesse social e no da segurança jurídica", assim qualificada a "jurisprudência dominante do Supremo Tribunal Federal e dos tribunais superiores ou daquela oriunda de julgamento de casos repetitivos" e a "modulação de enunciado de súmula, de jurisprudência pacificada ou de teses adotada em julgamento de casos repetitivos".

Portanto, seja no controle concentrado ou no difuso, hoje é possível ao STF, diante de razões excepcionais de segurança jurídica ou interesse social, modular os efeitos de decisão que reconhecer a inconstitucionalidade de determinada norma.

Há muito tempo o STF já se manifestou sobre a excepcionalidade da modulação – ainda que nossa experiência recente tenda a colocar em dúvida tal diretriz –, tendo decidido que o efeito *ex nunc* é "situação excepcional em que a declaração de nulidade, com seus normais efeitos *ex tunc*, resultaria grave ameaça a todo o sistema legislativo vigente" (RE n. 197.917, rel. Maurício Corrêa).

Não poderia ser diferente. Respeitar o passado em vista da eficácia normativa de norma inconstitucional só pode ter cabimento se a modulação se assentar em fundamentos constitucionais. Nesse sentido, a atribuição de efeitos *ex nunc* não pode ser vista como exercício de competência fundada em razões de conveniência, como *perda de arrecadação*. Na verdade, a segurança jurídica, essencial ao Estado de Direito, implica previsibilidade de modo a proteger o cidadão do elemento surpresa. Significa, necessariamente, expectativa por tratamento justo quando o cidadão é confrontado com decisões de última instância, que servem de orientação à realização do direito proclamado tendo em vista o que se deve fazer e o que se pode esperar.

Na aplicação do art. 27 da Lei n. 9.868/1999, o STF é provocado a valorar bens jurídicos em conflito. Em especial, conflito entre valores constitucionais da mesma hierarquia: de um lado a supremacia constitucional, em nome da qual se aplicaria a regra geral da nulidade *ex tunc* da lei declarada inconstitucional, e de outro a necessidade de estabilizar relações jurídicas e aplicar a segurança jurídica que deve nortear as ações de todos os cidadãos, como nas situações de violação ao direito à segurança jurídica (quando o contribuinte que pagou tributo para determinado sujeito ativo se vê compelido a pagar para outro, por conta do efeito da decisão) e à previsibilidade (quando a inconstitucionalidade repercute imediatamente nas obrigações acessórias, sem que seja dado tempo para contribuinte e Fisco se organizarem).

Há de se apontar, também, outro importante aspecto acerca da modulação, que diz respeito ao indesejado incentivo para o aumento do contencioso. Embora a efetividade e a eficiência processuais tenham ganhado especial ênfase no CPC de 2015 – constituindo-se em importantes diretrizes na resolução de litígios, em prol da certeza do direito e da segurança jurídica entre as partes –, o que se nota é que, especialmente desde o advento do RE n. 560.626 (prazo de decadência das contribuições sociais), os efeitos da inconstitucionalidade, apesar de *ex nunc*, protegeram aqueles que ajuizaram ação judicial em momento anterior à conclusão do julgamento. Com isso, a modulação vem provocando um nefasto efeito colateral, qual seja, o estímulo à litigiosidade e o prejuízo do contribuinte que não pôde contratar um advogado ou não quer sujeitar-se aos custos e riscos de um processo judicial.

Nesse contexto, ao tratarmos de norma reconhecidamente inconstitucional e de modulação, deveríamos necessariamente considerar que uma decisão do STF, em repercussão geral, deveria ser indistintamente aplicada a todos: aqueles que tinham ou não ações judiciais distribuídas, e a toda Administração tributária, incluindo a fiscalização e os tribunais administrativos. Precisamos evoluir legislativamente nesse sentido.

Finalmente, no caso do Difal, um outro aspecto chama atenção. Aqui, o STF não só modulou os efeitos da decisão para o passado (*ex nunc*), como também postergou sua eficácia para o ano calendário subsequente ao julgamento, ou seja, 2022. Analisaremos a seguir os fundamentos que levaram a Suprema Corte a assim decidir, bem como se a referida decisão, no nosso entendimento, se constituirá em paradigma para futuros julgamentos do STF.

A modulação de efeitos decidida no julgamento do Difal

Como vimos inicialmente, no caso do julgamento do Difal, o STF decidiu pela modulação dos efeitos da declaração de inconstitucionalidade das cláusulas 1ª, 2ª, 3ª, 6ª e 9ª do Convênio questionado, de modo que a decisão produzirá efeitos, quanto à cláusula 9ª, desde a data da concessão da medida cautelar nos autos da ADI n. 5.464/DF e, quanto às cláusulas 1ª, 2ª, 3ª e 6ª, a partir do ano calendário seguinte à conclusão deste julgamento (2022), aplicando-se a mesma solução em relação às respectivas leis dos estados e do Distrito Federal. Ficaram ressalvadas da modulação as ações judiciais em curso.

Verifica-se, nesse contexto, que o STF introduziu uma nova possibilidade de modulação ao reconhecer a inconstitucionalidade do Difal, mas declará-lo vigente desde sua criação até o término do exercício em que ocorreu o julgamento, e inválido a partir de 2022. E assim foi feito porque, para o STF, a segurança jurídica dos entes tributantes deveria ser privilegiada. Os estados, segundo consta da decisão, experimentariam situação pior que aquela na qual se encontravam antes da EC, pois se estabeleceria uma situação de vácuo normativo, na qual as operações interestaduais que destinassem bens ou serviços a outros entes federados simplesmente ficariam carentes de um regime jurídico imediatamente aplicável.

Segundo o ministro Dias Toffoli, "não obstante o vácuo normativo ocasionado pela inexistência de lei complementar, é fato que os estados continuaram a poder cobrar o ICMS com base nas cláusulas primeira, segunda, terceira e sexta do convênio". Com base nisso, o STF concluiu que a situação geraria "uma enorme insegurança jurídica, dada a ausência de tratamento normativo adequado a uma infinidade de operações", além da enorme perda de receita para os estados, que não teriam como exigir o ICMS nessas situações.

Verifica-se, do exposto, que dois foram os elementos considerados na modulação: (i) *insegurança jurídica*, dada a ausência de lei complementar instituindo a tributação pelo ICMS de operações interestaduais; e (ii) expressiva *perda de receita* para os estados, que não teriam como exigir o ICMS nessas operações interestaduais.

Sem dúvida alguma, é louvável a utilização da modulação com vista a manter válida, vigente e eficaz, durante o exercício do julgamento do recurso ou da ação, norma declarada inconstitucional, desde que para preservar a segurança jurídica das partes. Entretanto, foi a segurança jurídica ou a perda de arrecadação o verdadeiro balizador da modulação ora analisada? Vácuos jurídicos podem existir, o direito convive com isso. Mas como fica a legalidade? Pode ela ser minimizada a fim de se preservar pretensa segurança dos estados?

Por óbvio que os entes tributantes não podem deixar de arrecadar, e essa afirmação vale para qualquer momento econômico, não só para a pandemia que estamos vivendo. Entretanto, arrecada-se a custo da violação da legalidade? O legislativo se omite na criação de norma complementar, o executivo exige o recolhimento do Difal independentemente da existência de referida lei, e o contribuinte deve se sujeitar à cobrança inconstitucional porque o vácuo legislativo traria grande insegurança jurídica aos entes tributantes?

É realmente esse o Estado que queremos?

Não, não é. Interesse arrecadatório, por mais relevante que seja, não pode ser utilizado como critério na modulação de efeitos. Arrecadar é política de governo, não de Estado. Não compete ao STF zelar pela arrecadação.

Por fim, em pese nossa crítica, vemos com bons olhos o fato de o STF ter criado o marco temporal "próximo ano calendário" para produção de efeitos da declaração de inconstitucionalidade, desde que a decisão repercuta gravemente na sistemática atual de obrigações acessórias e de fiscalização. Contribuintes e Fisco precisam ter tempo para se planejar para os efeitos diretos e indiretos das decisões, isso sim é segurança jurídica e certeza. Não é fácil nem rápido alterar-se todo o sistema de uma empresa, sua precificação, a compreensão das novas regras, a forma de interpretar os fatos juridicamente relevantes reportados pelos contribuintes. O tempo de adaptação pode ser fundamental para se evitar a instauração de novos litígios.

Nesse contexto, citemos como exemplo a ADC n. 49 (incidência do ICMS na transferência de mercadorias entre estabelecimentos do mesmo contribuinte), em que tantas questões reflexas restam não respondidas até o momento em que este artigo foi escrito, trazendo profunda insegurança jurídica para todas as partes envolvidas.

O STF tem a digna função de zelar pela Constituição. O direito precisa resolver problemas, não os criar. A modulação da forma perpetrada no caso do Difal, e que poderá ser replicada em outras situações, visa possibilitar que as partes se planejem e que não sejam surpreendidas. Prestigiemos a modulação para assegurar certeza, segurança e previsibilidade, não mais que isso.

A elisão e a evasão fiscal sob o crivo do STF

Luiza Lacerda[1]

Introdução

No ano de 2021, completaram-se 20 anos da edição da Lei Complementar (LC) n. 104, que trouxe o controverso parágrafo único do art. 116 do Código Tributário Nacional (CTN), conhecido (impropriamente) como a norma geral antielisão do direito tributário brasileiro.

O citado dispositivo prevê que a "autoridade administrativa poderá desconsiderar atos ou negócios jurídicos praticados com a finalidade de dissimular a ocorrência do fato gerador do tributo ou a natureza dos elementos constitutivos da obrigação tributária, observados os procedimentos a serem estabelecidos em lei ordinária".

Apesar de muita discussão ao longo desses 20 anos, poucos consensos foram obtidos no âmbito da jurisprudência em relação aos limites da aplicação dessa norma. Ainda não se tem clareza quanto aos poderes outorgados às autoridades fiscais para requalificar as transações realizadas pelos contribuintes no lançamento de créditos tributários, seja mediante a utilização da referida norma, seja com base em outros institutos e conceitos legais. Afinal, o contribuinte pode optar por realizar uma transação de um modo – dentre vários possíveis – que seja menos oneroso do ponto de vista fiscal? Partindo da premissa de que os atos formais correspondam aos efetivamente praticados pelas partes, a estruturação dos negócios econômicos pode ser determinada por motivação fiscal? Em que circunstâncias as autoridades administrativas poderiam requalificar ou desconsiderar as transações para cobrar tributos?

---

[1] Sócia de BMA Advogados e especialista em Direito Tributário pela Pontifícia Universidade Católica de São Paulo (PUC-SP).

Respostas claras e precisas a essas (e outras) perguntas são indispensáveis para conferir segurança ao ambiente de negócios em nosso país. A falta de segurança quanto aos limites dos poderes outorgados às autoridades fiscais no exercício de suas funções de fiscalização e lançamento do crédito tributário traz graves prejuízos aos contribuintes e à sociedade como um todo. Os contribuintes acabam se vendo no dilema de escolher entre as estruturas mais onerosas do ponto de vista fiscal, perdendo competitividade e capacidade de investimentos, ou conviver com riscos de pesadas autuações fiscais, por vezes acompanhadas de imputações patrimoniais e criminais aos seus administradores.

Especificamente sobre o alcance do parágrafo único do art. 116 do CTN, os principais pontos de controvérsia consistem, basicamente:

(i) na constitucionalidade de normas antielisão no direito tributário brasileiro, tendo em vista os princípios da tipicidade cerrada que rege o nosso sistema fiscal, bem como o direito à livre iniciativa, que permite aos administrados a auto-organização de suas atividades econômicas;

(ii) na necessidade de prévia regulamentação para a aplicação do dispositivo pela fiscalização; e

(iii) no alcance dos poderes conferidos às autoridades fiscais.

Uma boa notícia parece estar por vir, com a esperada finalização do julgamento da Ação Direta de Inconstitucionalidade (ADI) n. 2.446, ajuizada em 2001 pela Confederação Nacional do Comércio (CNC) para questionamento da constitucionalidade do dispositivo em questão. O julgamento da ADI n. 2.446 foi iniciado em 12 de junho de 2020, em plenário virtual, com a apresentação do voto da ministra relatora Cármen Lúcia, inicialmente acompanhado pelos ministros Marco Aurélio, Edson Fachin, Alexandre de Moraes e Gilmar Mendes.

Apesar de o voto proferido pela ministra relatora julgar a ADI improcedente, afirmando a constitucionalidade do dispositivo impugnado, acaba por trazer importante clareza a algumas controvérsias na aplicação da legislação, impondo alguns limites à atuação das autoridades administrativas.

Em outubro de 2021, o julgamento foi retomado com o voto do ministro Ricardo Lewandowski, que, apesar de concordar com as ponderações trazidas pelo voto da ministra relatora quanto aos limites da norma, julgou-a inconstitucional por concluir que autorizar autoridades administrativas a desconsiderar atos e negócios jurídicos dissimulados afronta princípios constitucionais. O ministro concluiu que "apenas ao Judiciário competiria declarar a nulidade de ato ou negócio jurídico alegadamente simulados", como estabelece o art. 168

do Código Civil. O voto divergente do ministro Lewandowski foi seguido pelo ministro Alexandre de Moraes, que ajustou seu voto. Já o ministro Luiz Fux votou acompanhando a relatora.

Em março de 2022, o placar do julgamento está em cinco votos pela constitucionalidade da norma e dois pela sua inconstitucionalidade, porém com os sete votos já proferidos trazendo importantes definições sobre a desconsideração ou requalificação de atos e negócios jurídicos praticados pelos contribuintes para fins de lançamentos de tributos.

A eficácia do parágrafo único do art. 116 do CTN

Um primeiro ponto importante do voto da ministra relatora Cármen Lúcia consiste no destaque de que a "plena eficácia da norma depende de lei ordinária para estabelecer procedimentos a serem seguidos", concluindo que "o parágrafo único do art. 116 do Código Tributário Nacional pende, ainda hoje, de regulamentação". Essa afirmação foi referida e endossada pelo voto divergente do ministro Ricardo Lewandowski.

A parte final do dispositivo legal é realmente clara em estabelecer que a desconsideração de atos ou negócios jurídicos tidos por dissimulados somente poderá ser realizada se forem observados os *procedimentos* a serem estabelecidos em lei ordinária.

Na esfera federal, já houve duas tentativas de regulamentação dessa regra, inicialmente pela Medida Provisória (MP) n. 66, de 29 de agosto de 2002. Os art. 13 e seguintes da MP traziam conceitos do que se consideraria passível de desconsideração,[2] em questionável extrapolação ao dispositivo regulamentado, que delegou à legislação ordinária apenas a definição dos procedimentos para a sua aplicação.

A legalidade e a constitucionalidade dos art. 13 e seguintes da MP n. 66 foram muito atacadas pela doutrina e pelos contribuintes. Assim, os dispositivos acabaram suprimidos quando da conversão da MP na Lei n. 10.637, de 2002.

Muitos anos depois, em 2015, o poder executivo novamente incluiu no texto de uma MP alguns dispositivos com vistas a regulamentar o parágrafo único do

---
2 Prevendo a possibilidade de "desconsideração dos atos ou negócios jurídicos que visem a reduzir o valor de tributo, a evitar ou a postergar o seu pagamento ou a ocultar os verdadeiros aspectos do fato gerador ou a real natureza dos elementos constitutivos da obrigação tributária", cabendo à autoridade administrativa levar em conta, entre outros, a falta de propósito negocial ou o abuso de forma.

art. 116 do CTN. Tratou-se dos art. 7º e seguintes da MP n. 685, de 21 de julho de 2015, declaradamente inspirados no BEPS, o plano de ação para o combate à erosão da base tributária e transferência de lucros da Organização para a Cooperação e Desenvolvimento Econômico (OCDE), lançado em 2013. Mais uma vez, muito se debateu sobre o tema e os dispositivos acabaram excluídos pelo Congresso Nacional na conversão da citada MP na Lei n. 13.202, de 2015.

A despeito das rejeições do Congresso Nacional às pretendidas regulamentações do parágrafo único do art. 116 do CTN, as autoridades administrativas federais costumam defender o cabimento da aplicação do dispositivo.

No âmbito administrativo federal, a jurisprudência não é firme sobre o tema. Alguns julgados rejeitam a desconsideração de atos e negócios jurídicos com fundamento nesse dispositivo, tendo em vista a ausência de regulamentação,[3] enquanto outros consideram que a regulamentação geral do processo administrativo tributário já conteria as normas procedimentais suficientes para tanto.[4] Há outros, ainda, que entendem que a permissão legal para realizar lançamento sobre atos dissimulados já decorreria da combinação dos art. 142 e 149, inciso VII, do CTN.[5]

Confirmando-se a prevalência do voto proferido pela ministra Cármen Lúcia, segundo o qual o parágrafo único do art. 116 do CTN não tem eficácia plena, dependendo de regulamentação por lei (até hoje não editada), espera-se uma consolidação da jurisprudência judicial e a aplicação do entendimento também no âmbito administrativo.

---

[3] Nesse sentido: "ABUSO DE DIREITO. REGRA DO PARÁGRAFO ÚNICO DO ART. 116 DO CTN. NORMA DE EFICÁCIA LIMITADA. Enquanto não editada a lei ordinária exigida pelo parágrafo único do art. 116 do CTN, não pode a Autoridade Fiscal desconsiderar atos lícitos praticados pelo contribuinte sob a alegação de abuso de direito de auto-organização" (Conselho Administrativo de Recursos Fiscais – CARF, Acórdão n. 1302003.229, de 21 nov. 2018).

[4] Nesse sentido: "A norma geral antielisiva consignada no parágrafo único do art. 116 do CTN deve ser interpretada no sentido da sua eficácia, vez que esta interpretação é a que melhor se harmoniza com a CF/88, em especial com o dever fundamental de pagar tributos, com o princípio da capacidade contributiva e com a reprovabilidade social ao abuso de formas jurídicas de direito privado. O parágrafo único do art. 116 do CTN é uma norma nacional, imediatamente [sic] aplicável aos entes federativos que possuam normas sobre o procedimento administrativo fiscal, que, no caso da União Federal, consubstancia-se no Decreto n.70.235/72, recepcionado pela CF/88 com força de lei ordinária. A exigência de regulamentação, mediante procedimentos a serem estabelecidos em lei ordinária, consignada no parágrafo único do art. 116 do CTN, in fine, encontra-se suprida pelo Decreto n. 70.235/1972" (CARF, Acórdão n. 2402-008.110, de 4 fev. 2020).

[5] Nesse sentido: "Não há que se falar em regulamentação do art. 116 do CTN para que a autoridade lançadora efetue lançamento sobre atos considerados dissimulados. A permissão legal que a autoridade fiscal tem para realizar lançamento sobre atos dissimulados decorre da combinação do art. 116, parágrafo único, com os artigos 142 e 149, inciso VII, todos do CTN" (CARF, Acórdão n. 2202004.821, de 6 nov. 2018).

Simulação, abuso de direito e falta de propósito negocial: o alcance do parágrafo único do art. 116 do CTN

Os votos proferidos no julgamento da ADI n. 2.446 ajudam também a elucidar a extensão dos poderes conferidos pelo dispositivo às autoridades administrativas e, em especial, a legitimidade da prática de atos lícitos pelos contribuintes com vistas à redução da carga fiscal – o que nos parece significativamente mais relevante do que o reconhecimento da necessidade de prévia regulamentação.

Com efeito, com vistas a evitar discussões quanto à eficácia do parágrafo único do art. 116 do CTN antes de uma regulamentação ou como forma de reforçar os argumentos para a autuação, as autoridades administrativas vêm requalificando atos e negócios jurídicos praticados pelos contribuintes com base na afirmação genérica da ocorrência de simulação, abuso de direito e/ou impossibilidade de oposição ao fisco de atos praticados sem um "propósito negocial" além da economia fiscal.

É o que ocorre, por exemplo, em casos em que empresários constituem empresas distintas, com substâncias operacionais próprias e independentes umas das outras (como estabelecimentos, ativos, empregados etc.), enquadrando-as em regimes fiscais que ensejam tributos inferiores aos que seriam devidos no caso de concentração das atividades em uma empresa única (por exemplo, possibilidade de opção pelo Lucro Presumido para apuração da base de cálculo dos tributos federais, em detrimento da obrigatoriedade de adoção do regime de Lucro Real). É comum depararmos com autuações que desconsideram a segregação de atividades em empresas (efetivamente) distintas, sob o argumento de abuso de direito, pois a estrutura organizacional teria sido adotada exclusivamente para fins de economia fiscal.

É importante, contudo, diferenciar a elisão da evasão fiscal e, em especial, determinar o alcance das regras tributárias a cada situação. Em que circunstâncias a legislação tributária admite a desconsideração ou requalificação de atos formalmente praticados pelos contribuintes?

O voto proferido pela ministra Cármen Lúcia no julgamento da ADI n. 2.446 aborda a questão de forma muito pertinente. Sobre o conceito dos institutos, o voto destaca que "Enquanto na primeira [elisão] há diminuição lícita dos valores tributários devidos pois o contribuinte evita relação jurídica que faria nascer obrigação tributária, na segunda [evasão], o contribuinte atua de forma a ocultar fato gerador materializado para omitir-se ao pagamento da obrigação tributária devida".

Na verdade, os conceitos de elisão e evasão fiscal não chegam a gerar significativa controvérsia. Enquanto a elisão é a prática de uma medida lícita anterior ao fato gerador, que tem por efeito evitá-lo ou reduzir o tributo devido, a evasão é o meio ilício de suprimir ou reduzir o pagamento do tributo sobre fato gerador ocorrido.

Portanto, a controvérsia maior reside na legitimidade ou não da prática da elisão fiscal, mediante a escolha (e o desempenho) de determinada estrutura operacional/transacional com o objetivo de economia fiscal.

Nesse ponto, o voto proferido pela ministra Cármen Lúcia é de extrema relevância, concluindo que a norma prevista no parágrafo único do art. 116 do CTN tem por alcance o combate à evasão fiscal, e não à elisão fiscal, esta tida por lícita e regular no sistema tributário nacional. A ministra relatora afirma expressamente que "A norma não proíbe o contribuinte de buscar, pelas vias legítimas e comportamentos coerentes com a ordem jurídica, economia fiscal, realizando suas atividades de forma menos onerosa, e, assim, deixando de pagar tributos quando não configurado fato gerador cuja ocorrência tenha sido licitamente evitada". Assim, afasta-se definitivamente a tese de que o parágrafo único do art. 116 do CTN teria caráter de norma antielisiva, afastando-se, ainda, qualquer ilicitude na elisão fiscal.

O voto destaca a importância dos princípios da legalidade e da tipicidade cerrada para o nosso direito tributário, reafirmando que a Constituição Federal apenas admite a cobrança de tributos sobre fatos tipificados em lei, e nos limites da definição legal. Como consequência dos princípios da legalidade e da tipicidade cerrada, uma vez (e apenas quando) efetivamente praticado o fato gerador no mundo fenomênico, o direito brasileiro não admite que este seja dissimulado por atos formais que não reflitam o que efetivamente foi praticado pelas partes. O parágrafo único do art. 116 do CTN permite, justamente, que as autoridades tributem os fatos geradores dissimulados por outros atos ou negócios executados pelas partes.

O voto proferido pela ministra Cármen Lúcia conclui, então, que "a desconsideração autorizada pelo dispositivo está limitada aos atos ou negócios jurídicos praticados com intenção de dissimulação ou ocultação desse fato gerador. [...] Autoridade fiscal estará autorizada apenas a aplicar base de cálculo e alíquota a uma hipótese de incidência estabelecida em lei e que tenha se realizado".

O voto divergente proferido pelo ministro Ricardo Lewandowski endossa as conclusões da ministra relatora sobre o alcance do parágrafo único do art. 116 do CTN, indo além ao definir as hipóteses de simulação que admitiriam desconsideração com fundamento neste dispositivo. O ministro afirma que a simulação é um instituto único, definido pelo art. 167 do Código Civil, e que não pode ser diferenciado para fins fiscais. Segundo tal dispositivo, ocorre a simulação nos negócios jurídicos que (i) aparentam conferir ou transmitir direitos a pessoas diversas daquelas a quem realmente conferem, ou transmitem; (ii) contêm declaração, confissão, condição, ou cláusula não verdadeira; ou (iii) são pós-datados ou pré-datados.

Desse modo, apenas nos limites taxativamente estabelecidos no citado dispositivo é que seria possível a desconsideração dos atos aparentes ilicitamente praticados pelo contribuinte e a tributação daqueles dissimulados (disfarçados).

Concordamos inteiramente com a posição adotada pelo ministro Ricardo Lewandowski sobre o tema. A simulação é efetivamente um instituto de direito civil, cuja definição está claramente prevista em lei. Não se pode admitir que o mesmo instituto tenha contornos diversos apenas para fins fiscais, especialmente se considerarmos que sequer há uma definição legal na legislação fiscal para tanto.

E esse destaque acerca da definição do instituto e da taxatividade das situações em que há simulação é de extrema relevância, pois é frequente se constatar a imputação inadequada e genérica de existência de simulação em autuações fiscais, sem a demonstração de qualquer das hipóteses previstas no art. 167 do Código Civil.

É importante ter em mente, contudo, que a simulação consiste em disfarçar a realidade dos fatos, firmando documentos que não correspondem à realidade, com vistas a prejudicar terceiros, nos moldes das hipóteses previstas no § 1º do art. 167 do Código Civil. Sem a identificação dessas características no caso concreto, não há simulação.

A simulação *é geralmente* caracterizada como a prática de um ato ou negócio aparente com o intuito de encobrir ou ocultar um ato ou negócio dissimulado, porém efetivamente praticado pelas partes envolvidas. É o caso típico em que o contribuinte pretende atingir um fim por intermédio da prática de atos aparentes, como a doação (negócio dissimulado) revestida de compra e venda seguida do perdão de dívida do preço não pago pelo adquirente (ato aparente e simulado). Haveria, nesse caso, declarações e cláusulas não verdadeiras, eis que não corresponderiam à realidade do negócio (§ 1º, inciso II, do art. 167 do Código Civil).

É justamente a simulação, ou o fato gerador (praticado e) dissimulado, que o parágrafo único do art. 116 do CTN busca trazer à tona, tornando-o tributável, em consonância com diversos outros dispositivos da legislação tributária que determinam a incidência do tributo quando se verifica a prática do fato gerador, inclusive em caso de simulação.[6]

Apesar de o julgamento em questão tratar do parágrafo único do art. 116 do CTN, que diz respeito à dissimulação do fato gerador do tributo ou da natureza dos elementos da obrigação tributária (decorrente da simulação), os fundamentos dos votos já proferidos são relevantes também para outros institutos utilizados pelas autoridades administrativas para a desconsideração ou requalificação de atos e negócios praticados pelos contribuintes, como o abuso de direito e a teoria do propósito negocial.

No direito civil, o abuso de direito está previsto no art. 187 do Código Civil, constituindo uma espécie de ilícito atípico, decorrente do exercício de um direito com manifesto excesso aos "limites impostos pelo seu fim econômico ou social, pela boa-fé ou pelos bons costumes". É um instrumento posto à disposição do intérprete do direito para coibir práticas que, embora em consonância com lei em sentido formal e estrito, acabam por ferir os princípios gerais do direito e o objetivo da norma.

Esse instituto é comumente aplicado pelas autoridades administrativas conjugado à teoria do propósito negocial. No raciocínio construído pelas autoridades administrativas, um negócio jurídico, ainda que lícito, pode ser considerado abusivo se tiver por finalidade unicamente a redução da carga tributária. A conjugação desses institutos costuma ser aplicada em autuações envolvendo amortização de ágio, nas quais são desconsideradas empresas qualificadas como "veículo", por suposta ausência de propósito negocial.

Em nossa visão, a utilização desses fundamentos na constituição do crédito tributário esbarra no princípio da legalidade, que tem sido bem analisado nos votos proferidos no julgamento da ADI n. 2.446. O princípio da legalidade é uma garantia fundamental trazida já no art. 5º da Constituição Federal. O legislador constituinte houve por bem, contudo, reforçar a aplicação desse princípio no direito tributário, instituindo-o como uma expressa limitação ao poder de tributar prevista no art. 150, inciso I, da Constituição Federal. Segundo tal dispositivo, é vedada a exigência de tributo sem lei que o estabeleça.

O voto proferido pela ministra Cármen Lúcia traz importantes citações que destacam a relevância e o alcance desse princípio como garantia fundamental dos contribuintes,[7] concluindo, em apertada síntese, que apenas a concretiza-

---

6   Como os art. 142 e 149 do CTN.
7   A título exemplificativo: "Graças a este dispositivo, a lei – e só ela – deve definir, de forma

ção da situação prevista em lei como fato gerador do tributo faz nascer a obrigação tributária.

Assim, admitir a exigência de tributos com base em outros fundamentos que não a letra expressa da lei viola diretamente o art. 150, inciso I, da Constituição Federal. Ou todos os contornos do ato praticado estão previstos em lei como fato gerador de determinado tributo, ou não haverá possibilidade de exigência deste.

Se o contribuinte pratica um ato, em consonância com a lei em sentido estrito e formal, pode o fisco exigir tributo cuja lei não dispõe incidir sobre esse ato, sob o fundamento de que o contribuinte teria excedido os limites de seu direito ou de que o ato praticado está em desacordo com o objetivo social ou econômico da norma e/ou viola a boa-fé ou os bons costumes? A resposta a essa pergunta é não.

O abuso de direito nos parece inaplicável ao direito tributário e incompatível com os princípios da legalidade e da tipicidade cerrada aplicáveis ao direito tributário, uma vez que resultaria na exigência de tributo com base em princípios gerais de justiça, sem lei que o estabeleça. Os princípios da legalidade e da tipicidade cerrada são limitadores ao poder de tributar que não podem ser relativizados por outros institutos jurídicos, ainda que sob o pretexto de conferir justiça às situações ou privilegiar a solidariedade na arrecadação conforme a capacidade contributiva das partes.

E não para por aí. A aplicação do conceito de abuso de direito ao direito tributário seria formalmente inconstitucional, por ser um instituto previsto em lei ordinária (Código Civil), quando o art. 146 da Constituição Federal reserva à lei complementar regular as limitações ao poder de tributar e estabelecer normas gerais em matéria tributária.

Tão ou mais grave é a utilização da teoria do propósito negocial. Ainda que se diga que faltou outro propósito na forma praticada que não a economia de tributo, não se pode exigir tributo sobre um ato ou negócio não praticado se a lei assim não o determina. Não cabe à autoridade fiscal, subjetivamente, equiparar a situação fática verificada a outra mais onerosa do ponto de vista fiscal, sob pena de exigir tributo com base na analogia, e não em disposição de lei.[8]

---

absolutamente minuciosa, os tipos tributários. Sem esta precisa tipificação de nada valem regulamentos, portarias, atos administrativos e outros atos normativos infralegais: por si sós, não têm a propriedade de criar ônus ou gravames para os contribuintes" (Carrazza, Roque Antonio. *Curso de Direito Constitucional Tributário*. 29. ed. São Paulo: Malheiros, 2013. p. 275).

8 O que é expressamente vedado pelo art. 108, inciso I, do CTN.

Vale lembrar que não estamos aqui tratando de simulações, mas da prática coerente de determinado negócio, em que a aparência e a formalidade correspondem ao que foi efetivamente executado pelas partes.

Fato é que, apesar de os votos proferidos não terem abordado a desconsideração ou requalificação de negócios ou atos jurídicos com base em alegações de abuso de direito e falta de propósito negocial, parecem nos trazer limites também à aplicação desses fundamentos para a exigência de tributos, seja ao privilegiarem os princípios da legalidade e da tipicidade cerrada, seja ao tratarem da legitimidade da elisão fiscal e da busca pela menor tributação.

De fato, os votos nos parecem esclarecer com precisão a licitude da prática de planejamentos tributários que conduzam à elisão fiscal, evitando-se a ocorrência do fato gerador da obrigação tributária, diferenciando tal prática do instituto da simulação. Trazem também uma desejável e importante segurança jurídica aos contribuintes ao esclarecer que o parágrafo único do art. 116 do CTN não tem natureza antielisão, nem permite a desconsideração de atos lícitos praticados com vistas à busca da economia fiscal. Por outro lado, também de forma desejável, os votos ressaltam que o combate à evasão fiscal está em consonância com os princípios constitucionais aplicáveis ao sistema tributário brasileiro.

Espera-se, agora, que o julgamento seja finalizado com o endosso a esses conceitos e, em especial, que as autoridades e a jurisprudência administrativa compreendam e apliquem os limites constitucionais ao poder de tributar, diferenciando a simulação da prática lícita de elisão fiscal.

Conclusão

A constitucionalidade e a própria existência de uma norma antielisão no sistema tributário brasileiro são questões extremamente controvertidas, que ensejam significativa insegurança aos contribuintes. Há muito debate-se o alcance e os limites da norma prevista no parágrafo único ao art. 116 do CTN, referido em diversos contextos como a norma geral antielisão fiscal brasileira.

O julgamento da ADI n. 2.446 pelo STF, iniciado no ano de 2020 e pendente de finalização, tem o potencial de resolver importantes questões sobre o tema. Prevalecendo os conceitos adotados pelos votos já proferidos, restariam resolvidas as principais controvérsias sobre a questão, concluindo-se que:

(i) a eficácia do parágrafo único do art. 116 do CTN depende de regulamentação por lei, ainda não editada na esfera federal;

(ii) o dispositivo não veda a prática da elisão fiscal, não proibindo a busca de economia fiscal mediante a prática de atos lícitos e legítimos;

(iii) a desconsideração autorizada pela norma está limitada aos atos ou negócios jurídicos praticados com vistas a dissimular ou ocultar o fato gerador da obrigação tributária, quando este é efetivamente desempenhado pelo contribuinte.

Apesar de não abordada especificamente a aplicação de outros fundamentos comumente utilizados para a desconsideração ou requalificação de atos e negócios jurídicos pelas autoridades fiscais, os contornos destacados nos votos em relação à aplicação dos princípios da legalidade e da tipicidade cerrada no direito tributário deveriam vedar lançamentos com fundamento em abuso de direito e falta de propósito negocial.

Nós, operadores do direito tributário brasileiro, esperamos com ansiedade pela finalização do julgamento, que pode trazer importante avanço em direção à segurança jurídica dos contribuintes na estruturação de seus negócios.

A modulação nos casos de guerra fiscal

Tércio Chiavassa[1]

A modulação em matéria tributária encontra um capítulo peculiar nos casos de benefícios fiscais, entendidos aqui como aqueles unilateralmente concedidos pelos estados para atrair investimentos em contrapartida de uma carga tributária efetiva menor na comparação com a tributação ordinária em outro estado.

O impacto econômico das decisões do Supremo Tribunal Federal (STF) que declararam a inconstitucionalidade dos benefícios instituídos unilateralmente certamente ocasionou sérios problemas às empresas, já que tais benefícios são financeiramente relevantes.

As hipóteses de modulação de que ora se cuida possuem contornos especiais, já que o seu intuito seria muitas vezes manter a validade da norma declarada inconstitucional por um número razoável de anos após a sua declaração de inconstitucionalidade, evitando assim que os prejuízos fossem imediatamente sentidos nas situações de benefícios fiscais concedidos, não raro, por décadas.

Fato é que a verdadeira resolução para esse problema não veio nem virá do STF, embora tenham ocorrido mitigações em algumas situações, como adiante será visto. O remédio será ministrado pelo poder legislativo.

Historicamente, a jurisprudência[2] da Corte se consolidou no sentido de reconhecer a inconstitucionalidade de leis editadas pelos estados no sentido de conceder incentivos fiscais de Imposto sobre Circulação de Mercadorias e Serviços (ICMS) sem prévia deliberação por meio de convênio interestadual

---

1   Advogado, mestre em Direito pela Universidade de São Paulo (USP) e especialista em Processo Civil pela Università Degli Studi di Milano.
2   A título exemplificativo, mencionem-se: Ação Direta de Inconstitucionalidade (ADI) n. 2.548/PR, rel. Gilmar Mendes, julgado em: 15 jun. 2007; ADI n. 3.809/ES, rel. Eros Grau, julgado em: 14 set. 2007; ADI n. 3.935-MC/PR, rel. Gilmar Mendes, julgado em: 9 nov. 2007.

celebrado no âmbito do Conselho Nacional de Política Fazendária (Confaz), conforme exigência estabelecida no art. 155, § 2º, inciso XII, alínea "g", da Constituição Federal, no intuito de evitar a guerra fiscal entre os estados.

Nunca houve, na jurisprudência do STF, espaço para dúvida sobre a efetiva inconstitucionalidade das leis instituidoras de benefícios fiscais unilaterais outorgados pelos estados sem o respaldo em convênio do Confaz. É o que tantas vezes o então ministro Sepúlveda Pertence denominou inconstitucionalidade chapada, adotando essa conhecida expressão portuguesa, ou seja, a inconstitucionalidade óbvia, clara e que salta aos olhos sem qualquer esforço de raciocínio.

Nesse contexto, nas primeiras vezes em que foi provocado a se manifestar sobre a modulação dos efeitos em decisões sobre guerra fiscal, o STF considerava que não seria razoável se cogitar a manutenção de efeitos pretéritos de leis instituidoras de benefícios fiscais irregularmente concedidos, sob pena de se incentivar a guerra fiscal ao invés de coibi-la. O racional que respaldava esse entendimento residia na compreensão de que, uma vez preservada a validade desses incentivos, ainda que por limitado período de tempo, haveria nítido estímulo às sucessivas instituições de benefícios fiscais inconstitucionais pelos estados, os quais colheriam os frutos dos efeitos da vigência da lei até que sua inconstitucionalidade fosse declarada pelo STF.

Exemplo dessa postura pode ser observado no julgamento dos Embargos de Declaração (ED) opostos pelo governador do estado do Mato Grosso do Sul na Ação Direta de Inconstitucionalidade (ADI) n. 3.794-ED/PR,[3] ocorrido em 18 de dezembro de 2014, contra acórdão do Plenário que, em linha com a orientação jurisprudencial da Corte, havia reconhecido a inconstitucionalidade de dispositivos da legislação estadual sul-mato-grossense relativos à concessão de incentivos fiscais de ICMS sem amparo em convênio interestadual.

O pedido foi rejeitado à unanimidade pelo Plenário, nos termos do voto do ministro Roberto Barroso,[4] que concluiu não terem sido evidenciadas razões de segurança jurídica ou de interesse social que o respaldassem. Para tanto, pon-

---

3   ADI n. 3.794-ED/PR, rel. Roberto Barroso, julgado em: 25 fev. 2015.

4   Extrai-se do voto condutor do acórdão: "Ademais, a jurisprudência do STF não tem admitido a modulação de efeitos no caso de lei estadual instituir benefícios fiscais sem o prévio convênio exigido pelo art. 155, §2º, XII, g, considerando, portanto, correta a declaração da nulidade de tais normas com os tradicionais efeitos ex tunc. Isso porque, caso se admitisse a modulação de efeitos em situações como a presente, ter-se-ia como válidos os efeitos produzidos por benefícios fiscais claramente inconstitucionais no lapso de tempo entre a publicação da lei local instituidora e a decisão de inconstitucionalidade. Acabaria por se incentivar a guerra fiscal entre os Estados, em desarmonia com a Constituição Federal de 1988 e com sérias repercussões financeiras".

derou que a modulação de efeitos, nessas hipóteses, figuraria como incentivo à inconstitucionalidade e, em última análise, à própria guerra fiscal, revelando preocupação, primordialmente, à inibição de violações ao pacto federativo.

Tal racional, reproduzido em ocasiões anteriores,[5] foi reformulado a partir da decisão tomada pelo Plenário em 2015 nos autos da ADI n. 4.481/PR. Acolheu-se, naquela ocasião, a proposta de atribuição de eficácia *ex nunc* à declaração de inconstitucionalidade de benefício fiscal instituído pelo estado do Paraná.

Na fundamentação, o ministro Roberto Barroso tratou da evolução do entendimento na linha de que havia um juízo de ponderação entre a inconstitucionalidade decorrente da instituição irregular do incentivo fiscal (violação ao art. 155, § 2º, inciso XII, alínea "g", da Constituição Federal) e, de outra parte, dos princípios da boa-fé e da segurança jurídica dos contribuintes.

Devemos tomar um cuidado para bem compreender a razão efetiva daquela modulação. No caso citado, a eficácia da norma impugnada não foi, desde logo, suspensa em sede de medida cautelar. Em razão disso, a lei inconstitucional (e o benefício fiscal por ela instituído) vigorou por oito anos e, com isso, com presunção de constitucionalidade, orientando as condutas e os planejamentos de contribuintes que nela se pautaram.

Houve, portanto, uma legítima preocupação quanto à necessária cautela para modular tal caso de guerra fiscal. Havia um motivo específico, legítimo, e que mereceu a proteção (modulação). Prevaleceu a compreensão de que os impactos da desconstituição retroativa dos benefícios acarretariam injusto prejuízo às partes, diante das peculiaridades decorrentes da demora do Tribunal em suspender a eficácia da lei impugnada, em detrimento da plena eficácia (nas dimensões passada e futura) da norma constitucional reguladora da concessão de benefícios fiscais de ICMS. A demora do STF em decidir foi a própria causa da modulação.

Colhem-se, também, interessantes reflexões feitas pelo ministro Roberto Barroso, acompanhado pela maioria da Corte, na linha de que o juízo de ponderação deveria ser o confronto entre princípios constitucionais igualmente albergados pelo sistema jurídico.[6]

---

5   ADI n. 1.287/PA, rel. Dias Toffoli, julgado em: 17 ago. 2011; ADI n. 2.906/RJ, rel. Marco Aurélio, julgado em: 29 jun. 2011.

6   Quanto ao ponto, extrai-se do voto do ministro Roberto Barroso o seguinte excerto: "Mas, neste caso que ela vigorou por praticamente oito anos, eu acho que nós precisamos fazer uma ponderação. Qual é a ponderação que se faz? É a ponderação entre a regra da Constituição que foi violada, a que exige a observância de um rito específico, e, do outro lado, a segurança jurídica, a boa-fé, a estabilidade das relações que já se constituíram. Portanto, não se excepciona a incidência da Constituição, na verdade, ponderam-se dois mandamentos

Tal racional foi igualmente aplicado no julgamento da ADI n. 3.796/PR, no qual foi declarada a inconstitucionalidade de lei do estado do Paraná que, sem prévia autorização em convênio, concedia benefícios fiscais de ICMS. Aqui houve vigência da lei por dez anos, mesmo tendo sido combatida pelo estado interessado desde o início de sua vigência.

Vale mencionar que tal linha de conduta nos julgamentos do tema não se sustentou regularmente no tempo. Após os referidos julgamentos, o Plenário rejeitou modulação em situações similares.

Na sessão plenária de 30 de agosto de 2019, por exemplo, adotou posturas distintas em relação a hipóteses semelhantes envolvendo o uso da técnica da modulação de efeitos em hipótese de declaração de inconstitucionalidade de benefícios fiscais de ICMS, reafirmando a inconstitucionalidade chapada (ADI n. 3.779/PA e n. 4.985/PB). Embora tenha havido proposta de modulação, tal pleito foi rejeitado.

Há também um exemplo em sentido contrário ao anterior. Apreciando a ADI n. 3.984/SC, o Tribunal acolheu a proposta modulação sugerida pelo ministro Luiz Fux. Aqui, o fundamento[7] acolhido foi a existência de razões de segurança jurídica na preservação dos direitos dos contribuintes alcançados pela norma impugnada.

É possível verificar a existência, portanto, de decisões do STF modulando efeitos nas hipóteses de declaração de inconstitucionalidade de benefícios fiscais sempre no sentido de assegurar a proteção das legítimas expectativas dos contribuintes beneficiados, embora ainda presentes preocupações e ponderações quanto à interferência na política fiscal e no pacto federativo.

---

constitucionais. Não é o princípio da supremacia da Constituição que está sendo ponderado, o princípio da supremacia da Constituição é imponderável, ele é o pilar do sistema, o que nós estamos fazendo é, dentro da Constituição, ponderando dois valores ou dois dispositivos que têm assento constitucional. E, nestas circunstâncias, eu estarei privilegiando, ao modular, o mandamento da segurança jurídica e da boa-fé, que, a meu ver, milita em favor sobretudo das partes privadas que cumpriram as regras dessa lei" (ADI n. 4.481/PR, rel. Roberto Barroso, julgado em: 19 maio 2015).

7 Quanto à modulação dos efeitos da declaração de inconstitucionalidade, limitou-se o ministro relator, no que foi acompanhado pela maioria do Plenário, às seguintes considerações: "Entretanto, mercê das razões de segurança jurídica dos contribuintes alcançados pelas normas ora analisadas, proponho sejam modulados os efeitos da decisão de inconstitucionalidade do artigo 3º da norma impugnada, conferindo-lhes efeitos ex nunc, nos termos do artigo 27 da Lei 9.868/99, a contar da publicação da ata do presente julgamento. Destaco que nesse sentido tem se posicionado o Plenário desta Corte em casos similares, v.g.: ADI 2.663, rel. min. Luiz Fux, Tribunal Pleno, DJe de 29/05/2017; ADI 4.481, rel. min. Roberto Barroso, Tribunal Pleno, julgada em 11/3/2015, DJe de 19/5/2015" ADI n. 3.984/SC, rel. Luiz Fux, julgado em: 23 set. 2019.

Diante da mencionada inconstitucionalidade *chapada* do tema, fica claro que a modulação não se justificaria, salvo nas hipóteses em que não houve concessão de liminares suspendendo a aplicação da lei e em que o STF demorou anos para declarar a inconstitucionalidade, mantendo assim a situação em prejuízo do contribuinte. Aliás, mesmo nesse caso, teríamos sérias dúvidas de seu cabimento, já que o contribuinte não poderia se beneficiar da própria torpeza, uma vez que a concessão de incentivos fiscais de ICMS sem prévia anuência da unanimidade dos estados no âmbito do Confaz sempre foi afastada pela jurisprudência pacífica do STF, além de resultar em contrariedade expressa ao comando normativo estabelecido no art. 155, § 2º, inciso XII, alínea "g", da Constituição Federal, combinado com as disposições da Lei Complementar (LC) n. 24/1975.

O legislativo em ação: o cenário após a LC n. 160/2017

Após décadas convivendo com os problemas decorrentes da chamada guerra fiscal, os estados finalmente alcançaram certo consenso e, nesse contexto, em 2017 foi editada a LC n. 160 pelo governo federal.

Com a edição da referida LC n. 160/2017, o governo federal buscou mitigar os efeitos nocivos da guerra fiscal e estabilizar as relações tributárias envolvendo os entes federados. Como será detalhado abaixo, a intenção do governo foi a de pacificar e normatizar uma espécie de "perdão" em relação ao período passado e a "legalização" dos benefícios para o período futuro, com extinção gradual dos benefícios no tempo (ao invés de extinção imediata), preservando assim os investimentos efetuados pelas empresas.

A partir de tal momento, portanto, podemos dizer que o interesse na busca de julgamento das ADIs e nos consequentes pedidos de modulação arrefeceu, já que as situações decorrentes dos fatos consumados e também futuros estão praticamente todas albergadas pelos dispositivos previstos na LC n. 160/2017.

De acordo com o art. 1º da LC n. 160/2017, os estados foram autorizados a deliberar sobre:

(i) a remissão de créditos tributários constituídos ou não, decorrentes de benefícios instituídos sem amparo em convênio celebrado no âmbito do Confaz, por legislação estadual publicada até 8 de agosto de 2017;[8] e

---

8 Data de publicação e do início da produção de efeitos da LC n. 160/2017.

(ii) a reinstituição dos benefícios fiscais concedidos por legislação estadual publicada até 8 de agosto de 2017 e que ainda estivessem em vigor.

Segundo o art. 2º, a aprovação e a ratificação desse convênio específico no âmbito do Confaz poderiam ser feitas por: (i) 2/3 dos estados e (ii) 1/3 dos estados integrantes de cada uma das cinco regiões do país. Desse modo, o quórum para aprovação, antes unânime, foi consideravelmente facilitado.

O art. 3º da LC n. 160/2017 determinou que o convênio que instituiria a remissão e a reinstituição estaria condicionado às seguintes etapas:

(i) os estados deveriam publicar em seus Diários Oficiais uma lista com todos os atos normativos relativos aos benefícios instituídos por legislação estadual publicada até 8 de agosto de 2017; e

(ii) os estados deveriam efetuar o registro e o depósito da documentação comprobatória dos atos concessivos dos benefícios instituídos por legislação estadual publicada até 8 de agosto de 2017. Os atos concessivos seriam então publicados no Portal Nacional da Transparência Tributária.

A LC n. 160/2017 exigiu que os estados identificassem e publicassem os atos normativos instituidores dos benefícios – ou seja, leis, decretos, portarias, resoluções etc. publicados até 8 de agosto de 2017 – e também entregassem os atos concessivos – quais sejam, termos, regimes especiais, protocolos etc. – fundamentados em normas publicadas até a mesma data.

Além disso, conforme o art. 3º, § 2º, da LC n. 160/2017, apenas os estados que cumprissem essas etapas estariam autorizados a convalidar e prorrogar os benefícios fiscais, não podendo o prazo de fruição ultrapassar determinadas datas: (i) 31 de dezembro de 2032, para benefícios concedidos ao fomento das atividades agropecuária e industrial, inclusive agroindustrial, e ao investimento em infraestrutura rodoviária, aquaviária, ferroviária, portuária, aeroportuária e de transporte urbano; (ii) 31 de dezembro de 2025, para benefícios concedidos à manutenção ou ao incremento das atividades portuária e aeroportuária vinculadas ao comércio internacional; (iii) 31 de dezembro de 2022, para benefícios destinados à manutenção ou ao incremento das atividades comerciais; (iv) 31 de dezembro de 2022, para benefícios destinados às operações e prestações interestaduais com produtos agropecuários e extrativos vegetais *in natura*; e ainda (v) 31 de dezembro de 2018, quanto aos demais.

Por sua vez, em 15 de dezembro de 2017, o Confaz editou o Convênio ICMS n. 1.90[9] e trouxe regras e procedimentos mais específicos para regulamentar a LC n. 160/2017. O referido Convênio dispôs, na sua cláusula 2ª: (i) a obrigatoriedade de os estados editarem e publicarem a lista de atos normativos e de efetuarem o registro e o depósito de atos concessivos no caso de benefícios que não mais estivessem em vigor – para fins de perdão dos créditos tributários de ICMS; e (ii) caso o ato normativo fosse igualmente concessivo (como um Decreto que instituiu e já concedeu um benefício para uma empresa específica), mesmo assim os estados deveriam cumprir ambas as etapas.

Já nas cláusulas 3ª e 4ª, o Convênio ICMS n. 190/2017 impôs datas específicas:

(i) para atos normativos vigentes em 8 de agosto de 2017, publicação até 29 de março de 2018 da lista com todos os atos normativos;

(ii) para atos normativos não vigentes em 8 de agosto de 2017, publicação até 28 de dezembro de 2018 da lista com todos os atos normativos;

(iii) para atos concessivos de benefícios cujos atos normativos tenham sido publicados até 8 de agosto de 2017 e estejam vigentes na data do depósito, registro e depósito dos atos até 31 de agosto de 2018; e

(iv) para atos concessivos de benefícios cujos atos normativos tenham sido publicados até 8 de agosto de 2017 e não estejam vigentes na data do depósito, registro e depósito dos atos até 31 de julho de 2019.

Frise-se que os atos normativos e os atos concessivos que não foram objeto de publicação, registro e depósito nas datas citadas deveriam ser revogados pelos respectivos estados, como determina a cláusula 6ª. Assim, os benefícios fiscais não serão passíveis de aproveitamento pelos contribuintes caso os estados não tenham cumprido as etapas descritas.

Feitas as publicações, os depósitos e os registros pertinentes na Secretaria Executiva do Confaz nas datas especificadas, a cláusula 5ª determinou que os atos normativos e concessivos seriam publicados no Portal Nacional da Transparência Tributária no prazo de 30 dias (contados do registro e depósito do ato na Secretaria Executiva do Confaz).

Cumpridas ambas as etapas, o Convênio, na sua cláusula 9ª, garantiu a remissão e a anistia dos créditos tributários de ICMS, constituídos ou não, decorrentes de benefícios instituídos por legislação publicada até 8 de agosto

---

9 Alterado posteriormente pelo Convênio n. 51/2018.

de 2017, nos termos da cláusula 8ª, e autorizou os estados a reinstituir os benefícios fiscais, até 28 de dezembro de 2018, decorrentes de atos normativos publicados até 8 de agosto de 2017 e que ainda estivessem em vigor, nos termos da cláusula 9ª. A reinstituição dependeu, portanto, de cada estado.

Quanto à remissão, vale ainda dizer que o Convênio exigiu a desistência/renúncia (i) de ações judiciais relacionadas aos respectivos créditos tributários, com a quitação integral de custas e despesas processuais; (ii) de impugnações, defesas e recursos apresentados no âmbito administrativo; e (iii) de eventuais honorários de sucumbência devidos pelo estado ao advogado responsável pelo patrocínio da discussão judicial.

Vale mencionar que o estado de São Paulo, por exemplo, editou a Resolução Conjunta n. 1/2019 para regulamentar os procedimentos relativos ao cancelamento dos Autos de Infração lavrados no passado para glosa de créditos de ICMS,[10] confirmando, assim, que após a LC n. 160/2017 o cenário envolvendo os benefícios fiscais efetivamente mudou, descabendo retaliações contra seus próprios contribuintes.

Conclusão

A modulação nos casos de guerra fiscal encontrou espaço, primordialmente, nas situações em que declarada a inconstitucionalidade *chapada* das leis estaduais – o STF não suspendeu cautelarmente as leis. E, mesmo assim, há casos nessa situação em que a modulação não ocorreu.

O ingrediente novo na história e que se mostrou um remédio importante e eficaz foi a participação efetiva do poder legislativo para equacionar a situação, resguardando direitos e permitindo às empresas uma programação, uma previsibilidade efetiva que é tão necessária nos negócios.

---

10 "Art. 1º Para o reconhecimento de créditos relativos ao ICMS decorrentes de operações para as quais tenham sido concedidos benefícios em desacordo com o previsto no artigo 155, § 2º, XII, "g", da Constituição Federal, e na Lei Complementar 24/1975, o contribuinte adquirente paulista deverá: I – tratando-se de crédito objeto de Auto de Infração e Imposição de Multa – AIIM em processo eletrônico não julgado definitivamente na esfera administrativa, apresentar, por meio do Processo Administrativo Tributário Eletrônico (e-Pat), pedido conforme modelo constante do Anexo; II – tratando-se de Auto de Infração e Imposição de Multa – AIIM em processo físico não julgado definitivamente na esfera administrativa, apresentar pedido conforme modelo constante do Anexo, em uma das Delegacias Tributárias de Julgamento ou no Tribunal de Impostos e Taxas; III – tratando-se de Auto de Infração e Imposição de Multa – AIIM em processo físico ou eletrônico julgado definitivamente na esfera administrativa, apresentar pedido conforme modelo constante do Anexo [...]."

A ponderação que deixamos no ar é se a participação do legislativo não deveria ocorrer também em outras tantas situações em que a lei é declarada inconstitucional para trazer pacificação e, por outro lado, se a modulação não deveria ocorrer menos. Afinal, não deveríamos tornar regra o que deveria ser exceção. Por outro lado, não importa tanto o meio, mas a pacificação da situação e a entrega de previsibilidade às partes, para que o país tenha um ambiente de confiança e verdadeiramente propício à atração de mais investimentos externos e que permitam o nosso efetivo desenvolvimento.

O julgamento do RE n. 628.075 e as cobranças do passado contra contribuintes

Rafael Mallmann[1]

Introdução

Em 17 de agosto de 2020, o Supremo Tribunal Federal (STF) encerrou a sessão virtual de julgamento do Recurso Extraordinário (RE) n. 628.075/RS resolvendo o Tema 490 de repercussão geral, que versava sobre a constitucionalidade do art. 8º, inciso I, da Lei Complementar (LC) n. 24/1975, dispositivo legal que sustenta a glosa, pelos estados de destino, de créditos de Imposto sobre Circulação de Mercadorias e Serviços (ICMS) decorrentes de operações interestaduais nas quais os estados de origem concedem benefícios fiscais de forma unilateral, sem a aprovação prévia do Conselho Nacional de Política Fazendária (Confaz).

Por maioria, prevaleceu o voto do ministro Gilmar Mendes, no sentido de dar provimento ao recurso interposto pelo estado do Rio Grande do Sul, uma vez que a sobredita glosa não violaria o princípio constitucional da não cumulatividade. Ainda, foram atribuídos efeitos *ex nunc* à decisão, resguardando-se os efeitos jurídicos das relações tributárias constituídas até a data do julgamento e permitindo-se que os estados de destino constituam créditos tributários apenas em relação aos fatos geradores ocorridos a partir da decisão.

Assim, o presente estudo tem como objetivo analisar os efeitos da decisão proferida pelo STF no julgamento do RE n. 628.075 para os contribuintes,

---

[1] Sócio do escritório TozziniFreire Advogados. Bacharel em Direito pela Universidade Federal do Rio Grande do Sul (UFRGS), especialista em Direito Tributário pelo Instituto Brasileiro de Estudos Tributários (IBET) e em Gestão de Tributos e Planejamento Tributário Estratégico pela Faculdade de Administração, Contabilidade e Economia da Pontifícia Universidade Católica do Rio Grande do Sul (PUC-RS).

especialmente no que tange aos créditos tributários já constituídos pelos estados de destino.

Contexto normativo: guerra fiscal entre os estados

Antes de iniciar a análise do acórdão proferido no RE n. 628.075 e seus respectivos efeitos práticos, é fundamental a contextualização normativa do tema. A partir dela, se compreenderá a importância da decisão proferida pelo STF e dos seus efeitos.

A arrecadação do ICMS representa, historicamente, a maior fonte de receita própria dos estados brasileiros. Por outro lado, o ICMS é um dos mais relevantes e onerosos tributos sobre o consumo, muitas vezes representando a maior despesa tributária das empresas que se caracterizam como contribuintes do imposto. Essa realidade faz com que a concessão de incentivos fiscais no âmbito do ICMS tenha um grande poder de atração sobre os contribuintes. A concessão de um crédito presumido, a redução da base de cálculo de determinada operação ou qualquer outra medida que represente diminuição da carga representada pelo ICMS pode ser elemento decisivo na definição da localização de novos investimentos ou na reestruturação de atividades já em curso, com deslocamento de um estado a outro. É essa busca por investimentos privados através de benefícios e incentivos envolvendo o ICMS, em síntese, a essência do que se convencionou chamar de "guerra fiscal" entre os estados.

A perversidade de tal guerra não está somente nas perdas significativas de arrecadação e no deslocamento de atividades econômicas apenas com suporte em expressiva vantagem fiscal. O principal problema está nas consequências sobre o pacto federativo, uma vez que as renúncias fiscais, embora tenham efeitos diretos sobre os estados concedentes dos incentivos e contribuintes neles localizados, acabam por ser suportadas, de forma indireta, por outros estados e contribuintes.

Essa realidade foi percebida imediatamente após a instituição do ICMS, que substituiu o Imposto sobre Vendas e Consignações. A Emenda Constitucional (EC) n. 01/1967 previu que isenções relativas ao ICMS deveriam ser concedidas ou revogadas nos termos fixados em convênios celebrados pelos estados, na forma em que dispusesse futura lei complementar. Foram necessários 8 anos para que a regulamentação tomasse forma, o que ocorreu com a edição da LC n. 24/1975, diploma que estendeu a obrigatoriedade da celebração de convênios para além das isenções, citando expressamente reduções de base de cálculo, devoluções de imposto, créditos presumidos e "quaisquer outros incentivos ou favores fiscais ou financeiro-fiscais, concedidos com base no Imposto de Circulação de Mercadorias, dos quais resulte redução ou eliminação, direta ou indireta, do respectivo ônus".[2]

Sobredita regulamentação não foi suficiente para evitar que incentivos seguissem sendo concedidos de modo unilateral pelos estados. Paralelamente a isso, esses mesmos estados passaram a criar mecanismos para impedir que parte dos efeitos dos benefícios concedidos unilateralmente fossem sentidos dentro de seus territórios. O principal deles, sustentado no art. 8º, inciso I, da LC 24/1975,[3] era o impedimento do aproveitamento de créditos do imposto no estado de destino quando o contribuinte localizado no estado de origem era beneficiário de favor fiscal concedido à revelia da celebração de convênio. A contradição era absoluta. Os estados buscavam para si o melhor de dois mundos, e a utilização da palavra "guerra" para definir o cenário não poderia ser mais adequada.

A essa situação de insegurança, mais duas circunstâncias podem ser adicionadas. A primeira consiste na morosidade do STF para se pronunciar, quando instado a fazê-lo – lembremos que o STF não pode agir de ofício –, a respeito da constitucionalidade dos incentivos fiscais concedidos unilateralmente pelos estados. Embora o resultado das ações que questionavam incentivos concedidos sem a aprovação dos demais estados fosse, invariavelmente, a sua declaração de inconstitucionalidade, o tempo transcorrido entre a instituição do incentivo e a referida declaração aumentava sobremaneira os riscos econômicos para as partes envolvidas. Essa é a segunda questão relevante, pois os riscos econômicos não ficavam restritos aos contribuintes beneficiados pelos incentivos concedidos unilateralmente, mas atingiam também os contribuintes adquirentes de mercadorias, impedidos de utilizar os créditos de ICMS em face da aplicação de regras locais sustentadas na sanção imposta pelo já citado art. 8º, inciso I, da LC n. 24/1975.

Em 2012, o ministro Gilmar Mendes, do STF, aumentou ainda mais a tensão já existente em face do problema, ao apresentar a Proposta de Súmula Vinculante n. 69, prevendo que "Qualquer isenção, incentivo, redução de alíquota ou de base de cálculo, crédito presumido, dispensa de pagamento ou outro benefício fiscal relativo ao ICMS, concedido sem prévia aprovação em convênio

---

2   Art. 1º da LC n. 24/1975
3   "Art. 8º. A inobservância dos dispositivos desta Lei acarretará, cumulativamente: I – a nulidade do ato e a ineficácia do crédito fiscal atribuído ao estabelecimento recebedor da mercadoria; [...]."

celebrado no âmbito do Confaz, é inconstitucional". Embora o posicionamento do STF fosse há muito conhecido, a aplicação prática do enunciado da referida proposta, caso tivesse sido aprovada, poderia inviabilizar a manutenção de atividades sustentadas em incentivos historicamente concedidos de modo unilateral, seja pela suspensão imediata de sua aplicação, seja pela possibilidade de cobrança de exonerações concedidas ao longo do tempo.

Apesar de jamais ter sido apreciada, a aludida proposta serviu como elemento de pressão para que os estados buscassem uma solução para acabar com a guerra fiscal. O resultado prático foi a edição da LC n. 160/2017 e do Convênio ICMS n. 190/2017, que pavimentaram o caminho para a convalidação de todos os benefícios instituídos sem a observância do procedimento estabelecido pela LC n. 24/1975 e estabeleceram outros meios, especialmente as sanções previstas no art. 23, § 3º, incisos I a III, da LC n. 101/2000,[4] que poderão ser diretamente aplicadas pelo Ministério da Economia mediante representação de qualquer governador de estado ou Distrito Federal, para evitar que novos conflitos se estabeleçam.

Foi nesse contexto que o RE n. 628.075 foi julgado e seus efeitos sobre a glosa de créditos de ICMS em operações interestaduais, em face da aplicação da sanção prevista no art. 8º, inciso I, da LC n. 24/1975, devem ser analisados.

O art. 8º, inciso I, da LC n. 24/1975 e o julgamento do RE n. 628.075

Como visto, a LC n. 24/1975 tinha como objetivo aplacar a guerra fiscal estabelecida entre os estados. Uma das fórmulas utilizadas para tal fim foi a criação de sanção para os contribuintes adquirentes de mercadorias em operações interestaduais nas quais o contribuinte vendedor fazia uso de incentivo fiscal concedido de forma unilateral, sem a celebração de convênio com os demais estados. Tal sanção, prevista no art. 8º, inciso I, do referido diploma, prevê "a

---

4 "Art. 23. Se a despesa total com pessoal, do Poder ou órgão referido no art. 20, ultrapassar os limites definidos no mesmo artigo, sem prejuízo das medidas previstas no art. 22, o percentual excedente terá de ser eliminado nos dois quadrimestres seguintes, sendo pelo menos um terço no primeiro, adotando-se, entre outras, as providências previstas nos §§ 3º e 4º do art. 169 da Constituição. [...] § 3º *Não alcançada a redução no prazo estabelecido e enquanto perdurar o excesso, o Poder ou órgão referido no art. 20 não poderá*: I – receber transferências voluntárias; II – obter garantia, direta ou indireta, de outro ente; III – contratar operações de crédito, ressalvadas as destinadas ao pagamento da dívida mobiliária e as que visem à redução das despesas com pessoal.

nulidade do ato e a ineficácia do crédito fiscal atribuído ao estabelecimento recebedor da mercadoria".

A aplicação dessa sanção sempre foi contestada pelos contribuintes adquirentes. As razões para tal contestação eram as mais variadas, perpassando sua boa-fé na relação, a demonstração de que a cobrança do imposto exonerado haveria de ser dirigida ao contribuinte beneficiado diretamente com o incentivo, e não ao adquirente de sua mercadoria, e, principalmente, a violação ao princípio da não cumulatividade em matéria de ICMS, insculpido no art. 155, § 2º, inciso I, da Constituição Federal de 1988.[5] Esse último argumento, se aceito, teria como efeito prático o reconhecimento da não recepção do art. 8º, inciso I, da LC n. 24/1975 e, consequentemente, a invalidação das normas estaduais que o têm como arrimo.

O RE n. 628.075, interposto pela Gelita do Brasil Ltda. em face de acórdão proferido pelo Tribunal de Justiça do Rio Grande do Sul (TJRS), chegou ao STF justamente nesse cenário e teve sua repercussão geral reconhecida no ano de 2011. A parte recorrente adquiriu insumos de contribuinte localizado no estado do Paraná e teve glosados os créditos de ICMS relativos às operações, tendo em vista a concessão de incentivo fiscal não aprovado nos termos estabelecidos pela LC n. 24/1975.

O julgamento do RE n. 628.075, ocorrido em sessão virtual realizada entre os dias 7 e 17 de agosto de 2020, contrapôs dois entendimentos diametralmente opostos. O relator do recurso, ministro Edson Fachin, votou pelo provimento do pleito do contribuinte. Dentre outras razões, destacou não apenas a frustração de uma expectativa legítima do contribuinte adquirente pelo aproveitamento do crédito, mas também a inviabilidade de utilização de um expediente inconstitucional para a retaliação de outro com o mesmo vício. Prevaleceu, no entanto, o voto do ministro Gilmar Mendes, que respaldou a constitucionalidade do art. 8º, inciso I, da LC n. 24/975 e, consequentemente, dos dispositivos da legislação tributária gaúcha que determinam a glosa de créditos de ICMS gerados em operações beneficiadas com incentivos fiscais concedidos de forma unilateral.

Ainda que o objetivo da presente análise não seja avaliar a correção ou não da decisão proferida no julgamento do RE n. 628.075, e sim os seus efeitos, é

---

5 "Art. 155. Compete aos Estados e ao Distrito Federal instituir impostos sobre: [...] II – operações relativas à circulação de mercadorias e sobre prestações de serviços de transporte interestadual e intermunicipal e de comunicação, ainda que as operações e as prestações se iniciem no exterior; [...] § 2º O imposto previsto no inciso II atenderá ao seguinte: I – será não-cumulativo, compensando-se o que for devido em cada operação relativa à circulação de mercadorias ou prestação de serviços com o montante cobrado nas anteriores pelo mesmo ou outro Estado ou pelo Distrito Federal; [...]."

importante destacar que o voto vencedor, a nosso juízo, tangenciou o aspecto mais importante da discussão que foi levada à apreciação do STF.

Faz-se tal afirmação na medida em que, em mais de uma oportunidade, o ministro Gilmar Mendes fez questão de frisar que o aspecto mais relevante da controvérsia, em seu entendimento, não era a existência ou não de aprovação dos incentivos fiscais de ICMS por parte do Confaz como motivação para a glosa de créditos aproveitados pelos contribuintes adquirentes, mas a inexistência de cobrança (ou cobrança parcial) do imposto na etapa anterior. Invocou, para tanto, precedentes que versavam sobre a constitucionalidade de regras que determinam o estorno parcial de créditos de ICMS quando a operação subsequente é realizada ao abrigo de benefício de redução de base de cálculo.[6] Assim, "o princípio da não cumulatividade em matéria de ICMS deve ser interpretado no sentido de que o crédito a ser dado na operação posterior equivale ao valor efetivamente suportado pelo contribuinte nas etapas anteriores".

Há muito se sabe que o valor dos créditos aproveitados pelos contribuintes adquirentes muito dificilmente equivalerá ao montante do ICMS efetivamente recolhido pelo contribuinte vendedor. Tal hipótese somente se configurará quando o vendedor não tiver qualquer crédito a lançar em sua apuração, o que é improvável. A premissa utilizada pelo julgamento, nesse sentido, poderia sustentar a inadimplência do contribuinte vendedor como motivo de glosa de créditos utilizados pelo comprador, o que já foi rechaçado pelos nossos tribunais, ou, o que ainda seria mais absurdo, a vedação do direito ao crédito nas hipóteses de operação interestadual realizada por contribuinte que faz uso de incentivo aprovado pelo Confaz.

Independentemente dessas críticas, dúvidas não mais existem a respeito da possibilidade de os estados impedirem, para o futuro, o aproveitamento de créditos de ICMS com base na aplicação de regras sustentadas no art. 8º, inciso I, da LC n. 24/1975. Está definido o Tema n. 490 de Repercussão Geral e firmada a seguinte tese: "O estorno proporcional de crédito de ICMS efetuado pelo Estado de destino, em razão de crédito fiscal presumido concedido pelo Estado de origem sem autorização do Conselho Nacional de Política Fazendária (Confaz), não viola o princípio constitucional da não cumulatividade".

Diante disso, resta analisar quais as consequências da decisão sobre atos praticados no passado, especialmente considerando a modulação de efeitos determinada pelo STF.

---

6   RE n. 635.688

Modulação de efeitos prevista no RE n. 628.075

Ao final do voto vencedor proferido no julgamento do RE n. 628.075, o ministro Gilmar Mendes teceu considerações acerca dos impactos que a decisão do STF teria sobre estados e contribuintes, a se considerar o provimento ou desprovimento do recurso. Para exemplificar, referiu notícia apresentada nos autos pelo estado de São Paulo, que dava conta de uma contingência de 9 bilhões de reais na eventualidade de a tese dos contribuintes sair vencedora. Desse modo, na hipótese de o seu posicionamento prevalecer – o que efetivamente ocorreu –, propôs que a decisão surtisse efeitos *ex nunc*, de modo que os estados de destino só poderiam promover lançamentos tributários relativos a fatos geradores ocorridos a partir da data da decisão.

Da forma como proferida, a decisão aponta para uma conclusão: os créditos tributários constituídos com base na sanção prevista no art. 8º, inciso I, da LC n. 24/1975 permanecem hígidos, não podendo ser desconstituídos em face da não recepção de tal dispositivo por conta de suposta afronta ao princípio da não cumulatividade. Essa realidade não passou despercebida pelos contribuintes, que opuseram Embargos de Declaração (ED) ao acórdão e pediram ao STF a integração da decisão, a fim de que restasse esclarecido que os efeitos *ex nunc* da decisão também haveriam de ter como consequência prática o reconhecimento de que os créditos tributários constituídos até então não poderiam ser mantidos.

Não havia qualquer dúvida sobre o acerto das manifestações apresentadas pelos contribuintes e a necessidade de esclarecimento acerca do referido ponto. Não se tratava de permitir aos contribuintes reaver valores eventualmente recolhidos em face de autuações que já não mais existem, mas de impedir que vultoso contencioso siga existindo, mesmo quando o melhor caminho seja transformar a guerra fiscal em uma página virada.

Entretanto, em sessão virtual encerrada em 27 de agosto de 2021, o STF rejeitou os EDs opostos, reafirmando "os efeitos jurídicos das relações tributárias já constituídas, ou seja, a existência de lançamento tributário. Com efeito, nos termos do assentado no voto, caso não tenha havido ainda lançamentos tributários por parte do estado de destino, esse só poderá proceder ao lançamento em relação aos fatos geradores ocorridos a partir da referida decisão".

Desse modo, o que se pretende analisar é a existência de alternativa para a desconstituição de créditos constituídos antes da decisão proferida no julgamento do RE n. 628.075, independentemente da rejeição dos referidos EDs. Ela existe e passa pela conduta dos estados frente à LC n. 160/2017, que permite a convalidação dos incentivos fiscais concedidos à revelia do Confaz, que repercute sobre os créditos tributários decorrentes da aplicação das sanções sustentadas no art. 8º, inciso I, da LC n. 24/1975.

A LC n. 160/2017 versa sobre a possibilidade de deliberação pelos estados, mediante celebração de convênio, a respeito da "remissão dos créditos tributários, constituídos ou não, decorrentes das isenções, dos incentivos e dos benefícios fiscais ou financeiro-fiscais instituídos em desacordo com o disposto na alínea 'g' do inciso XII do § 2º do art. 155 da Constituição Federal por legislação estadual publicada até a data de início de produção de efeitos desta Lei Complementar" (art. 1º, inciso I).

Não se precisa ir longe para concluir que a preocupação primeira do legislador, para colocar uma verdadeira pá de cal sobre a guerra fiscal travada entre os estados, era resolver a imensa contingência que poderia ser criada para os contribuintes na hipótese de simplesmente restar assentada a inconstitucionalidade de incentivos fiscais concedidos unilateralmente e plenamente usufruídos no passado. Isso porque, à medida que houvesse declaração de inconstitucionalidade de qualquer incentivo com efeitos *ex tunc* – que é a regra em matéria de declaração de inconstitucionalidade –, os estados se veriam compelidos, sob pena de estarem abrindo mão de receita, a cobrar os valores que deixaram de ser exigidos em razão das renúncias fiscais tidas como inválidas.

Ciente de que essa era apenas uma das pontas soltas em matéria de contingência para os contribuintes – a do beneficiário direto do incentivo –, o legislador espelhou a regra da remissão também para os contribuintes que foram punidos com base na regra de ineficácia do crédito fiscal prevista no art. 8º, inciso I, da LC n. 24/1975. E certamente não haveria alternativa a ser considerada, afinal, o fundamento até então existente para as autuações, qual seja, a invalidade dos incentivos concedidos unilateralmente, deixava de existir com a sua convalidação.

O Convênio n. 190, publicado no final do ano de 2017, tratou de estabelecer os procedimentos necessários para que as remissões pudessem ser implementadas, assim como para que fossem convalidados ou reinstituídos os benefícios fiscais outrora concedidos à revelia do Confaz. Basicamente, ficavam os estados responsáveis pelo registro e depósito, junto à Secretaria Executiva do Confaz, dos atos normativos e concessivos dos incentivos fiscais, juntamente com sua respectiva documentação comprobatória. Não analisaremos aqui as especificidades dos atos que os estados devem ou deveriam ter praticado para permitir que se leve adiante o processo de remissão. O que interessa, de fato, é considerar os efeitos de tais atos, caso tenham observado as regras impostas pelo Convênio n. 190.

Partindo da premissa que os estados cumpriram com as exigências constantes do Convênio n. 190, nos parece absolutamente inafastável a obrigatoriedade de os estados, por meio de suas Secretarias de Fazenda e respectivas Procuradorias Jurídicas, envidarem esforços para promover a remissão de todos os créditos tributários que tenham sido constituídos no contexto da guerra fiscal. Seja no âmbito das ações já em curso, seja mediante pedidos administrativos realizados diretamente perante os órgãos fazendários, os estados deverão dar aplicação prática aos comandos constantes da LC n. 160/2017 e do Convênio n. 190, de forma a extirparem do ordenamento jurídico passivos dos contribuintes que não têm mais qualquer razão de existir.

É fundamental lembrar, nesse diapasão, que o voto vencedor proferido nos autos do RE n. 628.075, ainda que não tenha analisado de modo expresso a possibilidade de remissão estabelecida pela LC n. 160/17, foi absolutamente claro ao referir que "qualquer decisão a ser adotada por esse Tribunal deve respeitar o que eventualmente fora decidido pelos Estados com base na Lei Complementar 160/2017". Certamente, não faria sentido qualquer outra afirmação quando se sabe que a LC n. 160/2017 e o Convênio n. 190 são resultado de acordo que tem como objetivo organizar o jogo, repor a bola ao centro e reiniciá-lo com a esperança de que, a partir de agora, todos cumprirão as regras.

Considerações finais

A guerra fiscal no âmbito do ICMS, travada durante décadas entre os estados, terminou sem que houvesse vencedores. Não obstante o claro desenvolvimento de determinadas regiões do país em razão da atração de investimentos a partir da aplicação da concessão de incentivos, é provável que o custo suportado por outras regiões – que perderam negócios em razão dos mesmos incentivos – e todo o imbróglio gerado, com discussões jurídicas que pareciam intermináveis, não tenha sido compensador.

A decisão proferida pelo STF no julgamento do RE n. 628.075 poderia ter sepultado um dos grandes problemas gerados aos contribuintes que adquiriam mercadorias beneficiadas com incentivos concedidos unilateralmente por outros estados. Porém, restou por recepcionar a LC n. 24/1975 e serve como alerta para o futuro, caso um ou outro ente federado volte a desrespeitar as regras estabelecidas.

A par disso e da confirmação, pelo STF, de que a decisão proferida não atinge as autuações lavradas pelos estados para glosar créditos vinculados a incentivos fiscais concedidos unilateralmente, não existe margem para esses mesmos estados deixarem de respeitar os comandos constantes da LC n. 160/2017 e do Convênio n. 190 no que diz respeito às contingências do passado (inclusive já constituídas através de lançamentos fiscais). É imperioso que o destino dos créditos tributários constituídos a partir da aplicação da regra sancionatória insculpida no art. 8º, inciso I, da LC n. 24/1975, mesmo que o RE n. 628.075 tenha reconhecido a recepção do dispositivo pela Constituição, não seja outro que não a sua integral extinção.

Restituição de PIS/Cofins na substituição tributária: reflexos do julgamento do STF na apropriação de créditos na monofasia

Ariane Costa Guimarães[1]

Objeto de análise: contornos do RE n. 596.832 e impactos para discussões adjacentes

Os últimos dois anos foram marcados, no âmbito do Supremo Tribunal Federal (STF), pelo maior número de julgamentos de questões tributárias de sua história. Temas já pacificados voltaram à pauta da Corte, para definição em repercussão geral, como a questão da incidência do Imposto sobre Serviços (ISS) sobre atividades bancárias e a possibilidade de interpretação extensiva da lista anexa à Lei Complementar (LC) n. 116/2003. Por outro lado, viradas de posicionamento jurisprudencial surpreenderam notadamente os contribuintes tanto negativamente, como ocorreu com a tese sobre a incidência de contribuição previdenciária sobre terço constitucional de férias, como de modo positivo, como a não incidência da mesma exação sobre salário-maternidade.

Nesse cenário, pretende-se abordar um desses julgamentos levados a efeito no STF, qual seja, o que garantiu aos contribuintes o direito de restituição de contribuição ao Programa de Integração Social (PIS) e de Contribuição para o Financiamento da Seguridade Social (Cofins) na sistemática de substituição tributária quando o preço de venda praticado pelo contribuinte substituído é menor do que o recolhido pelo contribuinte substituto, bem como explorar seus potenciais reflexos na controvérsia atinente ao direito de descontos de créditos por revendedores de produtos submetidos à monofasia.

---

1 Sócia no Mattos Filho Advogados. Professora de Direito Tributário em Brasília. Vice-presidente da Comissão de Tribunais Superiores da Ordem dos Advogados do Brasil do Distrito Federal (OAB-DF). Diretora acadêmica da cadeira de Direito Tributário do Instituto de Estudos Jurídicos Aplicados (IEJA).

O caso concreto dizia respeito a um pedido formulado por postos de combustíveis de restituição de PIS/Cofins cobrados do substituto, a refinaria de petróleo, com a adoção de base de cálculo estimada superior às praticadas quando da revenda do produto ao consumidor final.

A repercussão geral foi reconhecida em 2009, oportunidade na qual o ministro Marco Aurélio afirmou que a querela transbordaria os interesses das partes. Além disso, consignou, na ocasião, que a jurisprudência aplicada ao caso pelo tribunal de origem (2ª Região do Tribunal Regional Federal – TRF) estaria sendo revisitada pela Corte. De fato, o TRF negou o pedido dos postos de gasolina ao argumento de que, no exame da Ação Direta de Inconstitucionalidade (ADI) n. 1.851, a restituição do imposto somente seria admitida nos casos de não ocorrência do fato gerador presumido, sendo inviável a devolução quando a base de cálculo real for apenas inferior à presumida. No entanto, tal precedente estaria sendo revisitado no contexto da ADI n. 2.777, a qual já contava com cinco votos pelo direito à restituição nessa hipótese e cinco votos pela negativa deste direito.

A indicação anunciada pelo ministro Marco Aurélio quanto à reforma do precedente formado na ADI n. 1.851 veio a se confirmar em outubro de 2016, quando o Plenário do STF veio a reconhecer o direito à restituição do ICMS, nos seguintes termos: "é devida a restituição da diferença do Imposto sobre Circulação de Mercadorias e Serviços – ICMS pago a mais no regime de substituição tributária para frente se a base de cálculo efetiva da operação for inferior à presumida".

Foi então que o caso abordado neste ensaio veio a ser julgado, em junho de 2020, para reconhecer o mesmo direito para PIS/Cofins: "devida a restituição da diferença das contribuições para o Programa de Integração Social – PIS e para o Financiamento da Seguridade Social – Cofins pagas a mais, no regime de substituição tributária, se a base de cálculo efetiva das operações for inferior à presumida".

O julgamento do RE n. 596.832 pelo Supremo Tribunal Federal

Como já antecipado, o julgamento do RE n. 596.832 advém de pleito formulado por postos de gasolina. É importante que, antes de descrever o julgamento e analisar os impactos dele decorrentes, se faça um contexto da forma de recolhimento do PIS/Cofins para o setor e as regras jurídicas a ele aplicáveis.

A substituição tributária para PIS/Cofins

Com o objetivo de coibir uma prática de mercado danosa de não recolhimento de tributos recorrente no mercado de combustíveis, foram editadas regras de antecipação tributária, as denominadas substituições tributárias para frente, em que as refinarias de petróleo passaram a exigir antecipadamente PIS/Cofins. Nesse passo, estava estabelecido na Lei n. 9.718/1998:

> Art. 4º. As refinarias de petróleo, relativamente às vendas que fizerem, ficam obrigadas a cobrar e a recolher, na condição de contribuintes substitutos, as contribuições a que se refere o art. 2º., devidas pelos distribuidores e comerciantes varejistas de combustíveis derivados de petróleo, inclusive gás.
> Parágrafo único. Na hipótese deste artigo, a contribuição será calculada sobre o preço de venda da refinaria, multiplicado por quatro.

Na sequência, foi editada a Medida Provisória (MP) n. 1.858/1999, que alterou o aludido dispositivo para prever redução na base de cálculo presumida, passando de 4 vezes o preço de venda da refinaria para 3,33.

A sistemática foi extinta em função do que estabelecido nas MPs n. 1.991-15/2000 e n. 2.158-35/2000, que concentraram o recolhimento das aludidas contribuições PIS/Cofins exclusivamente nas refinarias de petróleo.

Adiante, com a introdução da sistemática não cumulativa de recolhimento de PIS/Cofins, por intermédio das Leis n. 10.637/2002 e n. 10.833/2003, as receitas decorrentes da venda de combustíveis foram excluídas da sistemática de tomada de crédito.

No entanto, com o advento da Lei n. 10.865/2004, foi permitida a tributação dessas receitas do PIS/Cofins pelo regime não cumulativo, inicialmente, mediante opção por parte das pessoas jurídicas tributadas pelo Lucro Real, nos termos do que disciplinou o art. 42: "opcionalmente, as pessoas jurídicas tributadas pelo lucro real que aufiram receitas de venda dos produtos de que tratam os §§ 1º a 3º e 5º a 9º do art. 8º desta Lei poderão adotar, antecipadamente, o regime de incidência não cumulativa da contribuição para o PIS/PASEP e da COFINS". Tal regime de apuração passou a ser aplicado a todas as empresas sujeitas à incidência monofásica e tributadas pelo Lucro Real.

A referida Lei n. 10.865/2004, não bastasse tratar expressamente em seu art. 42 da possibilidade de apuração do PIS/Cofins pelo regime não cumulativo pelas pessoas jurídicas que comercializassem combustíveis, previu alterações no regime geral da não cumulatividade. Além de revogar o dispositivo que excluía as receitas relativas a produtos inseridos na cadeia de combustíveis do regime não cumulativo de apuração do PIS e da Cofins, a Lei inseriu a possibilidade de creditamento em relação aos bens adquiridos para revenda, ressalvando algumas exceções mencionadas nas alíneas "a" e "b" do dispositivo (combustíveis, por exemplo).

O contexto do caso concreto: argumentos e conteúdo decisório no STF

No contexto ainda da sistemática que estabelecia a substituição tributária para o combustível, tendo em conta que as bases de cálculo foram impostas em valores superiores aos preços praticados, os postos de gasolina requereram a diferença entre o valor recolhido pelo substituto tributário e os preços "de bomba", com base no quanto disposto pelo art. 150, § 7º, da Carta Republicana. O pedido não obteve acolhida até alçar, em 2009, ao STF, quando teve a repercussão geral reconhecida.

Na leitura do Procurador-Geral da República, os postos de gasolina tinham razão. É que a parte final do § 7º do art. 150 da Constituição precisa ser lida no sentido de que a restituição do tributo pago deve ocorrer quando o fato presumido, no caso o praticado pela refinaria, não ocorrer, o que se dá tanto quando a venda não acontece de forma alguma, como também na hipótese de ser realizada de modo diferente daquele tributado na etapa inicial da cadeia econômica. Assim, a expressão constitucional "cujo fato gerador deva ocorrer posteriormente" tem o sentido da necessária "correlação entre o momento preliminar de exteriorização do fato tributável e o momento subsequente no qual ocorre o fato gerador do tributo". Logo: "A ausência de correspondência valorativa entre a base de cálculo presumida e a base de cálculo efetivamente praticada implica o rompimento da correlação necessária entre o fato descrito na norma como pressuposto e a prestação tributária, de forma que o fato gerador não será aquele presumido, mas outro fato gerador, distinto em seu aspecto material".

O STF acolheu a pretensão deduzida pelos postos de gasolina. Segundo o voto do ministro relator, Marco Aurélio, o comando constitucional define que o fato gerador presumido é dotado de uma condição resolutiva. Isso significa que, não ocorrido o fato tal qual descrito na presunção ou constatada qualquer divergência de quaisquer dos parâmetros que nortearam a tributação, o contribuinte tem direito à devolução. Houve alusão, ainda, ao julgamento da mesma questão para o Imposto sobre Circulação de Mercadorias e Serviços (ICMS), em que a Corte já havia definido que o contribuinte substituído tem direito à devolução dos valores recolhidos a maior, no regime de substituição tributária, a título de ICMS.

Em complemento, o ministro Alexandre de Moraes concordou nesta parte, rememorando as discussões havidas quando do julgamento da questão para o ICMS: "outros limites que se impõem a tal regra da praticidade, pois a justiça fiscal e a segurança jurídica não podem ceder passo à atividade arrecadatória do Estado, pois aquela veda o enriquecimento ilícito, e, esta 'não pode transformar uma ficção jurídica em uma presunção juis et de jure'".

Além disso, faz destaque para o fato de que a substituição tributária possui conexão com o regime cumulativo de recolhimento de tributos. Assim, para a substituição tributária do PIS/Cofins, tanto substituto quanto substituído estão no regime cumulativo, de modo que não é assegurada a apropriação de créditos. Diferente é a situação da monofasia, regime que veio a ser implementado para o caso dos combustíveis, em que há concentração de alíquotas e os demais entes da cadeia deixam de ter qualquer relação jurídica com o Fisco.

Apesar de o caso concreto ter abrangência apenas até 2000, fato é que a decisão é relevante, na medida em que há operações sujeitas à substituição tributária de PIS/Cofins.

O ministro Alexandre de Moraes consignou, ainda, que o direito à restituição também resvala na situação oposta, ou seja, quando a base de cálculo real da operação for superior à presumida. Neste caso, o Fisco teria direito a exigir o complemento do tributo, sugerindo que este ponto ficasse consignado na tese definida em repercussão geral. Este aspecto não foi, contudo, contemplado nos demais votos dos ministros e o julgador ficou vencido neste particular.

Os impactos do julgamento do RE n. 596.832 a discussões pendentes: o direito de apropriação de créditos no regime monofásico e o direito à diferença pelo STF

Como se vê, o impacto da discussão tomada no STF tem escopo muito definido, no caso o recolhimento de PIS/Cofins no período em que vigorou a substituição tributária para os combustíveis.

No entanto, a decisão produz efeitos para cadeias submetidas à substituição tributária de PIS/Cofins. É o caso do cigarro, do álcool, inclusive para fins carburantes, destinado ao consumo ou à industrialização na Zona Franca de

Manaus, motocicletas, veículos autopropulsados (semeadores, plantadores e transplantadores). Assim, a partir da decisão tomada pelo STF, os substituídos que comercializem esses produtos poderão se ressarcir de PIS/Cofins cobrados dos substitutos e que não reflitam os valores de venda a consumidor final quando aqueles forem superiores a estes.

De outra banda, como tangenciou o ministro Alexandre de Moraes, a decisão está restrita à sistemática cumulativa e de substituição tributária, não se aplicando à sistemática monofásica, portanto. Apesar de a sistemática monofásica não ser afetada, entende-se pertinente a avaliação de potenciais impactos desta decisão sobre o caso das discussões próprias desse regime.

Aspectos gerais da monofasia para PIS/Cofins

Com efeito, é sabido que, atualmente, os contribuintes sujeitos à monofasia endereçam a questão atinente à apropriação de créditos no judiciário, porquanto a Receita Federal tem a posição de que a legislação veda o direito ao crédito de PIS/Cofins para o revendedor do produto.

Nesse passo, é importante rememorar alguns pressupostos relevantes da sistemática. A introdução de tal método implicou na elevação da alíquota da contribuição ao PIS e da Cofins e, de outro lado, no direito de apropriação de créditos dos bens e serviços empregados na atividade desempenhada.

Em relação ao que a disciplina do regime cumulativo prevê, a principal distinção instalada na apuração do PIS/Cofins em relação ao tratamento anterior consiste no direito de apropriar créditos. E, neste particular, é importante enfatizar a condição de método subsidiário, excepcional em relação àquela regra geral da não cumulatividade. Em vez do regime de crédito escritural sobre o produto ou o serviço, com regimes de "base sobre base" ou de "imposto sobre imposto', determinam-se descontos de créditos relativos ao que ingressa na empresa e que tenha sido, supostamente, tributado. É o que se denomina desconto sobre o valor de ingresso, não sobre o de saída, a título de valor agregado ou equivalente, conforme assinala Heleno Taveira Torres.[2]

E, tomando como base o regime não cumulativo, exsurgem duas formas de recolhimento, a partir da evolução legislativa, a clássica ou ordinária, com os

---

2 Torres, Heleno Taveira. *Não cumulatividade na incidência monofásica do PIS/Cofins*. 27 maio 2020. Disponível em: https://www.conjur.com.br/2020-mai-27/consultor-tributario-nao--cumulatividade-incidencia-monofasica-piscofins.

descontos dos créditos dos bens e serviços empregados na atividade empresarial e a excepcional, ou concentrada, que passou a ser adotada em cadeias econômicas com base no que definido no art. 149, § 4º, da Carta Republicana.

As Leis n. 10.833/2003 e n. 10.637/2002 explicitaram os setores que ficariam de fora da sistemática não cumulativa de recolhimento das contribuições, a saber, tanto os que permaneceriam na cumulatividade: "Art. 1º. [...] § 3º Não integram a base de cálculo a que se refere este artigo, as receitas: [...] IV – de venda dos produtos de que tratam as Leis nº 9.990, de 21 de julho de 2000, nº 10.147, de 21 de dezembro de 2000, e nº 10.485, de 3 de julho de 2002, ou quaisquer outras submetidas à incidência monofásica da contribuição".

Tal disposição foi alterada pela Lei n. 10.865/2004, que revogou este dispositivo para inserir na sistemática não cumulativa a receita da venda desses produtos, à exceção, aqui, do álcool para fins carburantes. É o marco da introdução do recolhimento monofásico e a sua acomodação à sistemática não cumulativa.

O regime monofásico da contribuição ao PIS e da Cofins é, portanto, semelhante à substituição tributária, pois determina a um contribuinte a responsabilidade pelas contribuições devidas em toda a cadeia produtiva ou de distribuição subsequente; dela se diferencia porque impõe a tributação a zero nas demais etapas e estabelece alíquotas majoradas justamente para concentrar a imposição fiscal nas etapas da fabricação ou da importação.

Como já adiantado, a Lei n. 10.147/2000 instituiu o regime monofásico para produtos de higiene pessoal, medicamentos e cosméticos, fazendo com que os importadores e industriais desses produtos fossem os responsáveis pelo recolhimento das contribuições determinando a aplicação de uma alíquota de 12,5% e reduziu a zero a alíquota do PIS e da Cofins para revendedores e varejistas. A própria Lei n. 10.865/2004 estabeleceu 12% para determinados produtos farmacêuticos. Igualmente, os distribuidores e revendedores de veículos ficam sujeitos a alíquotas concentradas de 11,6%, nos termos da Lei n. 10.485/2002. Os combustíveis, em especial gasolinas e suas correntes, exceto gasolina de aviação, óleo diesel e suas correntes, bem como gás liquefeito de petróleo (GLP) dos derivados de petróleo e gás natural, conforme a já mencionada MP n. 2.158-z5/2001. Como se verifica, todas as alíquotas aqui são aumentadas, o que revela haver concentração de carga tributária.

A incidência monofásica, como se verifica, não elimina a continuidade da cadeia plurifásica, que advém da própria Lei n. 10.865/2004, que, mais uma vez, incluiu essas operações na regra geral de tributação não cumulativa para a contribuição ao PIS e a Cofins. Ao contrário, apenas determinou a aplicação, a cada etapa, da "alíquota zero".

Tal qual ocorre com a substituição tributária, a ideia da monofasia é garantir a arrecadação das contribuições, evitando distorções econômicas ou evasão fiscal. A diferença, no entanto, é justamente o fato de que a monofasia se harmoniza com a não cumulatividade do PIS/Cofins. Não há, e neste ponto reside a principal diferença com a substituição tributária, presunção da ocorrência de fatos geradores futuros, mediante a adoção de bases de incidência fictícias, mas uma verdadeira "concentração de alíquotas fixas".

Logo, exsurge desta dinâmica a conclusão de que os demais elos da cadeia, os que passaram a ter alíquota zero de PIS/Cofins, não devem perder o direito de apropriação dos créditos, eis que o tributo é agregado ao custo do produto sujeito à monofasia. Ao contrário, a apropriação desses créditos pelos demais elos da cadeia, caso estejam submetidos potencialmente à não cumulatividade, é medida que se impõe para que o racional normativo se viabilize.

Além disso, é importante dizer que as regras do regime não cumulativo afastam o direito da tomada de crédito na operação de entrada e na saída quando não houver tributação, salvo as hipóteses de crédito presumido. Na sistemática da monofasia, no entanto, houve a concentração da tributação, não uma desoneração pura, pois, como já se viu, as alíquotas são majoradas nas figuras do importador e do produtor.

Foi com base neste raciocínio que o art. 17 da Lei n. 11.033/2004 explicitou: "as vendas efetuadas com suspensão, isenção, alíquota zero ou não incidência da Contribuição para o PIS/PASEP e da Cofins não impedem a manutenção, pelo vendedor, dos créditos vinculados a essas operações", demonstrando que os casos de monofasia não vedam a apropriação de créditos das contribuições.

O Conselho Administrativo de Recursos Fiscais (CARF), em julgamento ultimado na 3ª Turma da Câmara Superior no mês de fevereiro de 2022, permitiu a apropriação de créditos de PIS e Cofins sobre custos e despesas decorrentes da revenda de combustíveis (monofásico). Para o órgão, as receitas estão sujeitas ao regime não cumulativo (Processo n. 10183.721769/2010-06, relator Rodrigo da Costa Pôssas).

Diferente não foi o caso do Ato Declaratório Interpretativo (ADI) RFB n. 4/2016, o qual esclareceu, com caráter vinculativo para a Administração, que a partir de 1º de agosto de 2004, com a entrada em vigor dos art. 21 e 37 da Lei n. 10.865/2004, as receitas decorrentes da venda de produtos submetidos à incidência concentrada ou monofásica do PIS e da Cofins estão, em regra, sujeitas ao regime de apuração não cumulativa das referidas contribuições.

A despeito da clareza do direito, atualmente, a RFB nega o direito pleiteado com o argumento de que a saída, sendo tributada a zero, não permite a referida geração de créditos por aqueles que revendam os produtos submetidos à monofasia. Além disso, no regime monofásico, as contribuições são cobradas unicamente do produtor ou importador, os demais elos não têm cumulatividade a ser evitada, sendo descabido, portanto, o creditamento; de outro lado, ainda argumenta a Fazenda Nacional que o art. 17 da Lei n. 11.033/2004 prevê benefício fiscal, não sendo cabível, portanto, a não cumulatividade.

Reflexões sobre o direito de apropriação de crédito pelo revendedor de produtos submetidos à monofasia a partir do RE n. 596.832

Feitos os esclarecimentos sobre a discussão, fica evidenciada a inaplicabilidade do que foi decidido no âmbito do RE n. 596.832, que tratou da restituição de PIS/Cofins pelo substituído quando o preço presumido for maior do que o efetivo, quanto à disputa sobre a permissão do crédito na revenda de produtos submetidos à monofasia. A primeira justificativa de afastamento da aplicação imediata é a própria dinâmica analisada de tributação; enquanto a primeira diz respeito à monofasia, esta última trata da substituição tributária, modalidade inclusive mais afeita à cumulatividade das contribuições. E outra razão de inaplicação, decorrente da primeira, é o fato de que a sistemática de substituição tributária é de presunção da base de cálculo, não da concentração de alíquotas, como é próprio da monofasia.

No trecho a seguir, fica evidenciado esse racional, explicitado pelo ministro Gurgel de Faria no Superior Tribunal de Justiça (STJ) quando do julgamento do Recurso Especial (REsp) n. 1.768.224: "no regime monofásico, a carga tributária concentra-se numa única fase, sendo suportada por um único contribuinte, não havendo cumulatividade a se evitar. Na técnica não cumulativa, por sua vez, a carga tributária é diluída em operações sucessivas (plurifasia), sendo suportada por cada elo (contribuinte) da cadeia produtiva, havendo direito a abater o crédito da etapa anterior".

No entanto, apesar de serem situações diferentes, há alguns pontos de contato entre as discussões, o que merece ser destacado. É o caso da premissa trabalhada pelo ministro Alexandre de Moraes de que a substituição tributária, sendo uma técnica de responsabilidade tributária, tem como pano de fundo o regime cumulativo de recolhimento das contribuições. Nesse passo, é relevante transcrever o trecho em que o ministro discorre a respeito desta questão:

Atente-se que, nesse regime cumulativo de cobrança do PIS e da COFINS, estão enquadrados os contribuintes sujeitos ao recolhimento mediante substituição tributária a que se refere o § 7º do art. 150, do Texto Maior. Assim sendo, se a receita auferida com a venda de determinada mercadoria está sujeita ao regime de substituição tributária, então tanto os substitutos como os substituídos estarão sujeitos à sistemática cumulativa de PIS e Cofins, o que lhes impede de apropriar créditos em relação aos custos, despesas e encargos vinculados às receitas submetidas à substituição tributária (ADOLPHO BERGAMINI, Curso de Tributos Indiretos, Vol. II, PIS e COFINS, São Paulo: FISCOSoft, 2016, item 1.2.2.1)

A monofasia sucedeu a substituição tributária, sendo aplicável, agora, para o regime não cumulativo de apuração das contribuições. O ministro Alexandre de Moraes também enuncia e esclarece essa classificação abstrata:

> Outro ponto relevante a ser acentuado é que, malgrado o recolhimento das contribuições em comento, sob o regime de substituição tributária, não estar mais em vigor para os derivados de petróleo, hipótese destes autos, para o qual o regime se tornou monofásico, em que apenas a refinaria de petróleo é sujeito passivo da obrigação tributária, essa técnica fiscal ainda se aplica a outros setores econômicos [...].

Além disso, o ministro enfatiza que a monofasia sucedeu, para o caso do combustível, a responsabilidade por substituição tributária:

> Posteriormente, a Lei 9.990/2000 e MP 1991-15/2000 alteraram a sistemática de recolhimento de tais contribuições, passando o tributo a ser recolhido de forma monofásica, incidindo sobre a receita bruta auferida pelas refinarias de petróleo, restando desonerados do pagamento das citadas contribuições sociais os distribuidores e comerciantes varejistas, cujas receitas decorrentes de suas vendas foram submetidas à incidência da alíquota zero.

Assim, os recortes de classificação das sistemáticas da substituição tributária e da monofasia tributária permitem concluir que há apenas duas formas de apuração do PIS/Cofins, a cumulativa, regra geral estabelecida na Lei n. 9.718/1998, e a não cumulativa, que passou a ser, assim, a regra geral a partir de 2002, por intermédio da aplicação da alíquota majorada e o direito à apropriação de créditos. Alguns setores foram mantidos no regime cumulativo única e exclusivamente porque não tinham créditos a serem descontados, como é o caso das instituições financeiras.

Está claro que a sistemática de recolhimento da monofasia diz respeito a um formato de responsabilidade tributária instituído com propósito específico, o qual, como se sabe, diz respeito à evasão fiscal detectada nos setores albergados (combustíveis, medicamentos e produtos de higiene). Há, de um lado, a imposição de alíquotas ainda mais altas porque, em verdade, essas alíquotas suportam o encargo tributário de toda a cadeia.

Assim, as premissas desenvolvidas pelo ministro Alexandre de Moraes dão conta de reforçar a compatibilidade entre o regime de recolhimento não cumulativo, o que se caracteriza principalmente pelo direito ao desconto de créditos, e a sistemática monofásica de recolhimento. É que se a monofasia sucedeu a substituição tributária, que, como ele mesmo afirma, se compatibiliza com a cumulatividade de PIS/Cofins, a única conclusão possível é que a forma monofásica de responsabilização tributária necessariamente está inserida na sistemática não cumulativa de apuração, porquanto monofasia não se trata de uma terceira forma de apurar, mas, verdadeiramente, de uma maneira diferente de responsabilidade tributária, adaptada para a não cumulatividade.

Portanto, é evidente que a sistemática monofásica não se trata de nova forma de recolhimento, mas modalidade de responsabilização pelo pagamento das contribuições, consistindo na concentração, como se verifica, das alíquotas. A monofasia, portanto, implica na tributação "limitada a uma única oportunidade, em um só ponto do processo de produção e distribuição", conforme assinala Leandro Paulsen.[3] A tributação monofásica não reduz a carga tributária, mas concentra a incidência, sem que isso signifique redução da carga incidente sobre os respectivos produtos.

Desse modo, tem-se que as premissas trabalhadas nos votos do caso examinado podem auxiliar a reflexão da controvérsia atinente à apropriação de créditos na cadeia de produtos gravados pela monofasia, pois, diferentemente da conclusão a que chegou o STJ, de incompatibilidade entre não cumulatividade e monofasia, o ministro Alexandre de Moraes descreve todo o histórico normativo para permitir a conclusão justamente contrária.

Além disso, outro aspecto relevante é abordado pelo ministro Marco Aurélio no *leading case* examinado. Trata-se da necessidade de considerar a substituição tributária, e por que não a monofasia que a sucedeu no regime não

---

[3] *Curso de Direito Tributário*. São Paulo: Livraria do Advogado, 2014. p. 389.

cumulativo de apuração de PIS/Cofins, como técnica provisória de arrecadação tributária. Como consequência, e em virtude do princípio da capacidade contributiva, "a receita de todas suas operações, essa mesma lei excluiu da incidência das contribuições os ingressos oriundos de terceiros que não representem resultado financeiro da empresa tributada. Nessa mesma direção, decidiu esta CORTE no Tema 69 da repercussão geral, reafirmando a diretriz constitucional de que a tributação deve guardar correlação com a capacidade contributiva do contribuinte."

Assim, se os tribunais não garantirem o direito dos revendedores de apropriar créditos, desconsiderando a não cumulatividade, pelo pressuposto reafirmado no acórdão prolatado no RE n. 596.832, caso a imposição das alíquotas majoradas para a sistemática monofásica represente tributação acima da que seria aplicada na última etapa da cadeia pelo varejista, este tem direito à restituição.

Nesse sentido, a Lei n. 10.485/2002 permitiu a aplicação de alíquotas majoradas de PIS/Cofins sobre as receitas auferidas pelo industrial ou importador, de modo que o recolhimento por eles realizado de forma antecipada corresponda ao montante do tributo que seria arrecadado se cobrado individualmente em cada operação de revenda.

Logo, se a incidência de PIS/Cofins na sistemática monofásica de produtos submetidos a esta técnica de apuração ocorrer em montante quantitativo superior àquele que seria verificado no caso da tributação convencional de tais contribuições, ou seja, alíquotas de 1,65% (PIS) e 7,6% (Cofins) em regime não cumulativo, o contribuinte tem o direito à restituição, em virtude do princípio da capacidade contributiva.

Natureza jurídica do terço constitucional de férias para fins de incidência da contribuição previdenciária patronal

Paulo Camargo Tedesco[1]

O julgamento do RE n. 1.072.485 (Tema 985) pelo STF

Em 31 de agosto de 2020, o Supremo Tribunal Federal (STF) finalizou o julgamento do Recurso Extraordinário (RE) n. 1.072.485 (Tema 985 de Repercussão Geral), no qual concluiu pela constitucionalidade da incidência de contribuições previdenciárias sobre o terço constitucional de férias gozadas. O acórdão, publicado em 2 de outubro de 2020, veicula a tese fixada pela Corte: "É legítima a incidência de contribuição social, a cargo do empregador, sobre os valores pagos ao empregado a título de terço constitucional de férias gozadas".

A decisão do STF, nos termos do voto do próprio ministro relator, Marco Aurélio, se pautou em "dois pressupostos para [definir] a incidência da contribuição previdenciária sobre valores pagos aos empregados: a natureza remuneratória e a habitualidade da verba". Essas diretrizes levaram os ministros a concluir que o terço constitucional de férias usufruídas compõe a base de cálculo das contribuições previdenciárias por constituir verba percebida "periodicamente, como complemento à remuneração", sendo "irrelevante a ausência de prestação de serviço no período de férias" por caracterizar afastamento meramente temporário, que, por si só, não teria o condão de dissociar o pagamento da verba ao trabalho realizado. Como não poderia deixar de ser, o STF expressamente ressalvou, da incidência das contribuições, o adicional relativo às férias indenizadas, em razão de expressa previsão insculpida na Lei n. 8.212/1991.

A discussão acerca da composição da base de cálculo das contribuições previdenciárias não é nova no STF. Em 2017, quando do julgamento do Tema 20 de

---

[1] Sócio do Mattos Filho, Veiga Filho, Marrey Jr. e Quiroga Advogados.

Repercussão Geral (RE n. 565.160), fixou-se a tese de que "A contribuição social a cargo do empregador incide sobre ganhos habituais do empregado, quer anteriores ou posteriores à Emenda Constitucional nº 20/1998". Na ocasião, o ministro Luiz Fux afirmou em seu voto que a interpretação conjunta dos art. 201, *caput* e § 11, e 195, inciso I, alínea "a", da Constituição Federal, por si só, permitiria concluir que "só deve compor a base de cálculo da contribuição previdenciária a cargo do empregador aquelas parcelas pagas com habitualidade, em razão do trabalho, e que, via de consequência, serão efetivamente passíveis de incorporação aos proventos da aposentadoria".

O acórdão consigna que a Emenda Constitucional (EC) n. 20/1998, ainda que tenha promovido a alteração do art. 195 da Constituição, não modificou o alcance da base de cálculo das contribuições previdenciárias. Essa alteração constitucional apenas ensejou a incidência da contribuição patronal sobre parcelas recebidas em decorrência de relações não empregatícias, exação essa que havia sido afastada pelo STF anos antes (RE n. 166.772).

De um modo geral, a tônica dos precedentes do STF quanto ao tema confere à base de cálculo das contribuições previdenciárias interpretação extensiva. Entendem os ministros que o conceito de *folha de salários* alberga todo o montante de natureza retributiva pago aos empregados, excluindo-se apenas as verbas de caráter indenizatório evidente e as pagas eventualmente. Premissas semelhantes levaram o STF, em 2003, a editar a Súmula n. 688, que estabelece ser "legítima a incidência da contribuição previdenciária sobre o 13º salário".

A despeito de parte dos ministros já ter manifestado entendimento de que a definição da natureza de cada rubrica (se indenizatória ou remuneratória), para fins de incidência de contribuição previdenciária, é de índole infraconstitucional, fato é que o STF já se debruçou sobre verbas que, historicamente, vinham gerando longos debates no poder judiciário. Além do terço constitucional de férias gozadas, ora analisado, e do 13º salário, recentemente o STF deu fim à discussão a respeito da exigência de contribuições previdenciárias sobre o salário-maternidade (RE n. 576.967). A conclusão a que a Corte chegou, contudo, destoou das decisões anteriormente mencionadas. A tese fixada foi a de que "é inconstitucional a incidência de contribuição previdenciária a cargo do empregador sobre o salário maternidade".

O cenário sociopolítico atual e a relevância do debate acerca das questões de gênero foram fatores determinantes para que o STF adotasse entendimento diverso neste caso. O ministro relator Luís Roberto Barroso entendeu que a exigência representaria desincentivo à contratação de mulheres, gerando discriminação que se revela incompatível com o texto constitucional. Por esse motivo, afastar a tributação sobre o salário-maternidade, nas palavras do relator, "privilegia a isonomia, a proteção da maternidade e da família, e a diminuição de discriminação entre homens e mulheres no mercado de trabalho".

Apesar de ter chegado a conclusão distinta nessa oportunidade, o STF não contradisse a orientação previamente firmada quanto à extensão da expressão "folha de salários" (RE n. 565.160). Bem ao contrário: utilizou-a como baliza de suas conclusões no que tange à verba paga às mulheres, afastando a tributação sobre a rubrica também porque, evidentemente, tais valores não configuram *ganhos habituais*.

A modulação dos efeitos da decisão RE n. 1.072.485

Em face do acórdão proferido no bojo do RE n. 1.072.485, que, como antecipado, reputou constitucional a incidência de contribuição previdenciária patronal sobre o terço constitucional de férias, foram opostos seis Embargos de Declaração (ED), ainda pendentes de apreciação pelo STF. Tais aclaratórios postulam que os efeitos do acórdão embargado sejam exclusivamente prospectivos, atingindo somente fatos geradores e relações jurídicas posteriores a sua publicação.

O pedido de modulação dos efeitos tem uma justificativa relevante: a fixação da tese em questão culminou na alteração do cenário jurisprudencial que até então se verificava a respeito da verba. Isso porque, em 2014, a 1ª Seção do Superior Tribunal de Justiça (STJ), submetido à sistemática dos recursos repetitivos no julgamento do Recurso Especial (REsp) n. 1.230.957/RS, havia assentado que "a importância paga a título de terço constitucional de férias possui natureza indenizatória/compensatória, e não constitui ganho habitual do empregado, razão pela qual sobre ela não é possível a incidência de contribuição previdenciária (a cargo da empresa)".

Diante de tal julgamento, a Procuradoria-Geral da Fazenda Nacional incluiu essa matéria em sua lista de dispensa de contestar ou recorrer, a qual foi posteriormente revista em razão do reconhecimento da repercussão geral da discussão no RE n. 1.072.485 (Tema 985).

De igual modo, o próprio STF, historicamente, já havia proferido decisões em casos envolvendo servidores públicos que sinalizavam entendimento de que "a garantia de recebimento de, pelo menos, um terço a mais do que o salário normal no gozo das férias anuais (CB, artigo 7º, XVII) tem por finalidade permitir ao trabalhador 'reforço financeiro nesse período (férias)' [RE 345.458,

Relatora Min. Ellen Gracie, DJ de 11.3.05], o que significa dizer que a sua natureza é compensatória/indenizatória" (ARE n. 603.357/DF).

Diante desse contexto, incumbe analisar as possíveis consequências do recente entendimento firmado pelo STF, que, na contramão de decisões anteriores, assentou a necessidade de inclusão do terço de férias na base de cálculo das contribuições previdenciárias.

A chamada "modulação de efeitos" consiste na possibilidade de os tribunais superiores restringirem os efeitos de sua decisão ou de fixarem o momento a partir do qual suas decisões terão eficácia. Essa possibilidade foi prevista inicialmente pela Lei n. 9.868/1999, especificamente em relação aos julgamentos de Ações Diretas de Inconstitucionalidade (ADI). À época, a tônica do dispositivo que previa a possibilidade de modulação era de excepcionalidade da medida.

De acordo com o art. 27 da Lei n. 9.868/1999, as circunstâncias que justificam a postergação dos efeitos de decisões do STF são: (i) o julgamento da Corte ter declarado a inconstitucionalidade de lei ou ato normativo; (ii) a preservação da segurança jurídica ou de excepcional interesse social; e (iii) o acolhimento da modulação por dois terços dos ministros da Corte.

Com o advento do Código de Processo Civil (CPC) de 2015, a hipótese de modulação de efeitos passou a ser prevista expressamente para os julgamentos de recursos repetitivos. Nesse sentido, os art. 525, § 13, e 535, § 6º, aludem à possibilidade de o STF modular os efeitos de decisão que declarar a inconstitucionalidade de lei ou ato normativo, em razão da segurança jurídica.

Por sua vez, o § 3º do art. 927 do CPC dispõe que "Na hipótese de alteração de jurisprudência dominante do Supremo Tribunal Federal e dos tribunais superiores ou daquela oriunda de julgamento de casos repetitivos, pode haver modulação dos efeitos da alteração no interesse social e no da segurança jurídica".

Trazendo tais considerações para o caso do RE n. 1.072.485, infere-se haver argumentos consistentes para defender a aplicação da modulação dos efeitos do acórdão proferido pelo STF. Isso porque a jurisprudência já estava sedimentada em sentido oposto, havendo, como dito, entendimento do STJ firmado sob o rito dos recursos repetitivos (REsp n. 1.230.957/RS) e do próprio STF, ainda que no caso de servidores públicos (RE n. 345.458 e AgRg no AG n. 603.537- -7-DF), afastando a incidência de contribuições previdenciárias sobre o terço constitucional de férias.

A alteração do panorama jurisprudencial até então vigente foi reconhecida, inclusive, pela Procuradoria-Geral da República, que, em 23 de outubro de 2020, opôs EDs nos autos do RE n. 1.072.485 pedindo a atribuição de efeitos infringentes ao recurso para que (i) seja alterada a tese fixada pelos ministros e, então, reconhecida a não incidência da contribuição previdenciária patronal sobre o terço de férias; ou, ao menos, (ii) sejam modulados os efeitos da decisão.

Logo, parece-nos haver chances relevantes de modulação dos efeitos do acórdão, pois estão presentes os requisitos para tanto, quais sejam: (i) interesse social, (ii) necessidade de se preservar a segurança jurídica e (iii) alteração da jurisprudência dominante. Resta saber, ainda, qual será o marco temporal adotado pelos ministros para modular os efeitos da decisão, na hipótese de tal modulação ser determinada.

O quórum necessário para a modulação dos efeitos

O julgamento dos EDs opostos em face do acórdão proferido pelo STF inicialmente ocorreria em plenário virtual, por meio do lançamento e cômputo gradual dos votos dos ministros, mas tal procedimento foi interrompido em razão do Pedido de Destaque formulado pelo atual presidente da Corte, Luiz Fux.

Nos termos do art. 4º, inciso I e § 2º, da Resolução STF n. 642/2019, pedidos de destaque ensejam o reinício do julgamento fora de ambiente virtual. O panorama da votação, que já havia sido iniciada quando da iniciativa do presidente, era favorável aos contribuintes, mas ainda indefinido.

Cinco dos ministros (Luís Roberto Barroso, Dias Toffoli, Rosa Weber, Cármen Lúcia e Edson Fachin) já haviam se posicionado a favor da modulação no sentido de limitar os efeitos do novo entendimento para os fatos ocorridos a partir da publicação do acórdão. No entanto, quatro votaram em sentido oposto, incluindo o ministro relator Marco Aurélio, que foi acompanhado por Ricardo Lewandowski, Gilmar Mendes e Alexandre de Moraes. Estavam pendentes os posicionamentos dos ministros Nunes Marques e Luiz Fux.

O quórum necessário para a modulação dos efeitos de decisão como a proferida no *leading case* de terço constitucional de férias é tema controverso. Isso porque o já mencionado art. 27 da Lei n. 9.868/1999 exige quórum de dois terços do Pleno do STF para a modulação. Contudo, o dispositivo em questão é expresso ao delimitar a aplicabilidade de tal quórum às hipóteses de declaração de inconstitucionalidade de lei (ou interpretação legal), com efeito *erga omnes*, o que não ocorreu no julgamento do RE n. 1.072.485, em que se decidiu pela compatibilidade da exigência do terço de férias com o texto da Constituição.

Excepcionalmente, o STF decidiu, em Questão de Ordem no RE n. 638.115, que "para a modulação dos efeitos de decisão em julgamento de recursos extraordinários repetitivos, com repercussão geral, nos quais não tenha havido declaração de inconstitucionalidade de ato normativo, é suficiente o quórum de maioria absoluta [6 votos] dos membros do Supremo Tribunal Federal".

A redução do quórum para fins de modulação, assentado na Questão de Ordem por maioria de votos, teve como um de seus principais fundamentos, justamente, o fato de que o art. 927, § 3º, do CPC assegura tal possibilidade diante de cenário de alteração da jurisprudência dominante. Reconheceu-se ainda que, no caso de haver suspeição ou impedimento, o quórum deve observar o número de ministros aptos a votar em relação à proposta de modulação.

Assim, o STF afastou, textualmente, a aplicação do quórum de dois terços previsto na Lei n. 9.868/1999 para os casos de alteração jurisprudencial em que não se verifique declaração de inconstitucionalidade. A presidência da Corte entendeu que o CPC de 2015 não prevê quórum específico em seu art. 927, § 3º, ao dispor acerca da modulação em caso de alteração jurisprudencial.

Em nossa visão, a coerência deve levar à aplicação do entendimento firmado na Questão de Ordem ao *leading case* RE n. 1.072.485, pois, ao decidir pela incidência de contribuição previdenciária patronal sobre o terço de férias gozadas, o STF (i) não declarou a inconstitucionalidade de dispositivo normativo algum; e (ii) inquestionavelmente, alterou o panorama jurisprudencial que, até então, se verificava acerca da matéria em debate.

As consequências da aplicação do quórum reduzido podem se revelar positivas para os contribuintes, pois seriam necessários apenas seis votos para a determinação da modulação dos efeitos da decisão que considerou legítima a cobrança. Conforme já mencionado, à época em que o julgamento dos EDs opostos no Recurso ainda ocorria em plenário virtual, a aplicação da modulação já contava com cinco votos em seu favor.

Ainda, vale lembrar que um dos ministros que votou contra a modulação, Marco Aurélio, já se aposentou, em 5 de julho de 2021.

O marco temporal em caso de modulação dos efeitos

Como visto até aqui, há chances relevantes de modulação dos efeitos do julgamento do RE n. 1.072.485, pois estão presentes os requisitos para tanto, sendo necessário, em tese, quórum de maioria absoluta dos ministros do STF, levando-se em consideração recente precedente da Corte.

Conforme já mencionado, foram opostos seis EDs no RE n. 1.072.485, sendo eles: da Sollo Sul Insumos Agrícolas Ltda. (parte litigante); do Ministério

Público Federal; e dos *amici curiae* Confederação dos Servidores Públicos do Brasil (CSPB), Instituto Brasileiro de Direito Previdenciário (IBDP), Instituto Brasileiro de Planejamento e Tributação (IBPT) e Associação Brasileira de Advocacia Tributária (ABAT).

Nos EDs opostos pela Sollo Sul Insumos Agrícolas Ltda., foi formulado pedido para que "seja realizada a modulação prospectiva dos efeitos do julgamento, em nome da segurança jurídica e do interesse social".

Os EDs opostos pelo IBPT requerem "a decretação de modulação dos efeitos da decisão, em respeito ao princípio constitucional da segurança jurídica e ao disposto nos artigos 20, 23 e 24 do Decreto-Lei nº 4.657/1942".

Ainda, nos EDs opostos pelo IBDP, formulou-se pedido para que sejam modulados os efeitos do acórdão para "determinar seus efeitos (ex nunc) após o trânsito em julgado formal do acórdão embargado, ou (subsidiariamente) após a publicação da r. decisão dos presentes Embargos de Declaração, ou (subsidiariamente) após a publicação do r. acórdão embargado, ou (subsidiariamente), após a publicação do acórdão que admitiu o processamento do RE nº 1.072.485 no âmbito dessa Suprema Corte".

Já a ABAT, em seus EDs, formulou pedido para que "se restrinja os efeitos da decisão a fatos geradores e relações jurídicas ocorridos apenas a partir da publicação do v. acórdão embargado, não se aplicando a fatos ou situações jurídicas ocorridas em período anterior".

Por fim, nos EDs opostos pelo Ministério Público Federal, pleiteou-se que "sejam modulados seus efeitos, dando-lhe eficácia pro futuro, com efeitos ex nunc, a partir do julgamento dos presentes embargos de declaração".

A legislação vigente não traça parâmetros objetivos para a limitação dos efeitos temporais das decisões vinculantes do STF. No entanto, analisando-se os precedentes da Corte em que se decidiu pela modulação de efeitos, é possível identificar um padrão que, possivelmente, igualmente subsidiará os ministros em decisões vindouras.

Em trabalho doutrinário, o ministro Gilmar Mendes[2] sugere a aplicação do entendimento do STF para as ações já ajuizadas como solução menos prejudicial aos jurisdicionados: "Daí parecer razoável que o próprio STF declare, nesses casos, a inconstitucionalidade com eficácia ex nunc na ação direta, ressalvando, porém, os casos concretos já julgados ou, em determinadas situações,

---

2 Mendes, Gilmar Ferreira; Branco, Paulo Gustavo Gonet. *Curso de Direito Constitucional*. 10. ed. São Paulo: Saraiva, 2015. p. 1333.

até mesmo os casos sub judice, até a data de ajuizamento da ação direta de inconstitucionalidade".

Em situações semelhantes, o STF já modulou os efeitos de decisão para após a publicação da ata de julgamento. É caso do julgamento do RE n. 593.849, no qual se discutia a restituição de ICMS pago sob a sistemática da substituição tributária, bem como na ADI n. 4.481, que implicou a declaração de inconstitucionalidade de lei estadual paranaense que concedia benefícios fiscais em relação ao ICMS.

Naquele julgado, a modulação se deu nos seguintes termos: "o Tribunal modulou os efeitos do julgamento a fim de que o precedente que aqui se elabora deve orientar todos os litígios judiciais pendentes submetidos à sistemática da repercussão geral e os casos futuros oriundos de antecipação do pagamento de fato gerador presumido realizada após a fixação do presente entendimento". A expressão "após a fixação do presente entendimento", no entanto, gerou dúvidas e insegurança jurídica sobre o termo inicial da modulação dos efeitos.

Em sede de Embargos de Declaração, contudo, o STF esclareceu que "deve ser considerada [a modulação] a partir da publicação da tese". Nesse sentido, "eventuais ações ajuizadas no interregno entre a publicação da ata de julgamento e a publicação da decisão embargada devem ser julgadas de acordo com o novo posicionamento do Supremo Tribunal Federal acerca da matéria".

Mais recentemente, no julgamento dos EDs opostos no *leading case* RE n. 574.706, em que se definiu que o ICMS não compõe a base de cálculo da contribuição ao Programa de Integração Social (PIS) e da Contribuição para o Financiamento da Seguridade Social (Cofins), a opção dos ministros foi pela data de conclusão do primeiro julgamento (15 de março de 2017), a despeito dos pleitos fazendários de que a decisão só produzisse efeitos após a finalização do julgamento dos EDs.

Apesar de ainda não ser possível precisar o marco temporal a ser adotado pelo STF quando do julgamento do RE n. 1.072.485, parece-nos provável e razoável que os ministros prezem pela segurança jurídica e autorizem a cobrança de contribuições previdenciárias apenas em relação aos períodos posteriores ao julgamento, o que ensejará a extinção das obrigações tributárias decorrentes dos fatos geradores ocorridos até a data a ser fixada pelo STF.

Conclusão

A análise histórica dos precedentes do STF permite concluir que a Corte possui entendimento ampliativo quanto à composição da base de cálculo das contribuições previdenciárias, ressalvadas, tão somente, as hipóteses em que, evidentemente, não se verifica o atendimento aos requisitos legais para que determinada rubrica se inclua na *folha de salários*, quais sejam: a natureza remuneratória e a habitualidade da verba.

Especificamente no que toca ao terço constitucional de férias, é inquestionável a existência de jurisprudência até então consolidada em sentido contrário à tese fixada pelo STF. É que o STJ, sob o rito dos recursos repetitivos (REsp n. 1.230.957/RS), e o próprio STF (RE n. 345.458 e AgRg no AG n. 603.537-7-DF) afastavam a incidência de contribuições previdenciárias sobre o terço constitucional de férias, justamente em razão do reconhecimento do caráter indenizatório e não habitual da rubrica.

Esse cenário leva a crer que há chances relevantes de modulação da decisão proferida pelo STF, em proteção ao princípio da segurança jurídica, embora ainda não seja possível precisar o marco temporal de início de produção dos efeitos do acórdão. Outra tendência é a de que os ministros considerem suficiente a maioria absoluta dos votos para determinar a modulação, em linha com o entendimento fixado na Questão de Ordem no RE n. 638.115.

O conceito de serviço para fins de incidência do ISS à luz dos últimos julgados do STF[1]

Christiane Alves Alvarenga[2]

Introdução

Por ocasião do julgamento do Recurso Extraordinário (RE) n. 116.121, em 2000, o Supremo Tribunal Federal (STF), adotando o conceito de serviço oriundo do direito privado,[3] definiu que o termo "prestação de serviço", previsto no art. 1º da Lei Complementar (LC) n. 116, de 31 de julho de 2003, só compreenderia obrigações de fazer, o que afastou, em definitivo, a incidência do Imposto sobre Serviços (ISS) sobre qualquer obrigação de dar.

Esse entendimento deu origem à Sumula Vinculante n. 31, que prevê que "é inconstitucional a incidência do imposto sobre serviços de qualquer natureza – ISS sobre operações de locação de bens móveis", típica obrigação de dar.

Nos últimos anos, o STF voltou a analisar o conceito de serviço com a finalidade de confirmar a incidência ou não do ISS sobre certas operações, dentre elas as inerentes aos contratos de planos de saúde – RE n. 651.703 –, franquias – RE n. 603.136 –, licenciamento de *software* – Ações Diretas de Inconstitucionalidade (ADI) n. 1.945 e n. 5.659 –, dentre outras. Em sua análise, o STF parece ter superado o entendimento firmado no julgamento do RE n. 116.121, ou

---

1 Agradecimento a Luiza Harue Sato Martins pelo auxílio na elaboração deste artigo.
2 Sócia do escritório TozziniFreire Advogados. Bacharel em Direito pela Universidade São Paulo (USP) e mestre (LL.M.) em Direito Tributário com *honors* (*distinction* e *dean's list*) pela Georgetown University Law School.
3 Partindo da premissa de um conceito constitucional de serviços com origem no direito privado, Aires F. Barreto define serviço como: "O desempenho de atividade economicamente apreciável, sem subordinação, produtiva de utilidade para outrem, sob regime de direito privado, com fito de remuneração, não compreendido na competência de outra esfera de governo" (*ISS na constituição e na lei*. 2. ed. São Paulo: Dialética, 2005. p. 35).

seja, superado a dualidade "obrigação de dar" e "obrigação de fazer" formada naquele julgado.

O presente artigo objetiva explorar as recentes decisões proferidas pelo STF que abordaram o conceito de serviço para fins de tributação do ISS, envolvendo a lista de serviços anexa à LC n. 116/2003, para confirmar se, de fato, restou superado o entendimento firmado no julgamento do RE n. 116.121.

Superação da dualidade "obrigação de dar" e "obrigação de fazer"?

RE n. 651.703: tributação dos planos de saúde

No RE n. 651.703, discutia-se a constitucionalidade dos itens 4.22 e 4.23 da lista de serviços anexa à LC n. 116/2003, que, respectivamente, autorizam a incidência do ISS sobre: (i) "planos de medicina de grupo ou individual e convênios para prestação de assistência médica, hospitalar, odontológica e congêneres"; e (ii) "outros planos de saúde que se cumpram através de serviços de terceiros contratados, credenciados, cooperados ou apenas pagos pelo operador do plano mediante indicação do beneficiário".

Na ocasião do julgamento do RE n. 651.703, o STF decidiu que "as operadoras de planos privados de assistência à saúde (plano de saúde e seguro-saúde) realizam prestação de serviço sujeita ao imposto sobre serviços de qualquer natureza ISSQN, previsto no art. 156, III, da CRFB/88".

No entanto, ao analisar os votos, é possível notar que, apesar de a maioria dos ministros ter entendido pela incidência do ISS, restando vencido apenas o ministro Marco Aurélio, as fundamentações divergem em seus conteúdos. Dentre os votos, destacam-se três: o do ministro Luiz Fux, relator do recurso, o do ministro Edson Fachin e o do ministro Luís Roberto Barroso.

O ministro Luiz Fux, em seu voto, expressou o entendimento de que a Constituição, ao delimitar a competência tributária, teria trazido tipos ao invés de conceitos, autorizando o legislador, por meio de lei complementar, a definir o que seriam os "serviços de qualquer natureza". Assim, concluiu o ministro pela incidência do ISS sobre qualquer atividade prevista na lista de serviços anexa à LC n. 116/2003:

> A lei complementar a que se refere o art. 156, III, da CRFB/88, ao definir os serviços de qualquer natureza a serem tributados pelo ISS a) arrola

serviços por natureza; b) inclui serviços que, não exprimindo a natureza de outro tipo de atividade, passam à categoria de serviços, para fim de incidência do tributo, por força de lei, visto que, se assim não considerados, restariam incólumes a qualquer tributo; e c) em caso de operações mistas, afirma a prevalência do serviço, para fim de tributação pelo ISS.

Do ponto de vista do conceito de serviço, no entendimento do ministro Luiz Fux, tem-se que, incluída uma atividade na lei complementar, ela assume a natureza de serviço, ainda que assim não fosse classificada antes da inclusão.

O ministro Edson Fachin, por sua vez, em que pese tenha acompanhado o ministro Luiz Fux na incidência do ISS sobre a atividade desenvolvida por operadoras de serviço de saúde, partiu de premissa diversa em sua fundamentação. Logo no início do seu voto, tratou das diferenças existentes entre a "obrigação de dar" e a "obrigação de fazer", concluindo, ao final, que as operadoras de planos de saúde realizam obrigação de fazer e, dessa forma, deve incidir o imposto. O trecho abaixo ilustra bem esse ponto:

> No caso, tanto a atividade-meio quanto a atividade-fim são obrigações de fazer: as operadoras de planos de saúde, como bem salientou a Procuradoria-Geral da República, tem obrigação de fornecer os serviços dispostos na cobertura contratual, a serem realizadas por terceiros, mediante o pagamento das mensalidades. [...] Assim, o núcleo do contrato entre a operadora de planos de saúde e os seus clientes é a disponibilidade, ao usuário contratante, da rede credenciada e a garantia da cobertura dos infortúnios previstos no contrato, e não uma prestação de dar. E essa atividade de disponibilização da rede de atendimento é serviço, sobre o qual pode incidir o ISS.

Por fim, o ministro Luís Roberto Barroso, também acompanhando o ministro Luiz Fux, entendeu que a lei complementar pode prever em sua lista de serviços a "prestação de uma utilidade com elementos de um serviço" e, assim, sujeitar à tributação atividades que não possuem uma obrigação de fazer de forma perfeita.

Como se vê, não há um alinhamento de premissas entre os votos, de forma que não é possível afirmar que no julgamento do RE n. 651.703 o STF superou a dualidade "obrigação de dar" e "obrigação de fazer". No entanto, parece que há uma interpretação mais ampla do conceito de serviço, sobretudo quando se analisam os votos dos ministros Luiz Fux e Luís Roberto Barroso.

RE n. 603.136: tributação dos contratos de franquia

No julgamento do RE n. 603.136, o STF analisou o núcleo dos contratos de franquia (*franchising*), em razão da inclusão da atividade de franquia como serviço no item 17.08 da lista anexa à LC n. 116/2003.

Na ocasião, o ministro relator Gilmar Mendes, ao proferir seu voto, realizou breve histórico sobre o conceito de serviço para a incidência do ISS, relembrando as decisões do STF no julgamento do RE n. 116.121, que deu origem à Súmula Vinculante n. 31, e no julgamento do RE n. 651.703, referente à tributação dos planos de saúde.

Especificamente em relação ao RE n. 651.703, o ministro Gilmar Mendes confirmou o entendimento indicado no tópico anterior, de que o STF, quando da análise dos planos de saúde, não superou a dualidade "obrigação de dar" e "obrigação de fazer". De acordo com o ministro, a interpretação mais ampla do conceito de serviço utilizada para validar a incidência do ISS sobre as atividades realizadas pelas operadoras dos planos de saúde decorre do fato de que tais atividades foram consideradas de natureza mista, isto é, englobam tanto uma "obrigação de dar" quanto uma "obrigação de fazer".

Imbuído desse entendimento e partindo da premissa de que o ISS incide sobre atividades que representam tanto obrigações de fazer quanto obrigações mistas, que também incluam uma obrigação de fazer, o ministro Gilmar Mendes concluiu que o contrato de franquia empresarial, por ser um contrato complexo, de natureza híbrida, pode estar sujeito à incidência do ISS:

> Pode-se assentar, contudo, que, de acordo com o entendimento do Supremo Tribunal Federal, o ISS incide sobre atividades que representem tanto obrigações de fazer quanto obrigações mistas, que também incluem uma obrigação de dar.
> Assentadas essas premissas, resta definir se a mesma linha de argumentação pode ser aplicada também ao contrato de franquia empresarial (*franchising*), a fim de afastá-lo ou incluí-lo no conceito de serviço para efeito do que dispõe o art. 156, III, da Constituição Federal. [...]
> A questão não é simples assim, e a controvérsia, segundo me parece, reside na natureza híbrida, na maneira de ser complexa desse contrato mercantil, o contrato de franquia empresarial. [...]
> O contrato de franquia inclui, sim, uma prestação de serviço passível de sofrer incidência do imposto municipal. Há, nesse liame contratual, inegável aplicação de esforço humano destinado a gerar utilidade em favor de

outrem (o franqueado). O vínculo contratual, nesse caso, não se limita a uma mera obrigação de dar, nem à mera obrigação de fazer. [...]

Enfim, por todas essas razões, estou convencido de que não viola o texto constitucional nem destoa da orientação atual desta Corte a cobrança de ISS sobre os contratos de franquia (*franchising*). Reitere-se que os contratos de franquia são de caráter mistos ou híbridos, o que engloba tanto obrigações de dar quanto de fazer. Em sendo assim, o caso é de reafirmar a jurisprudência desta Corte, no sentido da incidência do ISS, conforme já decidido em sede de repercussão geral tanto no RE 651.703, Rel. Ministro Luiz Fux, DJe 26.4.2017, quanto no RE 592.905, Rel. Ministro Eros Grau, DJe 5.3.2010.

Acompanhando o voto do relator apenas no que tange à incidência do ISS nas atividades mistas, o ministro Marco Aurélio salientou que é necessário, por meio da análise do contrato, que se verifique a prevalência da prestação de serviço e que, no caso do contrato de franquia, este requisito não ocorre. No seu entendimento, o contrato de franquia possui, em seu núcleo, uma obrigação de dar, considerando a cessão de direito de uso de marca ou patente e, desta forma, não se justificaria a incidência de ISS. Assim, concluiu que a inclusão da atividade de franquia no item 17.08 da lista anexa à LC n. 116/2003 é inconstitucional:

> Considerados negócios jurídicos complexos, mostra-se indispensável levar em conta o conjunto de atos praticados para extrair a essencialidade da prestação. É dizer: se, de um lado, o negócio entabulado revelar, em essência, obrigação de dar, há de excluir-se a atividade do campo de incidência tributária, por não preencher a operação os elementos do tipo serviço. Se, de outro, existente, no núcleo da prestação, um fazer, surge caracterizado serviço, a viabilizar a cobrança de ISS. [...]
>
> Em sede normativa, ao disciplinar especificamente o contrato de franquia empresarial, o legislador ordinário atribuiu-lhe, no artigo 2º da Lei nº 8.955/1994, a seguinte definição: [...]
>
> Da leitura do dispositivo, constata-se não se estar diante de obrigação de fazer, tendo-se, em essência, obrigação de dar, revelada na cessão do direito de uso de marca ou patente – circunstância a excluir a atividade do campo de incidência tributária do ISS, ante a ausência, no núcleo, de elementos característicos do tipo serviço. [...]

> Não se discute que o contrato de franquia possa integrar-se de obrigações de fazer, como usualmente ocorre. É justamente por constituir a franquia forma de contrato complexo, cuja atividade-fim consiste na cessão de direito, que não há falar em "serviço" de modo a justificar a incidência do ISS. [...]
> Divirjo do Relator para dar provimento ao extraordinário, assentando a inconstitucionalidade do item 17.08 da lista de serviços anexa à Lei Complementar nº 116, de 31 de julho de 2003.

Ao final, o STF, por maioria, negou provimento ao RE do contribuinte, nos termos do voto do relator, ministro Gilmar Mendes, restando vencidos os ministros Marco Aurélio e Celso de Mello. Na oportunidade, foi fixada a seguinte tese: "É constitucional a incidência de Imposto sobre Serviços de Qualquer Natureza (ISS) sobre contratos de franquia (franchising) (itens 10.04 e 17.08 da lista de serviços prevista no Anexo da Lei Complementar 116/2003)". Assim, a conclusão do STF foi no sentido de que há serviços associados à obrigação de dar no contrato de franquia a justificar a incidência do ISS.

Isso não significa, contudo, que no julgamento do RE n. 603.136 restou superada a dualidade "obrigação de dar" e "obrigação de fazer". Conforme expôs o ministro relator Gilmar Mendes, a Súmula Vinculante n. 31 apenas não foi aplicada ao caso pois ela "não se justifica nas hipóteses em que a locação de bens móveis integra um negócio mais amplo, que inclui a própria aplicação do bem na prestação de serviço", em outras palavras, a aplicação da referida súmula e, portanto, a aplicação da dicotomia "obrigação de dar" e "obrigação de fazer" apenas não se justifica no caso de contratos complexos.

ADI n. 3.142: incidência do ISS nos contratos de locação, sublocação, direito de passagem e permissão de uso

No julgamento da ADI n. 3.142, o STF analisou o item 3.04 da lista anexa à LC n. 116/2003,[4] decidindo por conferir ao referido item interpretação conforme à Constituição Federal, a fim de "admitir a cobrança do ISS nos casos em que as situações nele descritas integrem relação mista ou complexa em que não seja possível claramente segmentá-las de uma obrigação de fazer, seja no que diz

---

4 "3 – Serviços prestados mediante locação, cessão de direito de uso e congêneres. [...] 3.04 – Locação, sublocação, arrendamento, direito de passagem ou permissão e uso, compartilhado ou não, de ferrovia, rodovia, postes, cabos, dutos e condutos de qualquer natureza."

com o seu objeto, seja no que concerne ao valor específico da contrapartida financeira".

A fim de chegar a essa conclusão, o ministro relator Dias Toffoli fez um breve histórico acerca do conceito de serviço para fins de incidência do ISS, destacando que as decisões que entenderam que as atividades híbridas também devem ser tributas pelo ISS não chegam a infirmar a dualidade "obrigação de dar" e "obrigação de fazer", apenas atualizam a jurisprudência.

Assim, o ministro relator concluiu que a locação, sublocação, arrendamento, direito de passagem ou permissão de uso de ferrovia, rodovia, postes, cabos, dutos e condutos de qualquer natureza, quando isoladamente considerados, são simples obrigações de dar. Por outro lado, quando as mesmas situações estiverem baralhadas com alguma obrigação de fazer, será cabível a cobrança do imposto municipal:

> Resumindo, em meu modo de ver, não se admite a exigência do imposto municipal em relação às situações descritas no subitem 3.04 da lista anexa à LC nº 116/03 quando isoladamente consideradas; mas deve ser permitida a cobrança do ISS em relação a tais situações na hipótese de elas integrarem relação mista ou complexa em que não seja possível claramente apartá-las de alguma obrigação de fazer, "seja no que diz com o seu objeto, seja no que concerne ao valor específico da contrapartida financeira" (Rcl nº 14.290/DF-AgR).

Restou novamente vencido o ministro Marco Aurélio, que afirmou que o ISS apenas poderia incidir sobre uma "obrigação de fazer" pura ou se o núcleo de um negócio jurídico complexo revelar um ato humano, um fazer. Assim, concluiu pela inconstitucionalidade do item 3.04 da lista de serviços anexa à LC n. 116/2003, pois, no seu entender, o cerne dos negócios jurídicos previstos em referido item versa sobre a disponibilização de um bem:

> Cuida-se de circunstância a excluir a atividade do campo de incidência tributária do ISS, ante a ausência, no núcleo, de elementos característicos do tipo serviço na operação indicada no item 3.04 da lista de serviços anexa à Lei Complementar nº 116/2003. Antes, versa a disponibilização de certo bem – ferrovia, rodovia, postes, cabos, dutos e condutos de qualquer natureza –, e não a prestação de serviço propriamente dita, revelando-se esta, caso existente, mero acessório ao cerne do negócio jurídico.

Ainda que levado em consideração o voto do ministro Marco Aurélio, fica evidente do julgado que o STF seguiu respeitando a Súmula Vinculante n. 31 e a dualidade "obrigação de dar" e "obrigação de fazer". No entanto, em uma atualização da jurisprudência, como mencionado pelo ministro Dias Toffoli, a Suprema Corte passou a aceitar a incidência do ISS também em relação aos contratos complexos, sobretudo quando a "obrigação de fazer" não pode ser dissociada da "obrigação de dar".

RE n. 605.552: tributação das atividades da farmácia de manipulação

Por meio do julgamento do RE n. 605.552, o STF analisou o item 4.07 da lista anexa à LC n. 116/2003,[5] concluindo que "No tocante às farmácias de manipulação, incide o ISS sobre as operações envolvendo o preparo e o fornecimento de medicamentos encomendados para posterior entrega aos fregueses, em caráter pessoal, para consumo; incide o ICMS sobre os medicamentos de prateleira por elas produzidos, ofertados ao público consumidor".

Para chegar a essa conclusão, o ministro relator Dias Toffoli precisou enfrentar o conflito de competência existente entre os estados, que têm o interesse de tributar os medicamentos pelo ICMS, e os municípios, que objetivam tributar o serviço farmacêutico existente na manipulação de medicamentos. Após uma análise da jurisprudência do próprio STF, o ministro concluiu que o "simples fato de o serviço encontrar-se definido em lei complementar como tributável pelo ISS já atrairia a incidência tão somente desse imposto sobre o valor total da operação e afastaria a do ICMS".

No entanto, o critério objetivo da previsão em lei complementar, no entender do ministro, pode ser afastado (i) se o legislador complementar definir como tributáveis pelo ISS serviços que, ontologicamente, não são serviços ou (ii) sempre que o fornecimento de mercadorias seja de vulto significativo e com efeito cumulativo.

No mais, ao analisar especificamente a atividade de manipulação de medicamentos, o ministro Dias Toffoli concluiu que nessa atividade há uma preponderância de uma obrigação de fazer a justificar a incidência do ISS:

---

5 "4 – Serviços de saúde, assistência médica e congêneres. [...] 4.07 – Serviços farmacêuticos."

> Como se nota, há inequívoca prestação de serviço nesse preparo e fornecimento de medicamento encomendado. Encontra-se presente, portanto, a materialidade do ISS, na medida em que o objeto principal do contrato é um fazer algo por prévia encomenda de outrem, ou seja, a manipulação magistral do medicamento para uso pontual do encomendante.
>
> Em suma, analisando a questão, quer sob a óptica da listagem objetiva dos serviços tributáveis pelo ISS, quer sob a da preponderância da atividade enquadrada no referido subitem da lista anexa da LC nº 116/03, não há qualquer reparo a se fazer no acórdão recorrido [...].

Os demais ministros da Corte acompanharam, em sua maioria, o ministro Dias Toffoli. Assim, no julgamento do RE n. 605.552, decidiu-se pela constitucionalidade do item 4.07 da lista de serviços anexa à LC n. 116/2003 quanto às operações que envolvem o preparo e o fornecimento de medicamentos encomendados para posterior entrega aos fregueses, para consumo pessoal, ou seja, quando no negócio jurídico prevalecer a "obrigação de fazer".

Restaram vencidos os ministros Marco Aurélio, Edson Fachin e Gilmar Mendes. Em seus votos, os ministros Marco Aurélio e Edson Fachin seguiram entendimento diametralmente oposto ao do ministro Dias Toffoli ao concluir que o serviço farmacêutico de manipulação se mostra acessório ao que se pretende comprar (medicamento). Assim, concluíram que o negócio jurídico pretendido pelas partes é a venda do medicamento, a ensejar a incidência do ICMS.

O ministro Gilmar Mendes, por sua vez, em que pese tenha concordado com o racional do voto do ministro Dias Toffoli, divergiu em sua conclusão ao lembrar que a atividade de manipulação de medicamentos foi suprimida pelo legislador quando da edição da LC n. 116/2003. Assim, concluiu que a Corte não poderia conferir ao item 4.07 da lista anexa à LC interpretação extensiva, a fim de incluir na tributação municipal atividade afastada pelo legislador da competência dos municípios.

Em uma análise atenta do julgado, é possível concluir que na ocasião do julgamento do RE n. 605.552 o STF ainda não se afastou da dualidade "obrigação de dar" e "obrigação de fazer", tendo definido que é necessária a existência de uma obrigação de fazer determinante para que haja a incidência do ISS.

Nas palavras do ministro Dias Toffoli, não cabe "ao legislador complementar definir como tributáveis pelo ISS serviços que, ontologicamente, não são serviços". Isso significa que, de acordo com o STF, o legislador complementar não possui discricionariedade para determinar a incidência do ISS sobre uma atividade que não envolva uma obrigação de fazer.

ADIs n. 1.495 e n. 5.659: tributação do licenciamento de *software*

No julgamento das ADIs n. 1.945 e n. 5.659, o STF analisou o item 1.05 da lista de serviços anexa à LC n. 116/2003, que trata do licenciamento ou cessão de direito de uso de programas de computação (*softwares*).

Na ocasião, o STF, partindo, inicialmente, da análise de legislações dos estados do Mato Grosso e de Minas Gerais, respectivamente, enfrentou mais uma vez o conflito de competência existente entre estados e municípios, terminando por concluir pela incidência do ISS nas operações que envolvem o licenciamento ou a cessão do direito de uso do *software*.

Prevaleceu em ambos os casos o voto do ministro Dias Toffoli. No que tange à pergunta que se pretende responder neste artigo, o ministro afirmou expressamente que "a Suprema Corte, em diversos julgados, tem superado a velha dicotomia entre obrigação de fazer e obrigação de dar, notadamente nos contratos tidos por complexos (v.g. leasing financeiro, contratos de franquia)".

A partir da análise dos julgados indicados nos subtópicos anteriores, entendemos que a redação utilizada pelo ministro Dias Toffoli em sua afirmação não foi a mais acertada. Não consideramos que houve a superação da dualidade "obrigação de dar" e "obrigação de fazer", a sua aplicação apenas não se justifica no caso de contratos complexos, pois nestes casos as obrigações de dar e fazer se confundem, sendo necessário que o intérprete da lei se utilize de outro critério para dirimir eventual conflito de competência existente entre estados e municípios para a cobrança do ICMS ou do ISS no caso objeto de estudo.

Neste ponto se faz necessário voltar ao conceito de serviço, a fim de verificar se a incidência do ISS nos contratos complexos é justificável.

O ministro Dias Toffoli continuou o seu voto mencionando, inicialmente, que o legislador constituinte estabeleceu que os conflitos de competência devem ser resolvidos por lei complementar de normas gerais, a cargo da União (art. 146, inciso I, da Constituição). No entanto, ressaltou que a rígida divisão de competências tributárias estabelecida pela Constituição Federal limita o escopo da lei complementar, que não pode ir além do perfil constitucional de cada tributo. Assim, retomando ao entendimento exposto no julgamento do RE n. 605.552, reafirmou que não cabe à lei complementar "definir como tributáveis pelo ISS serviços que, ontologicamente, não são serviços".

De outro giro, o ministro, retomando julgados da Corte, afirmou que o STF tem tradicionalmente resolvido as indefinições entre o ISS e o ICMS com base na sistemática objetiva, isto é:

inegável aplicação de esforço humano destinado a gerar utilidade em favor de outrem. O vínculo contratual, nesse caso, não se limita a uma mera obrigação de dar, nem à mera obrigação de fazer. Sendo assim, não vejo razão para afastar a incidência do ISS na espécie, tendo em vista que se enquadra na clássica definição de serviços.

Ao final do julgamento das ADIs n. 1.945 e n. 5.659, restaram vencidos os ministros Cármen Lúcia, Edson Fachin, Gilmar Mendes, Marco Aurélio e Nunes Marques, que entendiam, em maior ou menor extensão, a depender do tipo de *software* (padronizado ou personalizado), pela incidência do ICMS sobre o licenciamento e a cessão de direito de uso de *softwares*.

Considerações finais

A partir da análise dos julgados indicados no tópico anterior, representativos da jurisprudência mais recente do STF quanto a incidência e cobrança do ISS, não consideramos que houve a superação da dualidade "obrigação de dar" e "obrigação de fazer"; a sua aplicação apenas não se justifica no caso de contratos complexos, pois nestes casos as obrigações de dar e fazer se confundem, sendo necessário que o intérprete da lei se utilize de outro critério para dirimir eventual conflito de competência existente entre estados e municípios para a cobrança do ICMS ou do ISS no caso objeto de estudo.

Voltando-se aos julgados, é possível extrair que o conceito de serviço, no entender da Corte, não está nem pode ser dissociado de uma "obrigação de fazer" a ponto de permitir que a lei complementar determine que o ISS incida sobre uma simples "obrigação de dar". Assim, mesmo nos contratos complexos, faz-se necessária a presença de uma "obrigação de fazer", além da previsão da tributação em lei complementar, para atrair a incidência do tributo municipal.

determina a incidência apenas do primeiro (ISS) se o serviço está definido por lei complementar como tributável por tal imposto, ainda que sua prestação envolva o fornecimento de bens, ressalvadas as exceções previstas na lei; ou a incidência apenas do segundo (ICMS) sobre as operações de circulação de mercadorias que envolvam serviços não definidos por lei complementar como tributáveis por imposto municipal.

Essa sistemática objetiva, porém, ainda não define o conceito de serviço previsto na Constituição Federal para permitir a instituição e a cobrança de imposto sobre "serviços de qualquer natureza" (art. 156, inciso III, da Constituição). Nesse ponto, o ministro Dias Toffoli esclarece que, no seu entendimento, o *software* é resultado de um esforço humano ("obrigação de fazer"), o que seria suficiente para validar a previsão em lei complementar da incidência do ISS sobre o licenciamento ou cessão de direito de uso de programas de computação.

A questão foi bem abordada no voto do ministro Gilmar Mendes, apresentado em ambas as ADIs, em que pese tenha divergido do voto do ministro Dias Toffoli quanto à incidência do ISS sobre licenciamento e cessão de direito de uso de *softwares* padronizados:

> A menção a serviços de "qualquer natureza", conforme o art. 156 da Constituição de 1988, sugere uma leitura ampla do termo "serviço". Mas, a bem dizer, nem esse dispositivo nem qualquer outro do texto constitucional estabelece precisamente o que são "serviços de qualquer natureza". Essa tarefa, consoante o art. 156, III, da Constituição Federal, fica a cargo do legislador complementar, que deverá indicar os serviços que se sujeitam ao imposto municipal, excluídos, é claro, aqueles que se submetem ao ICMS. No entanto, é certo que o legislador complementar não está inteiramente livre no exercício desse mister. Há limites a serem observados pela atividade legislativa e que representam balizas à própria atividade impositiva. [...]
>
> Pode-se assentar, contudo, que, de acordo com o entendimento do Supremo Tribunal Federal, o ISS incide sobre atividades que representem tanto obrigações de fazer quanto obrigações mistas, que também incluem uma obrigação de dar. [...]
>
> O licenciamento ou cessão de direito de uso de programas de computação de forma personalizada inclui, sim, uma prestação de serviço passível de sofrer incidência do imposto municipal. Há, nesse liame contratual,

GRÁFICA PAYM
Tel. [11] 4392-3344
paym@graficapaym.com.br